글쓰기에 대하여

NEGOTIATING WITH THE DEAD
Copyright ⓒ 2002 by O.W. Toad, Ltd.
All rights reserved.

Korean translation copyright ⓒ 2021 by PSYCHE'S FOREST BOOKS
This Korean edition was published by Psyche's Forest Books in 2021
by arrangement with O.W. Toad, Ltd through Duran Kim Agency.

이 책의 한국어판 저작권은 듀란킴 에이전시를 통한 저작권사와의 독점 계약으로 도서출판 프시케의숲에 있습니다. 저작권법에 의해 한국 내에서 보호를 받는 저작물이므로 무단 전재와 복제를 금합니다.

글쓰기에 대하여

마거릿 애트우드 지음
박설영 옮김

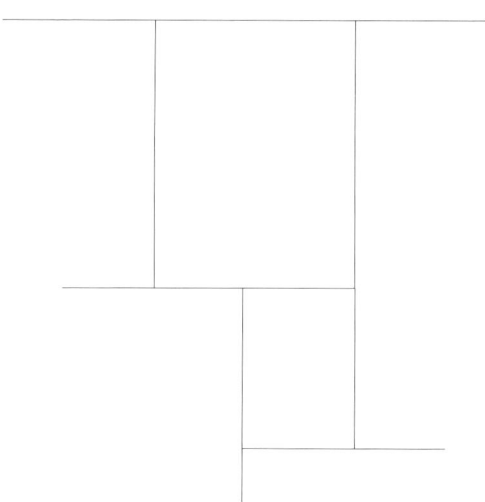

작가가 된다는 것에 관한
여섯 번의 강의

프시케의숲

모두 식탁에 앉자 한 손님이 돌아가며 이야기보따리를 풀어보자고 제안했다. 그러자 신랑이 신부에게 말했다. "이봐요, 내 사랑, 아는 이야기 없어요? 다른 사람들처럼 뭐라도 들려줘요." 그녀가 말했다. "그러면 꿈 얘기를 하나 해드릴게요."

- 그림 형제 수집, 〈강도 신랑〉[1]

좋든 나쁘든 모든 이야기를
그대로 옮겨놓고자 한다.
아니면 이야기의 일부를 조작하는 게 되기 때문이다.
그러니 이 이야기를 읽고 싶지 않으면,
건너뛰어 다른 이야기를 택하기 바란다.

- 제프리 초서, 《캔터베리 이야기》[2]

그리고 이제 그는 상상 속에서
또 다른 행성을 오른다
이 세상을 카메라의 시점으로 한눈에
하나도 빠짐없이 더 잘 보기 위해
매번 울리는 영감어린 찰칵 소리,
이곳의 이야기, 이곳의 속임수, 이곳의 흔적 없음,
이것을, 이것을 그는 책에 쓰고 싶어 한다!

- A. M. 클라인, 〈풍경으로서의 시인의 초상〉[3]

들어가며

　이 책은 청년층과 노년층, 남자와 여자, 문학 전문가와 학생, 일반 독자, 그리고 특히 나보다 경륜이 얕거나 두터운 작가 등 다양한 관객을 대상으로 한 여섯 번의 강의를 바탕으로 탄생했다. 강의 내용을 음성 언어에서 문자 언어로 바꾸되 구어체적 느낌은 유지하려고 노력했는데, 진부한 농담들은 일부 뺐다. 강의에 참석했던 청중들은 일부 자료의 위치가 바뀌고, 몇몇 구절이 확장되고, 바라건대 좀 더 명확해졌음을 알아차릴 것이다. 하지만 잡다하게 등장하는 인용구들은 내 머릿속 상태를 반영한 거라 깔끔하게 만들려고 애는 써보았지만 크게 손보기는 힘들었다. 그 기이한 취향과 판단은 다 내 머릿속에서 나온 것이다.
　이 책은 강연이라는 원형에서 그 형태를 물려받은 것이라 챕터 구성이 긴밀한 연속성을 지니고 있지 않다. 한 챕터에서 다음 챕터로 직선을 그리며 이어지지 않는다. 그렇지만 모든 장이 작가, 작가의 매체, 작가의 예술과 관련된 공통의 주제를 중심으로 돌아간다.

  첫 번째 장은 가장 자전적인 내용을 담고 있는 동시에 그간 내가 접해온 작품들이 뭔지 보여주는데, 이 두 가지는 작가들이 주로 초창기에 읽고 썼던 경험을 통해 이야기 전달 방식을 채택한다는 점에서 서로 연결되어 있다. 두 번째 장은 후기 낭만주의 작가들의 이중적인 의식을 다룬다. 나는 우리가 아직도 낭만주의 운동의 그림자 속에, 또는 그 그림자의 조각 속에 살고 있다고 생각한다. 세 번째 장은 예술의 신과 상업의 신의 갈등에 대해 다룬다. 자신을 예술가라 여기는 작가들조차 여전히 상업의 신에게서 완전히 자유롭지 못하다. 네 번째 장은 작가를 환상주의자, 숙련공, 사회 정치권력의 참여자라는 측면에서 바라본다. 다섯 번째 장은 작가, 책, 독자의 영원한 삼각관계에 대해 탐구한다. 그리고 마지막 장인 여섯 번째 장에서는 이야기를 찾아가는 여정과 그 어둡고도 복잡한 길에 대해 다룬다.

  요컨대 이 책은 많은 작가들을 괴롭혀왔던 수많은 갈등을 붙잡고 씨름한다. 캘리포니아식 표현으로 세속적 존재가 발 딛고 사는 이 땅에서 내가 알고 지내온 작가들은 물론이고, 작품으로만 접한 작가들도 그런 갈등들을 겪었다. 수많은 글쓰기는 이러지도 저러지도 못하는 험난한 지대에서 이루어지는데, 방금 얘기한 갈등들이 이 지대에 자리 잡고 있다.

일러두기

1. 외래어 표기는 국립국어원의 표기법을 따르되, 관행에 따라 예외를 두었다.
2. 단행본, 잡지, 장편소설 등은 《 》로, 시, 단편소설, 희곡 등은 〈 〉로 표기했다.
3. 인명과 작품명의 원어는 '찾아보기'에 표기했다. 단, '감사의 말' 부분만 원어를 본문에 병기했다.
4. 이 책의 바탕이 된 '엠프슨 강의'는 학자이자 문학 비평가인 윌리엄 엠프슨 경(1906-1984)의 이름을 딴 강연 시리즈로, 케임브리지대학이 문학과 문화에 대한 관심사를 폭넓게 다루어보고자 기획했다. 케임브리지대학 출판부와 영문학부가 공동으로 후원했으며 저명한 작가와 세계적으로 명망 있는 학자들을 초청해 다양한 문학적, 문화적 주제를 쉽게 탐구하는 독특한 장을 제공했다.

차례

들어가며 · 006

서 론 미로 속으로 · 011
제1장 길 찾기 넌 네가 뭐라고 생각하니? · 027
제2장 이중성 지킬의 손, 하이드의 손, 그리고 모호한 이중성 · 061
제3장 헌신 위대한 펜의 신 · 097
제4장 유혹 푸로스퍼로, 오즈의 마법사, 메피스토와 그 무리들 · 139
제5장 성찬식 무명인에서 무명인으로 · 179
제6장 하강 죽은 자와 협상하기 · 215

감사의 말 · 250
주 · 252
참고문헌 · 266
찾아보기 · 274

서론

미로 속으로

이름을 짓는 행위는 인류가 할 수 있는 위대하고 엄숙한 위로다.
- 엘리아스 카네티, 《파리의 고통》[1]

나는 무엇 때문에 제정신인 사람이 허구에 매달려 존재하지도 않는 사람들을 묘사하는 데 일생을 바치는지 여전히 모르겠다. 만약 그것이 글쓰기에 대해 글을 쓰는 사람들이 때로 하는 말처럼 애들 장난 같은 공상의 연장이라면 그들의 행동을 어떻게 설명하겠는가. 그것을, 그것만을, 오직 그것만을 간절히 소망하고, 그 일을 자전거로 알프스 산맥을 넘는 것만큼이나 이성적이라 여기는 것을 말이다.
- 메이비스 갤런트, 《선집》 서문[2]

굴 속에, 깊숙한 굴 속에, 거의 완벽한 고독 속에 자리하기. 그리고 오직 글쓰기만이 구원해주리라는 것을 깨닫기. 책에 대해 손톱만큼의 주제도 생각도 없이 있는 것, 이는 다시 한 번 책 앞에서 스스로를 발견하는 일이다. 광활한 백지. 잠재적 상태의 책. 무無 앞에 자리 잡기. 살아 있는 알몸의 글쓰기 같은 무언가, 너무나 끔찍해 이겨내기 힘든 무언가 앞에 있기.

- 마르그리트 뒤라스, 《마르그리트 뒤라스의 글》[3]

1960년대 초반에 영문학도였던 우리는 모두 《모호함의 일곱 가지 유형》(1930)이라는 권위 있는 비평서를 읽어야 했다. 해박한 지식을 뽐내는 이 책은 놀랍게도 윌리엄 엠프슨이 겨우 스물셋에 집필한 책이다. 그런데 그에 못지않게 놀라운 사실은 그가 한창 집필의 고통에 몸부림치고 있을 때, 기숙사 방에서 피임기구가 발견되었다는 이유로 케임브리지대학에서 퇴학을 당했다는 것이다.

이 일은 우리가 얼마나 당대의 풍조에 갇혀 옴짝달싹 못하는지를, 호박에 갇힌 파리(이만큼 분명하고 명확한 표현은 없겠지만)까지는 아니어도 당밀에 빠진 쥐만큼은 잘 보여주는 일화다. 요즘 같았으면 기숙사에서 피임기구도 '하지 않은 채로' 발각되었다는 이유로 퇴학당했을 게 분명하다. 스물셋의 윌리엄 엠프슨은 원기 왕성할 뿐 아니라, 현명하고 사려 깊고 좌절 앞에서도 포기하지 않는 젊은이였던 것 같다. 그래서 2000년도에 케임브리지대학에서 '엠프슨 강의'를 해달라는 요청을 받았을 때, 나는 뛸 듯이 기뻤다. 학자와 학생은 물론이고 일반 대중까지 참석하는 자리에서 여섯 번에 걸쳐 강의해달라는 요청이었다.

더 정확하게 말하자면 처음 요청을 받았을 때는 뛸 듯이 기뻤으나(그런 과제는 언제나 시간이 2년쯤 남았을 땐 너무나 쉽고 즐거워 보인다) 실제 강의를 해야 할 시간이 다가오자, 하루가 다르게 기쁨이 줄어들었다.

내가 제안받은 대략적인 주제는 '글쓰기', 또는 '작가가 된다는 것'이었다. 작가로 활동하면서 꾸준히 글을 써왔으니 뭔가 할 말이 있겠거니 생각할 것이다. 나 역시 그렇게 생각했다. 내 머릿속에는 작가들이 수년에 걸쳐 스스로 구축해온 다양한 자기 이미지(뭐랄까, 직무 내용 기술이랄까)를 고찰하리라는 원대한 계획이 들어 있었다. 너무 기술적이지도, 그렇다고 필요 이상으로 모호하게 설명하지도 않을 생각이었다. 그 과정에서 내가 몸소 겪은 귀중한 경험과 통찰력을 덧붙이고, 그렇게 함으로써 헨리 제임스의 소설에 나오는 사기꾼 같은 기자들이 말하는 것처럼 "개성"있다는 인상을 주면서도 강렬하고 독창적인 방식으로 전체 분야를 조명하고자 했다.

하지만 시간이 지나면서 처음의 거창하지만 흐리터분한 비전은 기세를 잃고 흩어지며 백지상태가 되었다. 마치 초보 작가가 거대한 도서관에서 그 안에 있는 수천 권의 책을 두리번거리며, 자신이 과연 이곳에 가치 있는 무엇인가를 더할 수 있을까 하는 의문에 빠진 기분이었다.

생각을 하면 할수록 상황은 더욱 악화되었다. 글쓰기 자체도 언제나 고된 일이지만, 글쓰기에 대해 글을 쓰는 건 별 쓸모가 없다는 면에서 분명 더욱 고된 일이다. 심지어 허구라는 보편적 변명조차 댈 수 없다. 만약 허구라면, 지어낸 이야기이므로 '그럴듯함'이라는 엄격한 잣대에 매이지 않을 텐데 말이다. 청중들, 뒤이어 독자들(오만하게도 몇몇은 읽어줄 것이라 기대하니까)이 문학 이론, 또는 관념적 설계도, 또는 선언문, 또는 성명서를 원할까봐 보통은 이론과 선언서가 담긴 서랍장을 열어보지만, 거기에 먼지만 수북하다는 걸 깨닫고 만다. 적어도 내 경우에는 그랬다. 그렇다면 어떻게 할 것인가?

이후 미친 듯이 원고를 휘갈긴 시간에 대해서는 언급하지 않겠다. 그저 평소처럼 마감일을 넘겼으며, 설상가상으로 마드리드에서 서점에 갔다가 영어 서적 코너에 당연히 있을 거라 생각했던 책들을 찾지 못했다는 사실(그중에 내 책도 있어서 기운이 빠졌다)만 덧붙여 밝혀놓겠다. 이런 장해물에도 불구하고 강의는 호치키스로 그럭저럭 철해져서 청중에게 전달되었다. 심오한 사상과 학자들이 수십 년간 힘들게 연구해 얻은 결과물을 스카치테이프와 끈으로 대체한 흔적은 감쪽같이 숨겨졌다.

이 책은 그 강의에서 파생된 것으로, 이것은 글쓰기에 대한 책이다. 하지만 글 쓰는 법에 대한 책도, 나의 저술 활동에 대한 책도, 특정한 사람, 시대, 국가의 글에 대한 책도 아니다. 어떻게 설명하는 게 좋으려나? 말하자면 작가가 서 있는 위치에 대한 글이다. 그 위치라는 게 언제나 조금씩 달라지긴 하지만. 이 책은 한 40년 동안(우연찮게도 내가 이 일을 해온 시간과 비슷하다) 글의 광산에서 노동해온 사람이 한밤중에 깨어나 그 긴 세월 동안 자신이 무슨 일을 해왔는지에 대해 의문을 품고 그다음 날 써볼까 생각해볼 법한 책이다.

그녀는 물을 것이다. 그때까지 나는 왜, 누구를 위해, 무엇을 해왔는가? 인간 활동으로서든, 소명으로서든, 직업으로서든, 품팔이로서든, 심지어 예술로서든, 아무튼 이 '글쓰기'라는 건 무엇이며, 왜 그토록 많은 사람들이 그것에 빠져드는 걸까? 어떤 점에서 그림, 작곡, 노래, 춤, 연기 같은 것들과 다른 걸까? 그리고 이런 일을 해온 다른 사람들은 나의 활동을, 그런 활동을 하는 나를 어떻게 바라볼까? 그런 관점이 어떤 위로라도 되는 걸까? 또한 (당연히) 작가들이 설명하는, 작가의 본질적 속성에 대한 개념은 지난 몇 년 동안 조금이라도 변했을까? '작가'라고 부를 때 정확히 의미하는 바가 무엇일까? 머릿속으로 어떤 사람을 그리는 걸까? 영국의 시인 셸리가 거창하게 선언한 것처럼 작가는 세상의 비공식적인 법률 제정자일까,[4] 혹은 영국의 비평가 겸 역사가인 칼라일이 말하는 것처럼 완고하고 오만한 위인일까? 아니면 당대 전기 작가들의 총애를 받는, 신경과민에 걸려 징징대는 폐인이자 무능하고 나약한 인간일까?

어쩌면 나는 아무것도 모르는 순진한 젊은이들에게 경고하고 싫었는지도 모른다. 어쩌면 내가 글 쓰는 삶에 처음 발을 들였을 때 염려하던 것들이면서 동시에 많은 사람들이 오늘날까지도 지속적으로 걱정하는 것들이라서(그들이 던지는 질문으로 판단해봤을 때 그렇다) 이 주제들을 골랐는지도 모른다. 어쩌면 내가 산전수전 다 겪은 뒤 자신의 지난한 경험이 사람들에게 도움이 될 수도 있겠다는 생각에 사로잡히는 나이에 다다라서인지도 모른다. 어쩌면 이렇게 말하고 싶은 건지도 모른다. "뒤를 조심해요. 누군가 있어요. 습격당하지 않게 정신 똑바로 차려요. 뱀을 조심해요. '시대정신'을 조심하라고요. 항상 당신 편인 건 아니니까. 키츠도 악평을 받았다고 죽지 않았어요. 그러니 당신을 낙마시킨 그 말 위로 다시 올라타요." 물론 순진한 순례자에게는 가치 있으면서도 분명 쓸모없는 조언임을 안다. 위험은 시시각각 커져가는데 같은 강에는 두 번 발을 담글 수 없으며, 광활한 종이 여백에 간담이 서늘해지는데 눈을 가린 채 미로 속에 발을 들여야 하니 말이다.

먼저 특별할 것 없는 고백부터 해야겠다. 나는 작가이자 독자다. 그리고 그게 전부다. 학자도 아니고 문학 이론가도 아니다. 이 책에 그런 개념들이 조금이라도 돌아다닌다면 그것은 보통 작가들이 취하는 방식으로 인해 그곳에 자리하게 된 것이다. 그 방식이란, 갈까마귀가 하는 짓을 떠올리면 된다. 반짝거리는 물건들을 훔쳐서 둥지를 마구잡이로 쌓아올리는 것 말이다.

시인 제임스 리니의 초기 단편소설에는, 여동생이 닭 모이로 글자를 한 자씩 만들어서 암탉에게 먹이를 주는 모습을 화자가 지켜보는 장면이 나온다. 그는 이렇게 말한다. "동생이 저 하늘 위 누구를 향해 글을 쓰는 건지 가끔 궁금했다."[5] 이언 매큐언의 단편소설 〈사로잡힌 유인원의 고찰〉에 등장하는 유인원 화자 역시 작가가 글을 쓰는 장면을 바라본다. 여기서 그는 잠재적 독자가 아닌 잠재적 동기에 대해 곰곰이 생각한다. 물론 그가 내린 결론은 그리 유쾌하지 않다. "그렇다면 예술은 분주해 보이고 싶은 소망에 지나지 않았던 건가?" 그는 골똘히 생각한다. "그저 반복해서 덜거덕거리는 타자기 소리만으로도 진정시킬 수 있는, 침묵과 권태에 대한 두려움에 불과했던 건가?"[6]

"그 모든 글은 어디서 오는 걸까요?" 여섯 살 때부터 글을 써오다가 모든 글을 휴지통에 버리고 나서야 이제 쓸 준비가 된 것 같다고 생각한 서른넷의 여성 리나(필자의 지인)는 이렇게 묻는다.[7]

다음은 독자와 작가 자신이 작가에게 가장 많이 던지는 세 가지 질문이다.

- 누구를 위해 글을 쓰는가?
- 왜 글을 쓰는가?
- 글은 어디에서 오는가?

나는 서문을 쓰면서 이 중 한 가지 질문에 대한 답을 목록으로 만들기 시작했다. 바로 동기에 관한 질문이었다. 비교적 심각한 대답들도 간간이 있으나 모두 진짜 동기들이며, 작가라면 그중 동시에 몇 가지 이유로, 아니면 그 전부로 인해 글을 써야겠다는 자극을 받을 수밖에 없다. 이 대답들은 작가들이 직접 뱉은 말에서 따온 것들로, 신문 인터뷰나 자서전과 같은 불확실한 자료들에서 가져오기도 했고, 작가들이 끔찍한 사인회를 앞두고 서점 뒤편에서 나눈 대화에서, 혹은 싸구려 햄버거 가게와 타파스 바와 작가들이 우글거리는 단골집에서 밥을 먹으면서 나눈 대화에서, 혹은 다른 저명한 작가들을 기리기 위한 환영회장의 어두운 귀퉁이에서 나눈 대화에서 생생히 채집해 가져온 것도 있다. 또한 소설 속 작가들의 말(물론 모두 작가들이 쓴 것이다)에서 빌려오기도 했는데, 때로 작품 속에서 화가나 작곡가, 여타 예술가의 말로 위장되는 경우도 있었다. 자, 아래가 그 목록이다.

세상을 있는 그대로 기록하기 위해서. 전부 잊히기 전에 과거를 기록하기 위해서. 이미 잊혔기 '때문에' 발굴하기 위해서. 복수심을 충족시키기 위해서. 계속 글을 쓰지 않으면 죽을 거라는 걸 알기 때문에. 글을 쓴다는 것은 위험을 감수하는 것이고, 위험을 감수해야만 우리가 살아 있다는 것을 알 수 있기 때문에. 혼돈 속에서 질서를 만들기 위해서. 사람들에게 기쁨과 가르침을 주기 위해서(20세기 초 이후에는 자주 발견되지 않는다. 적어도 둘을 결합한 형태는 보기 힘들다). 나 자신을 즐겁게 하기 위해서. 나 자신을 표현하기 위해서. 나를 아름답게 표현하기 위해서. 완벽한 예술 작품을 창조하기 위해서. 선한 자에게 상을 주고 죄 지은 자에게 벌을 주기 위해서. 또는 그 반대의 이유로(풍자 작가들이 사드 후작을 옹호하는 것처럼). 자연을 거울처럼 반영하기 위해서. 독자를 거울처럼 반영하기 위해서. 사회적 병폐를 초상화처럼 담아내기 위해서. 민중의 가려진 삶을 표현하기 위해서. 지금껏 이름이 없던 사람들에게 이름을 부여하기 위해서. 인간의 정신, 진실성, 명예를 수호하기 위해서. 죽음을 조롱하기 위해서. 돈을 벌어 아이들에게 신발을 사주기 위해서. 돈을 벌어서 이전에 나를 비웃던 사람들을 비웃기 위해서. 개자식들에게 똑똑히 보여주기 위해서. 창조는 인간의 일이기 때문에. 창조는 신을 닮았기 때문에. 직업을 갖기 싫어서. 새로운 말을 하기 위해서. 새로운 것을 만들기 위해서. 민족의식, 또는 민족적 양심을 고취시키기 위해서. 학교생활에 실패한 것을 정당화하기 위해서. 나 자신과 내 삶에 대한 나의 관점을 정당화하기 위해서(글을 실제로 쓰지 않았다면 '작가'가 될 수 없었을 테니). 실제보다 더 흥미로운 사람으로 보이기 위해서. 아름다운 여성의 사랑을 얻기 위해서. 아무 여자에게든 사랑을 얻고 싶어서. 아름다운 남성의 사랑을 얻기 위해서. 비참한 어린 시절의 결함을 바로잡기 위해서. 부모님을 좌절시키려고. 매혹적인 이야기를 뽑아내기 위해서. 독자를 즐겁고 기쁘게 해주기 위해서. 나 자신을 즐겁고 기쁘게 해주기 위해서. 어차피 흘러가겠지만, 시간을 죽이기 위해서. 필기광이어서. 강박적인 다변증(병적으로 말을 몹시 많이 하는 증상—옮긴이)이어서. 내가 통제할 수 없는 어떤 힘이 글을 쓰도록 몰아붙여서. 귀신이 들려서. 천사가 나에게 지시해서. 뮤즈의 품에 안기게 되어서. 뮤즈의 아이를 수태해 책을 출산할 수밖에 없었기 때문에(여기서의 책이란, 17세기 남성 작가들이 탐닉한 흥미로운 복장도착물을 말한다). 아이 대신 책을 낳았기 때문에(20세기의 몇몇 여성 작가들의 주장이다). 예술을 섬기기 위해서. '집단적 무의식'을 섬기기 위해서. 역사에 봉사하기 위해서. 인간을 향한 신의 방식을 정당화하기 위해서. 실제 삶에서라면 처벌을 받았을지도 모를 반사회적 행동을 저질러보기 위해서. 텍스트를 탄생시킬 만큼 기술을 연마하기 위해서(최근에 추가된 항목이다). 기득권 체제를 전복하기 위해서. 그게 뭐든 옳은 것을 증명하기 위해서. 새로운 형태의 인식을 실험하기 위해서. 오락의 공간을 만들어 독자들이 그 속에서 재미있게 놀 수 있도록 하기 위해서(체코 신문에서 번역한 내용이다). 이야기에 사로잡혀서 빠져나올 수 없기 때문에(노수부Ancient Mariner[18세기 영국 시인 새뮤얼 콜리지의 서사시에 나오는 화자—옮긴이]의 답변이다). 독자와 나 자신을 이해하기 위해서. 우울증을 이겨내기 위해서. 내 아이들을 위해서. 죽어서도 이름을 남기고 싶어서. 소수자나 억압받는 계층을 대변하기 위해서. 스스로를 변호하지 못하는 사람들을 대변하기 위해서. 끔찍한 잘못이나 잔혹 행위를 폭로하기 위해서. 내가 살았던 시간을 기록하기 위해서. 생존자로서 끔찍한 사건을 증언하기 위해서. 죽은 자들을 대변하기 위해서. 그 모든 복잡성 속에서 삶을 기념하기 위해서. 우주를 찬양하기 위해서. 희망과 구원의 가능성을 가늠해보기 위해서. 내가 받은 것을 돌려주기 위해서.

봐서 알겠지만, 아무리 한 손으로 공통의 동기를 쥐고 싶어도 그렇게 할 수가 없다. 이 대답들에서 필수적인 조건, 즉 글쓰기가 글쓰기가 되기 위해 반드시 있어야 할 필수적 사실을 발견할 수 없기 때문이다. 메이비스 갤런트는 자신의 《선집》 서문을 열면서, 작가들이 글을 쓰는 동기에 대해 좀 더 짧고 정교한 목록을 제시한다. 잘하는 것이라곤 글쓰기밖에 없어서라는 사뮈엘 베케트의 말에서 시작해서, 글쓰기는 결국 낙타가 텐트를 차지하고 마는 '낙타와 베두인 이야기'와 비슷하다고 설명한 폴란드 시인 알렉산데르 와트의 말로 끝을 맺는다. "그게 바로 글 쓰는 삶이다." 갤런트는 말한다. "끈질긴 낙타 같은 것."[8]

동기라는 주제에서 실패한 나는 접근법을 달리했다. 작가들에게 왜 글을 쓰기 시작했느냐고 묻는 대신 글을 쓴다는 게 어떤 느낌인지 물어본 것이다. 구체적으로 소설가에게 소설 속으로 들어갈 때 어떤 기분이 드는지 물었다.

어느 누구도 내가 '속으로into'라고 표현한 게 무슨 의미인지 알고 싶어 하지 않았다. 한 사람은 어떤 괴물이 숨어 있는지도 모르는 채 미로 속으로 걸어 들어가는 기분이라고 답했다. 또 다른 사람은 터널 속을 더듬거리며 지나가는 느낌이라고 했다. 누군가는 동굴 속에 있는 것 같다고 답했는데, 출구에서 빛이 들어오는 게 보이는데 정작 본인은 어둠 속에 갇힌 기분이라는 것이었다. 또 호수나 바다 같은 물속에 있는 것 같다고 말한 사람도 있었다. 또 다른 사람은 칠흑같이 어두운 방에서 앞을 더듬거리는 기분이라고, 그러니까 어둠 속에서 가구를 재배치해야 하는데 배치가 전부 끝나야 불이 켜지는 상황 같다고 답했다. 새벽이나 황혼 무렵에 깊은 강물을 헤치고 지나가는 것 같다는 사람, 무언의 말과 속삭임 같은 것들로 가득한 빈방에 있는 기분이라는 사람, 보이지 않는 존재나 실체와 씨름하는 것 같다는 사람, 연극이나 영화가 시작되기 전에 텅 빈 극장에 앉아 주인공이 등장하기를 기다리는 것 같다는 사람도 있었다.

단테의 《신곡》은 시詩이면서 그 시의 구성에 대한 기록이기도 한데, 이 작품은 화자가 밤중에 어두운 원시의 숲에서 길을 잃었다가 일출을 맞이하는 장면으로 시작한다. 그리고 버지니아 울프는 소설을 쓰는 것이 등불을 들고 사물을 밝히며 어두운 방을 걷는 것과 같다고 말한 바 있다. 또한 마거릿 로런스를 비롯한 여러 사람들은 글쓰기에 대해, 야곱이 밤중에 천사와 씨름하는 것, 즉 상처를 입고 이름을 확인받고 축복받는 일이 한꺼번에 일어나는 것과 같다고 했다.

장해물, 모호함, 공허함, 방향감각 상실, 황혼, 암전 등에 더불어 흔히 투쟁, 행로, 여정 등이 결합되어 있는 것, 즉 앞을 볼 수는 없지만 앞으로 길이 나 있으며 가다 보면 결국 앞을 볼 수 있게 될 거라는 느낌, 이것들이 바로 글쓰기 과정에 대한 수많은 묘사들의 공통 요소다. 나는 40년 전 한 의대생이 인체 내부를 가리키며 했던 말이 생각났다. "그 속은 깜깜해요."

그렇다면 아마도 글쓰기는 어둠, 그리고 욕망이나 충동과 관련이 있는지도 모르겠다. 그 속에 들어가서 운이 좋으면 어둠을 밝히고 빛 속으로 무엇인가를 가지고 나오리라는 욕망 또는 충동 말이다. 이 책은 그런 어둠, 그런 욕망에 대한 책이다.

제1장

길 찾기

넌 네가 뭐라고 생각하니?

'작가'란 무엇인가
그리고 나는 어떻게 작가가 되었나

식민지는 진부한 틀을 초월할 정신적 에너지가 부족한데 (…) 이런 에너지가 부족한 건 자신을 충분히 믿지 못해서다. (…) 이들은 아주 근사한 장소를 자국의 현재도, 과거도, 미래도 아닌, 국경 너머 어딘가, 발전 가능성을 넘어서는 어딘가로 설정한다. (…) 위대한 예술은 예술가와 관객이 자신들이 살고 있는 나라에서의 삶에 대해 열렬하고 유별나게 공통의 관심을 보일 때 자라난다.
- E. K. 브라운, 《캐나다 문학의 문제》(1943)[1]

시인 5백 명이 몰려들 만큼 거액의 상금이 걸린 시 쓰기 대회를 개최해야 한다고 가정해보자. (…) 그들을 한데 모으면 전형적인 캐나다 시인을 발견하게 될 거라고 생각할 것이다. 하지만 시 5백 편을 모두 읽고 나서 깨닫게 되는 사실은 한 세 사람 정도가 뭘 좀 할 줄 안다는 것, 그러니까 시를 전문적으로 쓸 줄 안다는 것이다. (…) 이 세 사람이 지나가고 나면, 운율은 그럴 듯하나 핵심적인 은유 하나 없는 2백 편의 시와, 운율이 있다 해도 절뚝거리는 3백 편의 시를 만나게 된다. (…) 이 수많은 시들 사이에 광인이 쓴, 재치 있고 기묘하나 모골이 송연해지는 서너 편의 시들도 끼여 있다. (…) 5백 편의 캐나다 시인에 대한 이런 분석은 나를 우울감에 빠뜨린다. 왜냐하면 이들이 이 나라의 풀뿌리 시인, 시를 애호하는 독자, 감수성 풍부한 보통 시민을 대표하는데, 그 누구도 전혀 문학적이지 않기 때문이다.
- 제임스 리니, 《캐나다 시인의 곤경》(1957)[2]

캐나다 시인은 언어(다른 언어들은 말할 것도 없고)의 모든 양식을 마음대로 사용할 수 있지만, 자신이 그 언어 양식들과 경쟁하고 있다는 치명적인 인식이 부족하다.
- 밀턴 윌슨, 《기타 캐나다인들과 그 후》(1958)[3]

나는 독자이면서 작가도 되어야 할 것 같았다. 그래서 공책을 사서 글을 쓰려고 애를 썼다. 실제로 쓰기도 했는데, 시작은 호기로웠으나 금세 글에 맥이 빠지자 엄벌이라도 처하는 양 종이를 찢어내 구겨서 쓰레기통에 던져버렸다. 나는 공책 표지만 남을 때까지 찢고 쓰기를 반복했다. 그런 뒤 공책을 또 사서 전체 과정을 처음부터 다시 시작했다. 같은 주기가 꼬리를 물고 되풀이되었다. 흥분했다가 좌절했다가, 흥분했다가 좌절했다가.
- 앨리스 먼로, 〈코테스 섬〉(1999)[4]

글쓰기, 작가, 글을 쓰는 삶(마지막 표현이 모순어법이 아니라면). 이 주제는 하나의 서브텍스트를 자르면 두 개가 자라나는 머리 여럿 달린 히드라일까요? 아니면 축복해줄 때까지 씨름해야 하는 야곱의 이름 없는 천사일까요? 혹은 그 변화무쌍한 모습을 꿰뚫고 우리가 정체를 파악해내야 하는 프로테우스(그리스 신화에 나오는 바다의 신. 변신술에 능하다—옮긴이)일까요? 확실히 대답하기 어렵습니다. 어디서부터 시작하는 게 좋을까요? 글쓰기라는 꼭짓점, 아니면 작가라는 꼭짓점부터? 동명사, 또는 명사부터? 활동, 아니면 그 활동을 하는 사람에서부터 시작해야 할까요? 그런데 그 둘을 가르는 정확한 경계는 어디일까요?

일본 작가 아베 코보의 《모래의 여자》에서 니키라는 한 남자는 거대한 모래 구덩이에 갇힙니다. 그리고 그곳에 홀로 사는 한 여자와 함께 구덩이 속으로 계속 흘러내리는 모래를 삽으로 퍼내야 하는 상황에 처합니다. 그는 절망적인 시련 속에서 자신을 위로하기 위해 이 역경을 글로 쓸 생각을 하지요. '왜 좀 더 침착하고 여유 있게 관찰하지 못하는 거야? 무사하게 돌아가면 분명 기록으로 남길 수 있을 텐데. 그럴 가치가 있는 경험이잖아.'

그때 그의 머릿속에 두 번째 목소리가 들어오면서 그와 대화를 시작합니다.

"이런, 니키." 목소리가 말합니다. "드디어 글을 쓰기로 결심했군요. 그럴만한 경험이었죠."

"고마워요. 실은 제목도 고민해야 해요."

여러분이 보시다피, 니키는 이미 작가라는 역할을 빠져들었습니다. '제목'의 중요성을 인식하고 있는 게 그 증거이죠. 몇 걸음 더 나아가 표지 디자인도 곰곰이 생각합니다. 하지만 곧 자신감을 잃으며 아무리 노력해도 자신은 작가 체질이 아니라고 단언합니다. 그때 두 번째 목소리가 그를 안심시키지요. "작가를 특별한 사람이라고 생각할 필요 없어요. 글을 쓰면 그게 작가가 아니겠어요?"

그건 절대 아니라고 니키가 말합니다. "당신이 말하는 대로면, 작가가 된다는 것은 단지 에고이즘에 지나지 않아요. 꼭두각시를 조종하는 쪽이 되어서 자기를 꼭두각시와 구분하고 싶다는 거죠."

그러자 목소리가 너무 엄격하게 군다고 말하지요. "물론 작가가 되는 것과 쓰는 것 자체는 (…) 구분할 필요가 있겠지요."

"아, 거 봐요!" 니키가 말합니다. "그래서 내가 작가가 되고 싶었던 겁니다. 아무리 글을 써도 만약 작가가 될 수 없다면, 딱히 써야 할 필요도 없어요!"

글쓰기(글을 기록하는 행위)는 평범한 활동이며, 니키의 두 번째 목소리에 따르면, 그다지 신비로울 것도 없는 일입니다. 글자를 읽고 쓸 줄 아는 사람이면 누구나 도구를 집어 들고 평평한 표면에 글자를 새길 수 있지요. 하지만 '작가가 되는 것'은 사회적으로 인정받고 어떤 무게감이나 남다른 중요성을 지니는 일로 보입니다. '작가writer'의 W를 대문자로 인식하는 격이지요. 니키가 글을 쓰고자 하는 건 작가라는 지위를 원하기 때문입니다. 그는 사회에서 두각을 나타내는 존재가 되고 싶은 겁니다. 하지만 사회적으로 아무런 인정을 받지 못하고 무작정 글을 쓰기 시작해도, 그러니까 종이의 여백을 훼손시키기 시작해도 작가는 행복합니다. 중책을 짊어지는 역할을 맡는다고 항상 특별히 행복하거나 운이 좋은 게 아닌 거죠. 게다가 그에 대한 대가도 따르니까요. 물론 많은 역할이 그렇듯, 특정한 의상을 걸치면 특정한 힘이 부여되긴 하지요.

하지만 의상은 다양합니다. 모든 아이들은 특정한 부모, 특수한 언어와 기후와 정치 상황 속에서 태어날 뿐 아니라, 아동에 대한 기존의 사회적 관념 속에서 자라납니다. '아이를 얌전하고 조용하게 키워야 할까' '매를 아끼면 아이의 행실을 버릴까' '아이의 자존감을 높이려면 매일 칭찬을 해야 할까' 같은 것들 말입니다. 작가도 마찬가지입니다. 그 어떤 작가도 어려서부터 작가에 대한 편견이 전무한 순백의 환경에서 성장하지 않습니다. 우리 모두는 우리가 어떤 사람인지, 또는 어떤 사람이 되어야 하는지, 좋은 글쓰기를 구성하는 것은 무엇인지, 글쓰기가 어떤 사회적 기능을 하며 또 해야 하는지를 둘러싼 수많은 선입견과 부딪힙니다. 그러면서 이런 선입견과의 관계 속에서 무엇을 쓸지에 대한 자신만의 생각들을 발전시키지요. 선입견에 부응하려 애쓰는지, 반항하려 애쓰는지, 그로 인해 타인의 판단을 받는지 등 이 모든 것이 작가로서의 우리의 삶에 영향을 미칩니다.

나는 언뜻 보면 그런 선입견이 없을 것 같은 사회에서 자랐습니다. 글쓰기와 예술은 당시 캐나다 사람들에게 그리 중요한 대화 주제가 아니었어요. 제2차 세계대전이 발발한 지 두 달 반인 1939년이었으니 그럴 수밖에 없었지요. 사람들의 머릿속엔 다른 생각들이 가득했는데, 그렇지 않았다고 해도 작가에 대해 생각하지는 않았을 겁니다. 그로부터 9년 후에 시인 얼 버니가 "캐나다인은 읽을 수 있다. 하지만 실제로 읽을까?"라는 한 잡지 기사에서 대부분의 캐나다 가정에는 딱 세 종류의 책만 있다고 주장할 정도였지요. 성경책, 셰익스피어의 작품들, 에드워드 피츠제럴드가 번역한 《오마르 하이얌의 루바이야트》(11세기 페르시아의 시─옮긴이), 이렇게요.

나의 부모님은 두 분 다 노바스코샤 주 출신으로, 일평생 자신들이 고향땅에서 추방되었다고 느끼며 살았습니다. 1906년생인

아버지는 산간벽지에서 농부의 아들로 태어났습니다. 가까운 거리에 고등학교가 없던 탓에, 아버지는 교사였던 할머니의 부추김으로 통신 교육 과정을 이수했지요. 그런 뒤 사범학교에 진학해 초등학생들을 가르치고, 번 돈을 저축하고, 장학금을 받고, 벌목장에서 일을 하고, 여름에는 텐트 생활을 하고, 직접 요리를 해서 끼니를 때우고, 쥐꼬리만 한 돈을 받으며 토끼 우리를 치우고, 그러면서 동시에 세 여동생이 고등학교를 졸업할 수 있도록 '집'에 돈을 보내고, 결국엔 산림곤충학으로 박사학위까지 받았어요. 이를 미루어 짐작할 수 있겠지만 아버지는 자급자족을 믿는 분이었고, 헨리 데이비드 소로는 아버지가 가장 존경하는 작가 중 하나였습니다.

외할아버지는 시골 의사로, 눈보라를 뚫고 의료진을 태운 썰매를 달려 부엌 식탁에서 아이를 받는 유의 일을 했습니다. 어머니는 집안일에는 소질이 없는 대신, 말 타기와 얼음지치기를 좋아했지요. 헛간 대들보 위를 걸어 다니고, 피아노를 연습할 때는 무릎 위에 소설책을 펼쳐놓는 등 말괄량이가 따로 없었죠. 그 피아노 연습이라는 것도 어머니를 숙녀로 바꾸려고 들인 숱한 노력 중 하나라고 하더군요. 아버지는 사범학교 난간을 미끄러져 내려오는 어머니에게 반해 그 자리에서 그녀와 결혼해야겠다고 마음먹었답니다.

내가 태어날 무렵, 아버지는 퀘벡 북부에서 숲속 곤충 연구소를 자그마하게 운영하고 있었습니다. 부모님은 봄이면 북부로 떠났다가, 가을이 되고 눈이 내리면 도시로 돌아와서는, 매번 다른 아파트에 짐을 푸셨어요. 나는 생후 6개월에 여행용 배낭에 담겨 숲으로 실려 갔고, 그때부터 그 풍경은 나의 고향이 되었습니다.

대개 작가들의 어린 시절은 그들의 천직과 남다른 연관성을 가지고 있을 거라고들 생각하는데, 실제로 그들의 어린 시절을 보면 딱히 그렇지도 않습니다. 하지만 보통은 책과 고독이 함께합니다. 나 역시 그랬지요. 북부에는 영화도 극장도 없었고, 라디오도 제대로 나오지 않았습니다. 하지만 책은 늘 곁에 있었지요. 일찍이 읽는 법을 깨쳐서 독서광이 된 나는 책이라는 책은 잡히는 대로 전부 읽었습니다. 책을 읽지 말라고 말리는 사람은 아무도 없었어요. 어머니는 아이들이 조용한 것을 좋아했고, 책을 읽는 아이는 매우 조용하니까요.

실제로 친척을 만날 기회가 전혀 없다 보니 내게 양가의 할머니들은 동화 〈빨간 모자〉(17세기 프랑스 작가 샤를 페로의 동화집에 수록된 작품—옮긴이)에 나오는 할머니 같은 가공의 인물이나 다름없었습니다. 어쩌면 이런 상상이 내가 궁극적으로 글 쓰는 삶을 살게 된 것과 관련이 있는지도 모르겠네요. 현실과 상상을 구분하지 못하는 능력, 더 정확히 말하면 우리가 실제라 여기는 것들도 상상하는 태도, 그러니까 우리가 사는 모든 삶이 상상 속의 삶, 창조된 삶이라는 태도 말입니다.

많은 훌륭한 작가들이 고립된 어린 시절을 보냅니다. 그리고 살면서 여러 이야기꾼을 만나지요. 나의 첫 이야기꾼은 오빠였어요.

처음엔 듣기만 하던 나는 금세 이야기 짓기에 합류했습니다. 아이디어가 바닥나거나 관객 역할을 맡고 싶을 때까지 이야기를 계속하는 게 규칙이었지요. 우리는 주로 머나먼 행성에 살고 있는 초자연적 동물 종족들을 둘러싼 대서사를 지었어요. 무지한 인간의 눈에는 토끼로 보이지만 실은 하늘을 날 수 있는 무자비한 육식동물이 등장했지요. 이렇게 대부분의 이야기가 모험극이었고, 전쟁, 무기, 적군과 아군, 숨겨진 보물, 대담한 탈출이 주를 이루었습니다.

이야기를 짓는 건 보통 해질 무렵과 비 오는 날이었습니다. 나머지 시간엔 활기차고 현실적인 일상을 살았지요. 도덕적으로나 사회적으로 나쁜 짓을 저질렀던 일화는 거의 없어요. 사실 그런 짓을 할 기회가 많지 않았어요. 위험한 실수는 절대 저지르지 못하도록 엄격하게 교육받은 덕분이지요. 산에 불 지르지 마라, 보트에서 떨어지지 않게 조심해라, 폭풍우 치는 날 수영하지 마라…. 아버지가 모든 것들을 직접 만들다 보니, 이를테면 우리가 살던 오두막이나 가구, 부두 boat dock 같은 것들 말이에요. 그러다 보니 망치, 톱, 줄, 드릴, 송곳 같은 끝이 날카로운 온갖 종류의 위험한 도구가 손 닿는 곳에 있었고, 우리는 툭하면 그것들을 가지고 놀았습니다. 심지어 총을 올바르게 청소하는 법이라든지('먼저 총알을 빼라' '총구에 눈을 대고 총열을 들여다보지 마라'), 물고기를 빨리 죽이는 법도 배웠지요('칼날로 눈 사이를 때려라'). 점잔을 빼거나 투덜대는 건 먹히지 않았어요. 여자애라고 봐주는 법도 없었고요. 울면서 응석 부리는 것도 용납되지 않았습니다. 하지만 거의 모든 것에 대해 호기심을 보이는 것만큼이나 합리적인 토론은 환영받았지요.

하지만 나는 사실상 합리주의자가 아니었어요. 가족 중 막내인데다 가장 울보였고, 피곤해서 낮잠도 자주 자야 했고, 예민하고, 심지어 조금은 병약한 아이로 취급받았지요. 아마도 뜨개질과 드레스, 박제된 토끼 같은 시시한 물건에 지나친 관심을 보여서 그랬던 것 같습니다. 내가 바라보는 나는 다른 사람들에 비해 몸도 작고 만만한 겁쟁이였어요. 이를테면 22구경 소총도 제대로 쏘지 못했고, 도끼 다루는 솜씨도 서투르기 짝이 없었으니까요. 용을 무서워하는 사람에겐 아무리 어린 새끼라도 용은 용이라는 사실을 내가 이해하기까지는 한참이 걸렸지요.

내가 다섯 살이 되던 1945년, 전쟁이 끝나면서 풍선과 컬러만화가 돌아왔습니다. 이때부터 도시는 물론 여러 사람들이 내 삶에 들어오기 시작했어요. 전후 주택 붐이 일었고, 우리는 방마다 높이가 다른 새 오두막에 살게 되었지요. 그때 연분홍색으로 칠해진 방을 처음으로 가지게 되었어요. 그전엔 페인트칠을 한 방에서 자 본 적도 없었지요. 난생 처음으로 겨울 동안 학교도 갔습니다. 하루 종일 책상에 앉아 있으려니 피곤했고, 나는 그 어느 때보다 자주 낮잠 시간을 가질 수밖에 없었지요.

일곱 살 무렵에 나는 희곡을 썼습니다. 주인공은 거인이었고, 주제는 죄와 벌이었죠. 미래의 소설가답게 죄목은 거짓말이었고요. 처벌로는 달에 의해 무참히 짓밟히도록 했습니다. 하지만 누가 이 걸작을 연기할 수 있었겠어요? 내가 모든 등장인물을 동시에 연기하는 건 불가능했지요. 그래서 내린 결론이 꼭두각시 인형극이었습니다. 나는 종이로 등장인물을 만들고, 마분지 상자로 무대를 꾸몄지요.

연극은 폭발적 성공을 거두지 못했습니다. 내 기억으로는 오빠와 오빠 친구들이 와서 비웃으며 이른 나이에 문학 비평의 쓴맛을 보게 해주었지요. 나는 희곡을 그만두고 소설을 쓰기 시작했습니다. 하지만 주인공인 개미가 뗏목을 탄 채로 강 하류로 휩쓸려 내려가는 도입 부분에서 한 걸음도 나아가지 못했지요. 아마 더 긴 글을 써야 한다는 게 내겐 과한 요구였던 모양이에요. 어쨌든 나는 그날로 펜을 놓고 글쓰기를 완전히 잊었습니다. 대신 그림으로 방향을 틀어, 화려한 가운에 하이힐 차림으로 파이프 담배를 피우는 멋쟁이 숙녀들을 그렸지요.

여덟 살이 되던 해 우리는 전후에 지어진 단층집으로 또다시 이사를 했습니다. 이번에는 토론토 중심부와 좀 더 가까웠는데, 당시만 해도 토론토는 인구 70만이 거주하는 지루한 지방 도시였어요. 그곳에서 나는 '다른 여자아이들'이라는 현실에 직면하게 되었지요. 내숭 떨고, 잘난 척하고, 뒤에서 소곤거리며 악의적 험담을 일삼고, 지렁이를 주우려면 호들갑을 떨면서 이상한 소리를 내야 하는 그런 현실 말이에요. 내겐 남자 아이들의 솔직 담백한 태도가 더 익숙했어요. 손목의 밧줄 쓸린 자국, 죽은 손가락 놀이

dead-finger trick 같은 것이 친숙했지요. 오히려 여자애들은 외계종 같았어요. 나는 여자애들에 대해 정말로 궁금했고, 그건 지금도 마찬가지예요.

어느덧 1940년대 후반이었습니다. 더 이상 전시 생산 체제에 동원될 필요가 없어진 여성들이 무리지어 집으로 돌아왔고 베이비붐이 일어났지요. 결혼을 해서 아이 넷을 낳는 것이 이상적인 삶으로 여겨졌고 이런 현상은 이후 15년 동안 유지되었습니다. 캐나다는 문화적으로 완전히 변두리여서 이런 이데올로기의 영향을 강하게 받지는 않았어요. 그래서 여전히 아멜리아 에어하트(여성 최초로 대서양을 건넌 미국의 비행사—옮긴이)처럼 모험심 넘치는 여성, 사상과 학문에 보다 관심 있는 여성, 삼사십 대가 되도록 혼자 생활을 해결하는 독립적이다 못해 급진적이기까지 한 여성들이 조금은 남아 있었어요. 하지만 원만한 가정생활이 공인되는 추세였지요.

이런 모든 현상 아래에는 공포라는 감정이 숨겨져 있었습니다. 원자폭탄이 터지고, 냉전 체제가 가동되고, 조 매카시가 빨갱이 사냥을 시작한 때였거든요. 가능한 평범하게 보이는 게 중요했습니다. 무난하게 보여야 했고, 공산주의자가 아닌 것처럼 보여야 했죠. 한때 정상과 이성의 척도였던 내 부모님이 다른 이들의 눈에는 별난 사람들처럼 보일지도 모른다는 생각이 불현듯 들더군요. 끽해봐야 악의 없는 괴짜로 보이겠지만, 무신론자 혹은 어딘지 불전건한 사람으로 비칠 수도 있을 것 같았어요. 그래서 나는

'다른 모든 사람들'처럼 행동한다는 게 뭔지도 모르면서, 다른 모든 사람들처럼 되려고 애썼습니다.

1949년, 나는 열 살이 되었습니다. "노래하는 광란"이라 불린 패티 페이지가 점령한 그해, 난생 처음 더블 트랙 음반을 통해 그녀가 자신의 목소리를 덧입혀 노래하는 소리를 들었지요. 그렇게 나는 부모님을 크게 낙담시키며 타락한 대중문화에 발을 들였습니다. 당시는 눈물 쏙 빼는 라디오 드라마의 시대이자, 〈그린 호넷〉과 〈여자의 깊은 곳에〉와 같은 심야 영화물의 시대이자, 세균 공포를 자극하며 주부들에게 먼지와의 전쟁을 부추기는 잡지 광고의 시대였어요. 여드름, 입 냄새, 비듬, 체취는 사람들을 괴롭히는 또 다른 해악이었고, 나는 치약 한 통으로 사회적 실패를 구원받는 이야기, 보디빌딩을 하면 해변에서 불량배를 만나도 얼굴에 모래 세례를 받지 않을 수 있다는 찰스 아틀라스(이탈리아계 미국인 보디빌더—옮긴이)의 이야기 등 만화책 뒷면에 실린 광고들에 매료되었지요.

이 시기에 에드거 앨런 포의 전집도 읽었습니다. 성적인 묘사가 없기 때문에 아이들에게 적합할 것 같다며 학교에서 도서관에 들여놓은 덕분이었지요. 그 밖에도 에디스 네즈빗의 작품에 중독되었고, 앤드루 랭의 동화 전집도 전부 찾아서 읽었어요. 소녀 탐정 낸시 드루는 내겐 너무 건전해서 별로였지만, 열두 살이 되면서 셜록 홈스와 이루어질 수 없는, 하지만 그래도 무방한 사랑에 빠졌습니다.

이 무렵 고등학교에 입학했습니다. 고등학생이 되기엔 너무 어린 나이였지만요. 그땐 학년을 건너뛸 수는 있어도, 열여섯 살이 될 때까지 학교를 그만둘 수는 없었거든요. 그 바람에 수염자국 시퍼런 덩치 큰 학생들로 가득한 교실에 피치 못하게 앉아 있게 된 거죠. 입학을 하자 몸에서 이상한 일들이 일어나더군요. 빈혈이 생기고 심장에서 이상한 소리가 나고 잠이 엄청나게 쏟아졌어요. 하지만 이듬해 키가 좀 자랐고, 양말 속에 자전거 체인을 숨기던 가죽재킷 차림의 오토바이족들이 몽땅 학교를 떠났어요. 또 기운을 차리기 위해 튀긴 간과 철분제도 먹었지요. 그런 것들 덕분인지 상황이 조금은 나아졌습니다.

열다섯이 되던 해에 엘비스 프레슬리가 등장했습니다. 덕분에 왈츠와 로큰롤을 출 수 있었어요. 하지만 탱고는 유행이 아니라 배우지 못했지요. 신발 없이 양말만 신고 춤추기, 부모님 허락하에 교제하기, 자동차 극장에서 영화보기 등이 대세였고, 껴안고 어루만지는 행위가 얼마나 위험한지에 대해 교육적으로 훈계하는 기사들이 난무하던 시대였지요. 우리 학교엔 성교육이 없었어요. 심지어 체육 선생님은 여학생들이 "피blood"라는 소리만 들어도 기절할까봐 "피"를 소리 내어 발음하지 않고 글자로 적었습니다. 피임약은 먼 미래의 이야기였지요. 임신한 소녀들은 시야에서 사라졌어요. 대개 태아를 죽이거나 훼손하는 식으로 낙태를 하거나, 번갯불에 콩 구워먹듯 결혼한 뒤 기저귀 빠는 기계가 됐어요. 아니면 '미혼모의 집'에 몸을 숨기며 바닥을 닦는 신세가 되거나요. 무슨 수를 써서라도 이런 운명은 피해야 했고, 그런 연유로 고무로 된 거들 팬티가 등장했습니다. 그전에도 숱하게 그랬던 것처럼, 문화 전체가 높은 담벼락 안에 사람들을 가둬놓고 끝없이 성적 호기심을 부추기도록 설계된 것처럼 보였습니다.

하지만 나는 인쇄된 지면을 통해 인생의 지저분한 면을 수없이 접했어요. 열여섯이 될 때까지 나의 독서 경험은 폭넓으면서도 무차별적이었습니다. 제인 오스틴부터 잡지 《트루 로맨스》, 싸구려 SF와 《모비딕》까지 모두 아울렀지요. 그때 읽은 책을 크게 나누자면 세 종류예요. 학교에서 수업 자료로 읽은 책, 교과 과정에는 없지만 공개적으로 읽어도 되는 책(주로 집에 돌아다니거나 도서관에서 찾은 책), 그리고 이웃집에서 아기 돌보미 일을 하다가 손에 집히기에 슬쩍 훔쳐본 금기시되는 책. 《포에버 앰버》와 《폭력교실》도 그렇게 손에 넣게 되었는데, 《폭력교실》은 속이 비치는 나일론 블라우스의 위험성을 찬미하는 책이었지요.

이 중에서 가장 소름 끼치는 책은 《인디언 여름》입니다. 모퉁이 가게에서 몰래 구입한 책으로, 사다리를 타고 올라가서 차고 지붕의 평평한 곳에 자리 잡고 읽었지요. 이 책의 여주인공은 작가라는 꿈을 이루기 위해 끔찍하기 짝이 없는 일들을 겪습니다. 덕분에 여주인공은 분명 글감을 넘치도록 얻게 되기는 해요. 근친상간, 성병, 강간, 하지정맥류. 전부 이 책에 등장하는 소재이지요.

그에 반해, 학교의 교과 과정은 확실히 영국적이면서 전근대적이었습니다. 내 생각에, 극 중에 성적인 장면이 등장하는 작품을 피하려고 했던 게 아닌가 싶어요. 그래봐야 맥락상 극 밖에선 성행위가 수없이 일어났지만요. 그리고 보통 비극으로 끝났고요. 《로미오와 줄리엣》《플로스 강의 물방앗간》《테스》《캐스터브리지의 시장》을 보세요. 시도 굉장히 많았습니다. 하지만 수업에선 시의 텍스트, 오로지 텍스트에만 초점을 맞추었습니다. 시의 본문을 외우고, 구조와 스타일을 분석하고, 요점을 설명하도록 배우면서도, 역사적 또는 전기적 맥락에서는 공부하지 않았지요. 추측컨대 신비평의 여파 때문이 아닌가 싶어요. 아무도 그 용어를 언급하지는 않았지만요. 누구도 과정이나 직업으로서의 글쓰기, 그러니까 진짜 사람들이 실제로 했던 일로서의 글쓰기에 대해서는 말하지 않았습니다.

그런 환경 속에서 나는 어떻게 작가가 된 걸까요? 작가는 사람들이 변호사나 치과의사가 되겠다고 선택하는 것처럼 내가 택한 일도, 내가 택할 법한 일도 아니었습니다. 1956년, 축구장을 가로질러 하교하던 중에 그냥 갑자기 그렇게 된 거였어요. 머릿속으로 시를 쓴 뒤 종이에 옮겨 적었는데 그때부터 오로지 글을 쓰고 싶다는 것 외엔 아무 생각도 안 났어요. 내가 쓴 시가 훌륭한지 어떤지도 몰랐지요. 하지만 알았대도 아마 신경 쓰지 않았을 겁니다. 나를 사로잡은 것은 결과물이 아니라 경험이었으니까요. 너무 강렬한 경험이었어요. 내게 비非작가에서 작가로의 변화는 B급 영화에서 유순한 은행원이 송곳니 뾰족한 괴물로 변신하는 것만큼이나 순식간의 일이었습니다. 누군가 목격했다면 내가 쥐를 거대

괴물로 변신시키거나 인간을 투명하게 만드는 화학물질 또는 우주광선 같은 것에 노출된 거라 믿을 만큼요.

그땐 내게 막 무슨 일이 일어난 건지 자각할 만큼 아직 머리가 여물지 않았을 때였지요. 혹여 작가의 삶이나 작가라는 존재에 대해 한 줄이라도 더 읽어보았다면, 방금 전 내 안에서 일어난 부끄러운 변화를 숨겼을지도 모르겠습니다. 하지만 나는 구내식당에서 도시락을 함께 먹던 여자애들에게 그 사실을 당당하게 밝혀서 큰 충격을 안겨주었지요. 그중 한 명은 나중에 그렇게 선언을 하는 내 모습이 정말 용감해 보였다고, 정말 배짱 두둑해 보였다고 말해주더군요. 하지만 사실 나는 그냥 무지했을 뿐입니다.

나중에 알고 보니, 부모님의 실망도 고려해야 할 요소였습니다. 애벌레와 딱정벌레 같은 곤충류에 대한 부모님의 관용이 예술가로까지는 확대되지 않았거든요. 그분들은 습관처럼 할 말을 꾹 참고 상황이 자신들 뜻대로 흘러가도록 기다리기로 하셨지요. 그러고는 밥벌이가 되는 직업을 가지는 게 중요하다고 내게 완곡하게 의견을 내비쳤어요. 어머니의 친구 한 분은 더 유쾌하게 반응했지요. "그거 멋지다, 애야. 적어도 집에서 할 수 있는 일이잖니." 그 친구 분은 내가 다른 바른생활 소녀들처럼 결국에는 가정을 꾸릴 거라고 짐작했던 거죠. 그녀는 당시 여성 작가들에 대해 어떤 이야기가 돌고 있는지 아무 관심이 없었거든요. 그러니 이 강단 있고 헌신적인 존재들이 가정생활을 완전히 포기해야 한다는 사실을 알 리가 없었지요. 처녀성 상실, 지저분하고 방탕한 생활, 자살과 같은 이런저런 고난을 택한 대가로 말이지요.

사회가 단지 작가로서만이 아니라 '여성' 작가로서 어떤 역할을 기대하는지 조금이라도 의심했다면(얼마나 돌이킬 수 없는 불운입니까!), 나는 잉크가 새는 내 푸른색 볼펜을 방 저편으로 내던졌거나, 끝내 정체를 밝히지 않은 《시에라 마드레의 황금》의 작가 B. 트라번처럼 철통같은 필명으로 자신을 가렸을 겁니다. 아니면 토머스 핀천처럼 절대 인터뷰도 하지 않고 책 커버에 내 사진을 쓰도록 허락하지 않았을지도 모릅니다. 하지만 그런 묘수를 생각하기에 당시의 나는 너무 어렸고, 지금은 너무 늦었네요.

보통 전기를 읽으면 인생 초기부터 주인공이 훗날 예술가나 과학자, 정치인의 길을 걷게 될 것임을 예측하게 해주는 결정적인 순간이 등장합니다. 혹여 주인공의 어린 시절에서 그런 싹수를 발견하지 못하면 전기 작가가 몸통을 잘라 다른 머리에 붙여서 원하는 결과를 도출하지요. 다들 논리적인 우주를 믿고 싶어 하니 어찌겠어요. 하지만 글쓰기를 시작하기까지 내가 거쳐 온 인생을 되돌아보면, 그 기이한 방향을 택한 이유를 설명할 만한 것, 작가가 안 된 많은 사람들의 삶에서 발견되지 않은 것을 하나도 찾을 수 없습니다.

스물여섯에 처음 시집을 냈습니다. 당시 시인들 사이에서 유행하던 것처럼 친구네 지하실에서 평판 인쇄기로 직접 찍은 소책자가 아닌, '진짜' 시집이었지요. 그때 오빠가 내게 축하 인사를 보내왔습니다. "첫 시집 출간을 축하해. 나도 어렸을 땐 시도 짓고 그랬는데 말이야." 어쩌면 그게 단서인지도 모르겠어요. 어려서는 수많은 취미를 공유했지만 그는 포기하고 다른 오락으로 돌아섰고, 나는 그러지 않았다는 것 말입니다.

  1956년 당시, 나는 아직 고등학생이었습니다. 내가 뭘 해야 하고, 뭘 할 수 있고, 뭘 하는 게 좋을지 터놓고 말할 사람이 주변에 한 명도 없었어요. 아는 작가라곤 주일학교 잡지에 동화를 싣는 이모가 전부였지요. 그런 이모 역시 내 치기 어린 우월감에는 성에 차지 않았어요. 내가 읽어본 책을 쓴 소설가들, 그러니까 허접한 책이든 문학작품이든, 성인을 대상으로 책을 쓴 사람은 전부 죽었거나 캐나다 밖에 있었지요. 아직 축축한 동굴과 비밀스런 수풀을 탐색하며 나와 비슷한 부류를 찾는 일을 진지하게 시작하지 못한 때였습니다. 그러니 열여섯의 내 견해는 일반 시민의 견해와 다를 바 없었어요. 즉, 내가 볼 수 있는 건 겉으로 분명히 드러난 것들뿐이었습니다. 내겐 다른 나라나 다른 시대에는 당연하게 여겨진 작가의 공적 역할이 캐나다에는 정착한 적이 없거나 한때 존재했다가 멸종된 것만 같았어요. 그 대표적인 예가 A. M. 클라인의 〈풍경으로서의 시인의 초상〉이었죠. 당시엔 몰랐으나 이후 우연찮게 마주치면서, 갓 태어난 새끼오리가 캥거루를 어미라고 착각하는 것처럼 마음속 깊이 각인된 시입니다.

  그는 죽어서 발견되지 않은 것일 수도 있다.
  그는 어딘가에서 발견될 수도 있다.

탐정소설 속 시체처럼, 좁은 옷장에서,
선 채로 두 눈을 부릅뜨고 엎어지기 직전의 자세로 (…)

우리가 현실 세계에서 알 수 있는 건 그것뿐.
그가 사라졌으며. 그저 중요하지 않다는 것 (…)

(…) 행여 그가 존재하다면, 숫자이고, 미지수일 것이다.
익명의, 길 잃은, 누락된,
호텔 장부의 어떤 스미스 씨일 것이다.[6]

  처음에는 싸구려 잡지에 감상적인 로맨스 소설을 써서 밥벌이를 하며 진지한 문학 작품을 집필하려고 했어요. 그런 글이 돈이 된다고 '라이터스 마켓Writers' Markets'에서 알려주었거든요. 하지만 몇 번의 시도 끝에 로맨스물이 나와는 맞지 않다는 사실을 깨우쳤지요. 다음으로 세운 계획은 언론학교를 졸업한 다음 신문사에서 일하는 것이었어요. 한 종류의 글을 쓰다 보면 내가 원하는 다른 종류의 글도 쓸 수 있겠다 싶었지요. 그러면 지금쯤 캐서린 맨스필드와 어니스트 헤밍웨이를 섞어놓은 듯한 작가가 될 것만 같았습니다. 하지만 실제 기자(부모님이 내 의지를 꺾기 위해 대령한 둘째 사촌)와 이야기를 나눠본 뒤 마음을 바꾸었습니다. 여자는 부고 기사나 여성 면 외에 어떤 기사도 못 쓴다고 하지 뭐예요. 그래서 나는 여전히 꿈에서 나를 괴롭히는 대학입학시험을 쳤고, 합격과 동시에 집을 떠났습니다. 일단 대학을 졸업하면 뭐라도 가르칠 수 있을 것 같았어요. 긴 여름 방학 동안 걸작을 집필할 여유도 생길 테니, 그리 나쁜 선택 같지 않았지요.

나는 열일곱이었고, 때는 1957년이었습니다. 교수님들은 우리를 따분한 녀석들로 치부했어요. 10년 전 갖은 고생을 하고 지식에 대한 열망으로 가득 차서 돌아온 참전 용사들만큼 인상적이지도, 걸핏하면 소요를 일으키던 1930년대 좌파 대학생들만큼 흥미롭지도 않다는 뜻이었어요. 그들 말이 맞았어요. 대체로 우린 따분했습니다. 남학생들은 직장인이라는, 여학생들은 그들의 아내라는 미래를 위해 공부했지요. 전자는 회색 플란넬 바지와 블레이저에 넥타이를, 후자는 낙타털 코트에 캐시미어 카디건 세트, 그리고 진주 버튼 귀걸이를 즐겨 착용했어요.

하지만 완전히 다른 부류도 있었지요. 이 나머지 부류는 검정색 터틀넥을 즐겨 입었는데, 여자는 치마 밑에 검정색 발레리나 타이츠를 착용하곤 했어요. 아직 팬티스타킹이 발명되기 전이었고 치마 착용이 의무이던 시절이었지요. 이들은 수는 적지만 대개 아는 게 많고 허세가 가득해서 "예술물 먹은 샌님들"이라고 불렸어요. 처음엔 이들이 겁났지만 몇 년 지나자 내가 겁을 주는 당사자가 되어 있더군요. 겁을 주려고 특별히 무언가를 할 필요는 없었어요. 그냥 사람들의 호불호를 어느 정도 파악하고 특정한 차림새만 하면 됐지요. 손톱 손질을 안 하고, 얼굴에선 핏기를 지우고, 몸은 수척하게 만들고, 당연히 옷은 우중충하게 입고. 햄릿을 떠올리시면 됩니다. 이렇게 하면 보통 사람들은 이해하기 힘든 굉장히 난해한 수준의 사고를 하는 사람이라는 인상을 주게 되지요. 일반 학생들은 예술가입네 하는 학생들을 조롱하고 때론 눈더미 속에 던져넣기도 했어요. 적어도 그 "샌님" 학생이 남자인 경우엔 그랬어요. 하지만 예술에 심취한 여학생들은 캐시미어 카디건 세트를 걸친 여학생들보다 성적으로 훨씬 자유분방할 뿐 아니라 자기주장이 강하고 광적이고 사납고 성깔 있는 존재로 여겨졌습니다. 그러니 이들과 얽힌다는 건 제아무리 섹스가 좋아도 성가신 일이었지요.

"예술물 먹은 샌님들"의 관심 분야는 캐나다 문학이 아니었습니다. 그러니까 처음에는 아니었어요. 다른 사람들과 마찬가지로 이들은 캐나다 문학이 존재하는지도 몰랐지요. 잭 케루악과 비트 세대가 1950년대 후반 예술계를 강타하고 《라이프》 지면을 통해 유명세를 탔지만, 이들은 생각만큼 그쪽에 관심을 두지 않았어요. 우리의 관심사는 유럽 쪽이었습니다. 포크너, 스콧 피츠제럴드, 헤밍웨이는 기본이었고, 연극 취향이면 테네시 윌리엄스와 유진 오닐을 알아야 했지요. 스타인벡의 《분노의 포도》와 휘트먼, 디킨슨은 어느 정도 꿰고 있어야 했고, 밀반입된 책을 구할 수 있으면 금지 작품이었던 헨리 밀러와, 시민운동에 관심 있으면 제임스 볼드윈과 친해야 했고요. 엘리엇과 파운드, 조이스, 울프, 예이츠 등은 마땅히 읽어야 했지만, 키르케고르, 스테픈울프, 사뮈엘 베케트, 알베르 카뮈, 장폴 사르트르, 프란츠 카프카, 이오네스코, 브레히트, 하인리히 뵐, 피란델로는 가슴 떨리는 이름들이었습니다. 일부는 플로베르, 프루스트, 보들레르, 지드, 졸라, 그리고 러시아의 대문호 톨스토이와 도스토옙스키 등을 읽었지요. 이따금 에인 랜드를 좋아한다는 충격적인 발언을 하는 사람도 있었습니다. 에인 랜드는 여자 주인공이 강간을 당하는 것을 즐긴다는 내용 때문에 위험천만한 작품으로 여겨졌지요. 사실 수많은 할리우드 영화들도 옥신각신하고, 따귀를 날리고, 문을 쾅 하니 닫는 등 난리법석을 치다가 부둥켜안으며 끝을 맺곤 했으니, 함의하는 건 별반 다르지 않았지만 말이에요.

여전히 허물어지는 대영제국의 문화적 지배하에 있으면서 그토록 강하게 식민지 노릇을 하던 나라치고는, 캐나다에서 현대 영국 작가들의 자리는 상당히 좁았습니다. 조지 오웰은 죽었지만 읽혔고, 딜런 토머스도 마찬가지였지요. 도리스 레싱의 《금색 공책》은 아주 뛰어난 소수의 여성들에게 인정받았는데 비밀리에 읽는 수가 훨씬 많았어요. 아이리스 머독은 갓 활동을 시작하며 기이한 특징으로 흥미를 끌었지요. 그레이엄 그린은 훗날만큼은 아니지만 아직 생존하며 존경받았습니다. 크리스토퍼 이셔우드는 나치가 부상할 때 독일에 살았던 탓에 본인만의 독특한 매력이 있었지요. 아일랜드 작가 플랜 오브라이언은 코널리의 《불안한 무덤》이 그랬던 것처럼 소규모의 헌신적인 추종자들을 거느렸습니다. 그렇지만 영국의 진짜 영향력은 피터 셀러즈가 출연한 〈더 군 쇼

The Goon Show〉라는 체제 전복적 라디오 프로그램을 통해 느낄 수 있었어요. 그리고 내 기억으로는 '몬티 파이선'(영국의 코미디 그룹—옮긴이)의 또 다른 선배 격인 '비욘드 더 프린지'의 녹음 음반도 강한 영향력을 발휘했지요.

내가 처음으로 참여한 예술 모임은 연극이었습니다. 배우가 되려던 건 아니었지만 세트장을 칠할 줄도 알고, 급할 때는 사소한 역할에 대신 투입될 수도 있었어요. 한동안 나는 약국에서 일하는 대신 극장 포스터를 디자인하고 인쇄했어요. 크게 소질이 있는 건 아니었지만 경쟁이 심하진 않아서였지요. 캐나다의 예술 집단 자체가 그렇듯, 모임은 규모가 작았고 그곳에 속한 모두가 보통 한 분야 이상을 어슬렁거리며 활동했어요. 전통 민요를 수집하고 오토하프와 같은 악기를 연주하는 것이 유행이다 보니, 나 역시 포크 가수들과 친구가 되었습니다. 그들을 통해 연인의 구슬픈 비가와 선혈 낭자한 살인 이야기, 음란한 민요들을 놀랄 만큼 광범위하게 흡수했지요.

이 모든 시간 동안 나는 몹시 희망에 부풀어 강박적으로 글을 썼습니다. 시, 소설, 논픽션 산문 등 그간 써보았던 거의 모든 형태의 글을 쓴 뒤, 오늘날까지 잘 부려먹고 있는 네 손가락을 이용해서 열심히 작품들을 타이핑했어요. 대학교 독서실에 가서 당시 캐나다에서 영어로 출간된 몇 안 되는 얇은 문학잡지(내 기억에는 다섯 종이 있었어요)에 매달리면서, 왜 하느님같이 생긴 수염 허연 편집자가 거기 실린 시들이 내 시보다 낫다고 판단하는 건지 궁금해하기도 했지요.

얼마 후 캠퍼스 문학잡지에 글을 싣기 시작했어요. 그리고 나선 '라이터스 마켓'에서 배운 비법대로 반송 주소를 적고 우표를 붙인 빈 봉투도 넣어서 그 얇고 평판 좋은 다섯 잡지 중 한 군데에 글을 보냈습니다. 이름은 이니셜로 대신했습니다. 높으신 분이 내가 여자라는 사실을 몰랐으면 싶었거든요. 어쨌거나 고등학교 에세이 수업 시간에 아서 퀼러 선생님으로부터 '남성적' 스타일은 대담하고 강렬하고 생생한 반면, '여성적' 스타일은 힘이 없고 지루하고 바보 같다고 배운 터였습니다. 많은 작가들이 작가는 능력적인 측면에서 남녀구분이 없다고 말하지요. 이렇게 주장하는 대다수가 여성 작가이긴 하지만 의심할 여지없는 사실입니다. 하지만 이해관계에서는 성적으로 중립적이지 않지요. 특히 남녀 작가가 비평가들에 의해 다르게 취급된다는 게 중요합니다. 그런 차별적 태도는 내용과 상관없이 언젠가 그들에게 영향을 미치게 되거든요.

문예지에서 처음으로 합격 통지서를 받고 나는 일주일 동안 멍하니 거리를 돌아다녔습니다. 너무 충격적이었지요. 그 모든 노력을 쏟아 부으면서도 마음 속 깊은 곳에서는 비현실적인 목표라고 여기던 일이 이젠 비현실이 아니게 되었으니까요. 뭔가 모르게 불길한 꿈이나 주인공의 소원이 성취되는 동화에서처럼, 모든 것이 현실이 되려 하고 있었습니다. 그렇지만 나는 민담을 너무 많이 읽었던 탓에, 이를테면 자고 일어나니 금이 석탄으로 변했다는 이야기나 너무 아름다워서 양손이 잘리게 되었다는 이야기 같은 거요. 그랬던 탓에 내 앞길에 속임수와 장해물, 치명적인 대가가 도사리고 있다는 걸 모를 수가 없었습니다.

나는 문예지를 통해, 그리고 문예지에 글을 기고하는 교수님들을 통해 감춰져 있던 문을 찾았습니다. 그건 한겨울의 봉분이나 개미총과 같은 헐벗은 언덕에 문이 나 있는 것과 비슷했습니다. 아무 정보도 없이 바깥에서 관찰하면 생명의 흔적도 볼 수 없지만, 문을 찾아서 열고 안으로 들어가보면 온통 활발한 움직임들이 있지요. 문예계의 축소판이 바로 내 코앞에 있었던 겁니다.

캐나다에 시인이 정말 존재하는구나 싶었어요. 그들은 소규모로 무리지어 활동했는데 심지어 '세계인파'니 '현지인파'니 하면서 유파를 형성하기도 했습니다. 그러면서 자신들이 이런 유파라는 사실은 부인하고 다른 유파에 속한 시인들을 공격했지요. 비평가들에게도 공격을 가했는데 대부분 자신의 동료 시인들이었어요. 그들은 서로를 지저분한 별명으로 불렀고, 서로의 책에 추천글을 써주고 비평을 했으며, 마치 18세기 문학사에서처럼 친구는 토닥여주고 적은 공격했습니다. 그리고 온갖 점잔을 빼면서 선언서를 발표하고, 삶의 가시밭길에 쓰러지는가 하면, 피를 흘리기도 했지요.

당시 이런 소란에 기름을 부은 몇 가지 요소가 있었습니다. 우선 내가 다니던 바로 그 대학의 교수였던 노스럽 프라이가 《비평의 해부》(1957)를 막 출간하면서, 미국뿐 아니라 해외에서도 상당한 파장을 일으켰습니다. 여기저기서 시인들이 아우성치기 시작하더니, 곧이어 친신화파pro-myth와 반신화파anti-myth로 편이 갈렸지요. 프라이는 혁명적인 발언을 통해 캐나다뿐 아니라 모든 사회, 특히 모든 식민지 사회에 파문을 던졌습니다. "현실의 중심은 주체가 존재하는 곳이면 어디든 될 수 있으며, 그 주변은 주체가 상상할 수 있으면 뭐든 될 수 있다."[7] 그러니까 결국 꼭 런던이나 파리, 뉴욕 출신일 필요가 없다는 거였지요! 바로 길 아래 인근 학교에는 마셜 매클루언이 있었어요. 그 역시 1960년에《구텐베르크 은하계》를 출간하여 또 다른 파문을 일으켰지요. 이번에는 미디어와 미디어가 인식에 미치는 영향, 그리고 문자 매체의 쇠퇴 가능성에 대한 이슈였습니다. 그러니 런던, 파리, 뉴욕의 작가들도 우리 같은 변방국의 작가들만큼 입장이 곤란한 건 마찬가지였지요!

대체로 신화와 매체와 문학을 둘러싸고 목소리를 높이는 쪽은 시인들이었어요. 장편소설가나 단편소설가는 시인과 달리 친교를 맺거나 집단을 만들지 않았거든요. 책을 출간한 캐나다 소설가들도 거의 없었고, 서로가 서로를 잘 알지도 못했으며, 그중 다수가 캐나다에서는 예술가로 활동할 수 없다며 다른 나라로 거주지를 옮긴 터였습니다. 60년대 후반부터 70년대 사이에 대중에 친숙해진 많은 작가들, 이를테면 마거릿 로런스, 모데카이 리클러, 앨리스 먼로, 메리언 엥글, 그레임 깁슨, 마이클 온다치, 티모시 핀들리, 루디 위베 같은 작가들은 아직 존재를 확실히 드러내기 전이었고요.

알고 보니 마법의 개미총 안에 들어가는 건 생각보다 훨씬 쉬웠습니다. 나 외의 타인들이 나를 작가라 생각하고 이를 당연하게 여기는 장소 말입니다. 당시엔 진정한 보헤미아, 즉 나머지 세상과는 동떨어진 매우 다른 층위의 사회가 존재했고, 한 번 그 세계에 발을 들이면 바로 그 세계 사람이 되었지요.

일례로 다 쓰러져가는 공장 건물에 '보헤미안 엠버시Bohemian Embassy'라는 커피숍이 있었는데, 일주일에 한 번 시인들이 그곳에 모여 큰 소리로 자작시를 낭독하곤 했어요. 나도 시를 '발표'한 후부터 낭독 요청을 받았지요. 시 낭독은 연기와는 완전히 달랐습니다. 다른 사람의 글이면 가림막이자 위장복으로 삼을 수 있을 텐데, 서서 내 글을 낭독한다니, 그토록 노출된 위치에서 자신을 바보로 만들 수도 있는 상황을 연출하다니, 정말이지 속이 울렁거렸어요. 시 낭독회는 빠르게 퍼져서 금세 당연한 것이 되었습니다. 하지만 10년 동안 무대 뒤에서 속을 게워내야 하는 미래가 내 앞에 기다리고 있다는 건 당시에 알지 못했지요.

이 커피하우스 모임은 여러 가지 면에서 주목할 만했습니다. 그중 하나는 혼란스러움이었어요. 극과 극의 사람들이 그곳에 모였다는 말입니다. 젊은이와 나이 많은 이, 남자와 여자, 출판을 한 사람과 아직 안 한 사람, 베테랑과 초보자, 격렬한 사회주의자와 딱딱한 형식주의자, 이 모든 사람들이 체크무늬 식탁보 위에 필수

아이템인 키안티 포도주병을 촛대 삼아 놓고 한데 어울렸습니다.

또 하나는, 어떻게 표현하는 게 좋을까요, 이들 중 일부 시인들에게서 크게 대단하다는 인상을 받지 못했다는 점입니다. 심지어 출간을 했거나 존경받는 이들에게서도 그랬어요. 누군가는 훌륭할 때도 있지만 수준이 한결같지 않았고, 누군가는 발표할 때마다 같은 시를 읽었고, 누군가는 견딜 수 없을 정도로 매너리즘에 빠져 있었고, 누군가는 남자나 여자를 꼬드기려고 그곳에 오는 게 틀림없었거든요. 의문이 들었습니다. 문을 통과해 시인들이 우글거리는 개미총으로 들어갔다고 해서 반드시 무언가를 보증받은 건 아닐 수도 있지 않을까? 그렇다면 진짜 보증을 받으려면 어떻게 해야 한단 말일까? 어떻게 해야 그만한 수준이 됐는지 아닌지 알 수 있을까? 그나저나 수준이란 건 뭘까? 이들 중 일부가 자신의 재능에 대해 착각하고 있다면(그건 분명했지요) 나도 그럴 수 있지 않을까? 그러고 보니 말인데, '훌륭하다'는 건 뭘까? 누가 훌륭한지 여부를 결정했으며, 어떤 리트머스 시험지를 사용한 걸까?

내가 어디에 발을 들였는지 막 깨달으며 초조해하던 스물한 살, 1961년 그 시절의 나는 그대로 놔두고, 이쯤에서 다시 예술로서의 글쓰기라는 주제로 돌아가보고자 합니다. 보편적 예술, 특히 글쓰기에 대한 사회적 기대를 이어받고 전달하는 존재로서의 작가라는 주제 말입니다.

글쓰기가 다른 예술과 차별화되는 한 가지 특징은 외견상 민주

적이라는 사실입니다. 즉, 거의 모든 사람이 글쓰기를 표현 수단으로 이용할 수 있습니다. 신문 광고에서도 숱하게 마주치곤 하지요. "작가에 도전하지 않겠습니까? (…) 어떤 경력도, 특별한 교육도 필요 없습니다." 그런가 하면 엘모어 레너드의 소설 속에서 한 마약업자는 이렇게 말합니다.

> 종이에 글을 끄적일 줄 아냐고? 이봐, 그거야 맨날 하는 거잖아. 머릿속에 떠오르는 대로 한 단어씩 적으면 되지. (…) 학교에서 글 쓰는 건 배웠잖아? 배웠을 거야. 아이디어가 떠올랐다고 쳐. 그러면 말하고 싶은 내용을 적어. 그리고 아무나 시켜서 쉼표 나부랭이 같은 것을 넣어달라고 하면 돼. (…) 그건 거기 사람들이 해줄 거야.[8]

오페라 가수가 되려면 타고난 목소리와 수년간의 연습이 필요하지요. 작곡가가 되려면 듣는 귀가 있어야 하고, 댄서가 되려면 균형 잡힌 몸이 있어야 하고, 무대에서 연기를 하려면 대사를 기억할 수 있어야 합니다. 시각 예술가가 되는 건 외견상 이제 글쓰기와 비슷하게 취급받지요. 누군가가 "우리 집 네 살짜리 꼬마도 이것보단 잘하겠다"라고 말한다면, 문제의 예술가가 실은 재능도 없는데 운이나 수완이 좋아서 잘된 것이며, 어쩌면 사기꾼일 수도 있다는 믿음에서 비롯한 질투와 경멸이 내포돼 있습니다. 이런 현상은 예술가를 차별화하는 타고난 재능이나 비범한 능력이 무엇인지 사람들이 더 이상 모르겠을 때 주로 나타나지요.

글쓰기를 볼까요. 대부분의 사람이 입 밖으로 내지 않을 뿐, 본인 머릿속에 책이 한 권 들어 있다고, 시간만 있으면 글로 풀어낼 수 있다고 믿습니다. 이 생각은 어느 정도는 진실입니다. 많은 사람이 실제로 책 한 권은 품고 있거든요. 즉, 사람들이 읽고 싶어할 만한 경험을 하고 살지요. 하지만 그렇다고 그 말이 '작가가 된다는 것'과 동의어인 건 아닙니다.

좀 더 음침한 예를 들어보지요. 누구나 묘지에 구덩이를 팔 수는 있으나 그렇다고 모두가 묏자리 파는 일꾼이 되는 건 아닙니다. 후자는 훨씬 더 많은 체력과 끈기를 필요로 합니다. 또한 일의 성격상, 심오한 상징성을 지니지요. 묏자리 파는 사람은 그냥 구멍을 파는 게 아니에요. 양 어깨 위에 다른 사람들의 심리적 투사, 두려움, 환상, 근심, 미신의 무게를 짊어집니다. 싫든 좋든 죽음을 상징하게 되지요. 그러므로 공적인 역할을 하는 것은 물론, 여느 공적 역할처럼 그 역할의 중요성, 즉 그 역할의 정서적, 상징적 내용의 중요성은 시간에 따라 달라지기도 합니다. 대문자 W로 시작하는 작가Writer의 역할도 마찬가지지요.

이번 장의 제목은 앨리스 먼로가 1978년에 출간한 단편선에서 빌려왔습니다. 캐나다판 제목은 "넌 도대체 네가 뭐라고 생각하니Who Do You Think You Are"[9]지만, 영국에서는 "로즈와 플로Rose and Flo"로, 미국에서는 "거지 소녀The Beggar Maid"로 바뀌었지요. 아마도 편집자들은 원제가 각 나라의 독자들에게 다소 모호해 보일 거라고 생각한 것 같아요. 하지만 이 제목은 당시의 캐나다 독자들, 특히 예술적 열망을 한 번이라도 가져본 독자들이라면 누구나 충분히 이해할 수 있는 제목이었습니다.

이 책은 교양소설Bildungsroman(청년이 주인공으로 등장하는 교육적 이야기)로, 훗날 단역 배우로 성장하는 로즈라는 소녀가 주인공입니다. 그녀는 캐나다의 변변찮은 소도시에서 고등학교를 다니는데, 영어 시간에 시를 베껴 쓰고 암기하라는 숙제를 받습니다. 로즈는 타고난 재주로 베끼지 않고도 곧잘 시를 암송할 수 있었지요. "로즈는 어떤 일이 벌어질 거라 기대했을까?" 먼로는 묻습니다. "경탄과 찬사, 전에는 받아본 적 없는 존중?" 그렇습니다. 하지만 그녀에게 돌아온 건 기대와 달랐어요. 선생님은 로즈가 잘난 척을 하는 것이라 판단하지요. 물론 사실이긴 하지만요. "그래, 시를 외운 건 맞구나. 하지만 시키는 대로 하지 않은 데는 변명의 여지가 없어. 자리에 앉아서 책에 베껴 써라. 모든 행을 세 번씩 쓰도록 해. 다 못 하면 4시가 넘도록 남을 줄 알아." 결국 로즈는 4시 넘어서까지 집에 가지 못합니다. 그녀가 필사본을 건네자 선생님은 이렇게 말하지요. "시를 잘 외운다고 해서 남들보다 낫다고 생각해선 안 돼. 넌 도대체 네가 뭐라고 생각하니?"[10] 다시 말해, 로즈는 꼭 필요하진 않지만 남들은 하지 못하는 대단한 능력이 있다고 해서 남다른 대접을 받지 못합니다.

여기서 배우를 작가로, 시 암기를 글쓰기로 바꾸어도 맥락은 같아요. 이 교사의 태도는 서구사회의 모든 예술가들, 특히나 작은 시골 지역의 예술가들이 지난 2백 년 동안 부딪쳐온 문제입니다. 실제로 예술가들은 바로 이 문제와 관련해 일련의 질문들을 거듭해서 분명히 밝혀왔지요. 초반에 얘기를 꺼냈던 《모래의 여자》에서 니키와 내면의 목소리 사이의 대화처럼 말이에요. 작가는, 그러니까 신문 기사를 쓰거나 판에 박힌 소설을 찍어내는 달인이 아닌 예술가가 되기를 열망하는 작가는, 정말 특별한 사람일까요? 만약 그렇다면 어째서 그런 걸까요?

제2장

이중성

지킬의 손, 하이드의 손, 그리고 모호한 이중성

왜 항상 둘로 나뉘는가

너는 불쌍한 사람을 도울 때 오른손이 하는 것을 왼손이 모르게 하여
너의 착한 행실이 남의 눈에 띄지 않게 하라. 그러면 은밀히 보시는
네 아버지께서 갚아주실 것이다.

- 마태복음 6장 3~4절

정열과 환희의 시인들이여,
지상에 영혼을 남겨두었구나!
새로운 곳에서 이중으로 살면서,
천상에도 영혼을 가지고 있는 것인가?

- 존 키츠, 〈정열과 환희의 시인들이여〉

너는 지킬의 손을, 너는 하이드의 손을 가졌구나.

- 그웬돌린 매큐언, 〈왼손과 히로시마〉[1]

비정상적으로 관찰을 강조하는 것은 관계를 몹시 회피한다는 것을 의미한다. 더 정확히 말해, 타인의 삶에 과도하게 집착하고 동일시하는 동시에, 말도 안 될 정도로 거리를 두는 것을 뜻한다. (…) 멀찍이 떨어져 있는 것과 완전히 연루돼 있는 것 사이의 긴장. 그것이 작가를 만든다.

- 네이딘 고디머, 《선집》 중 서문[2]

나는 이중성의 세계에서 자랐습니다. 우리 세대가 어렸을 적엔 텔레비전이 없었어요. 당시는 만화책의 시대였습니다. 그리고 만화책 속 슈퍼히어로는 별 볼일 없는 또 다른 자아를 가지지 않고서는 존재할 수 없었지요. 슈퍼맨은 사실 안경잡이 클라크 켄트였고, 캡틴 마블은 사실 다리가 불편한 신문팔이소년 빌리 뱃슨이었고, 배트맨은 사실 '현실 세계'에선 한심한 바람둥이 행세를 하는 스칼렛 핌퍼넬(에마 오르치가 쓴 동명의 소설 속 주인공으로 프랑스 혁명 시기에 낮에는 한심한 바람둥이로, 밤에는 무고하게 처형당하는 귀족들의 구출자로 이중생활을 한다—옮긴이) 같은 부류였어요. 아니 그 반대라고 해야 할까요? 나는 이들을 정서적으로 이해했습니다. 모든 아이들이 그랬지요. 우람하고 강하고 선한 슈퍼히어로는 우리가 꿈꾸던 존재였고, 작고 약하고 실수투성이고 훨씬 강한 존재들 앞에서 속수무책인 현실 속 '진짜' 가면은 실제 우리의 모습이었어요. 우리만큼 예이츠의 페르소나 이론보다 페르소나에 대해 더 생생히 보여주는 사례는 없었습니다.

  우리는 그 슈퍼히어로들이 무엇보다도 낭만주의 운동의 지는 해에 비친 투사물이라는 사실을 알지 못했습니다. 맞아요, 변장과 이중성의 사례는 그전에도 있었습니다. 맞아요, 오디세우스도 변장을 하고 고향 이타카로 돌아갔지요. 맞아요, 기독교에선 하나님이 가난한 목수인 나사렛 예수의 모습으로 이 땅에 오셨어요. 맞아요, 전설과 동화 속에서 오딘과 제우스와 성 베드로는 거지 행색을 하고 세상을 돌아다니며 자신들을 후하게 대접하는 자들에게 상을 주고 그렇지 못한 자들에게 따끔하게 벌을 주었습니다. 하지만 이런 이중성을 대중의 의식 속에, 그 무엇보다 예술가들에게 당연한 요소로 뿌리내리게 한 사람들이 바로 그 대단한 낭만파입니다.

  이사야 벌린은 《낭만주의의 뿌리》[3]에서 18세기 '계몽주의' 작가나 화가들(권력자들의 후원을 받은, 보편적 사상의 하인이자 기득권층의 지지자)과 푸치니의 오페라 〈라보엠〉으로 대표되는 낭만주의 예술가(독립적이고, 반체제적이고, 가난한)의 차이에 대해 내가 흉내 낼 수 없을 만큼 상세히 설명해냈습니다. 이들 작가들이 다락방에서 배를 주리며 천재적인 작품을 창조할 때, 나머지 사회는 물질주의가 넘실대는 만찬 자리에서 배를 채우고 트림을 하며 그들을 나 몰라라 했지요. 하지만 후대까지 유산을 남기며 마지막에 웃는 자는 비밀스런 정체성, 비밀스런 힘을 지닌 바로 그 예술가들입니다. 그들에겐 보기보다 훨씬 많은 것이 숨겨져 있거든요!

화가인데 작가로도 활동하는 경우엔 이중성이 갑절로 늘어나지요. 글을 쓰는 행위만으로도 자아가 둘로 나뉘니까요. 그러므로 이번 장에서는 작가로만 활동하는 작가의 이중성에 대해 논하겠습니다.

나는 언제나 브라우닝의 을씨년스러운 시 〈롤랜드 공 암흑의 탑에 이르다〉에 강하게 이끌렸습니다. 화자인 롤랜드 공은 성배는 아니지만 구체적으로 무엇인지는 알 수 없는 것을 찾아 길을 떠납니다. 보통 모험을 떠날 때는 가치 있는 목표(찾고 싶고 얻고 싶은 어떤 것)를 손에 넣기 위해 많은 장해물을 극복해야 하는데 이는 롤랜드 공도 마찬가지지요. 하지만 그의 모험은 시간이 갈수록 끔찍하고 비참해집니다. 한 노인이 그를 비웃고(탐험에선 언제나 나쁜 징조로 작용합니다) 뒤이어 눈앞의 풍경이 점점 황폐한 늪처럼 변하면서 용기는 절망으로 바뀌게 되지요. 이윽고 생각지도 못한 순간 암흑의 탑이 나타나지만 그는 함정에 갇히고 맙니다. 주변 풍경이 그를 꼼짝 못하게 포위한 것이지요. 그게 다가 아닙니다. 먼저 탐험을 떠났다가 실패한 자들의 유령이 그 역시 실패하기를 바라며 그를 에워쌉니다. 그는 자신의 모험이 운을 다했음을 깨닫지요.

탑은 낭발막한 난공불락의 요새로, 견줄 데 없이 위협적으로 생겼습니다. 그리고 벽에는 슬러그혼slug-horn이 걸려 있습니다. 슬러그혼은 귀에 거슬리는 소리가 나는 악기로, 원래 영국 시인 채터턴이 '트럼펫'을 가리켜 사용한 단어지요. 그 혐오스런 소리가 시적 풍경과 딱 들어맞아 브라우닝이 이 악기를 낙점한 게 아닌가 싶어요. 어쨌거나 암흑의 탑에 사는 누군가, 아니면 무언가(추측컨대 괴물)에 도전하려면 슬러그혼을 꼭 불어야 합니다.

롤랜드 공의 암흑의 탑은 조지 오웰의 소설《1984》에 등장하는 개개인이 가장 두려워하는 것을 이용해 고문하는 윈스턴 스미스의 101호실을 떠올리게 합니다. 그럼 이제 롤랜드 공은 작가, 즉 로버트 브라우닝의 대리인이고, 그의 모험은 아직 쓰이지 않은 시 〈롤랜드 공 암흑의 탑에 이르다〉를 찾아 떠나는 모험이고, 암흑의 탑에 사는 괴물은 시를 쓸 때의 롤랜드 공 그 자신이라는 가설을 한번 세워봅시다. 이렇게 가정한 데는 그럴 만한 이유가 있습니다. 첫째, 브라우닝은 단숨에 이 시를 썼습니다. 계획하고 쓴 게 아니라, 뭐랄까, 주체할 수 없는 충동을 이기지 못하고 쓴 것이지요. 그런 충동은 보통 글 쓰는 자아의 아주 깊은 곳에서부터 나옵니다. 둘째, 이 시는 셰익스피어가 쓴 〈리어왕〉의 비바람 몰아치는 황야, 그 광기어린 장면에서 영감을 받았습니다.

롤랜드 공이 암흑의 탑에 이르렀네
그의 암호는 언제나 ㅡ '휘, 화이, 훰,
영국인의 피 냄새가 물씬거리는구나.'[4]

이 대사는 어릴 적 읽었던 동화 〈잭과 콩나무〉(와 그 비슷한 이야기들)에 나오는 거인의 대사입니다. 하지만 셰익스피어의 희곡에서

이 대사를 뱉는 자는 롤랜드 공 자신이지요. 그러므로 이 대사를 읽고 시를 쓸 때의 브라우닝에겐 롤랜드 공이 거인인 겁니다. 하지만 동시에 거인을 죽이는 잭이기도 하지요. 따라서 그는 자신을 죽이는 이중성을 띠게 됩니다.

그러다 결정적으로 슬러그혼에서 소리가 나면서 롤랜드 공이기도 한 괴물이 탑에서 나오고, 정正과 반反이 합合을 이루면서 모험은 끝이 납니다. 〈롤랜드 공 암흑의 탑에 이르다〉라는 시가 완성된 것이지요. 이 시의 마지막 구절은 이렇게 끝납니다.

> 나는 겁 없이 입술에 슬러그혼을 대고
> 불었다. "롤랜드 공이 암흑의 탑에 왔도다."[5]

그렇게 영웅은 자신의 이름을 딴 시의 마지막 구절로 사라집니다. 시의 제목처럼 말이지요. 그러니 역설적이게도 모험의 예정된 실패는 결국 실패가 아닌 것이며(시를 짓는 것이 목표인데 실제로 시를 지었으므로), 롤랜드 공(그의 두 현시 모두)은 시가 완성됨과 동시에 사라졌지만 자신이 방금 완성한 시 속에서 존재를 이어나가게 됩니다. 헷갈린다면 앨리스 시리즈의 두 번째 책 《거울 나라의 앨리스》와 앨리스가 던진 질문을 생각해보세요. "그건 누가 꾼 꿈이었을까?"

우리가 '작가'라는 하나의 이름으로 묶어버리는 두 개의 독립체는 어떤 관계를 맺고 있을까요? 개별적인 작가 말입니다. 여기서 두 독립체라는 건, 글을 쓰고 있지 않을 때의 존재, 즉 개를 산책시키고 규칙적으로 밀기울을 먹고 세차를 하는 등의 일을 하는 존재와, 아무도 안 볼 때 그 몸을 넘겨받아 글쓰기에 사용하는, 같은 육체를 공유하지만 좀 더 희미하고 애매모호한 또 다른 존재를 의미합니다.

나의 사무실 게시판에는 잡지에서 오려낸 문장이 하나 붙어 있습니다. "작품이 좋아서 작가를 만나고 싶다는 것은 파테pate(파이 크러스트에 고기, 채소 등을 갈아 만든 소를 채우고 오븐에 구운 것―옮긴이)가 좋아서 오리를 만나고 싶다는 것과 같다." 유명인사(심지어 적당히 유명한 사람)를 실제로 만났을 때 느끼는 실망감(그들은 항상 기대한 것보다 키도 작고 나이도 많고 평범하다)을 가볍게 표현한 말이지요. 하지만 좀 더 사악하게 해석할 수도 있습니다. 파테를 만들어 먹기 위해서는 먼저 오리를 죽여야 한다는 의미로요. 그러면 오리를 죽이는 건 누구의 몫일까요?

그나저나 어떤 보이지 않는 괴물, 또는 어떤 제멋대로인 손이 조금 전에 저 잔인한 표현을 내뱉은 걸까요? 분명 나는 아니에요. 나는 약간 어수선하고, 쿠키도 잘 만들고, 가축들과 사이도 좋고, 스웨터도 잘 짜는(팔이 너무 길긴 하지만) 착하고 따뜻한 사람이거든요. 그리고 어쨌거나 저 냉혹한 표현은 몇 줄 전에 쓴 거잖아요. 그때는 그때였고, 지금은 지금이지요. 누구나 같은 단락에 두 번

펜을 담글 수는 없으며, 그 문장을 쓸 때 나는 나 자신이 아니었습니다.

그러면 난 누구였을까요? 아마 나의 사악한 쌍둥이나 정체가 불분명한 나의 닮은꼴이었을 겁니다. 어쨌거나 나는 작가이므로, 낮이 지나면 정체불명의 닮은꼴(기껏해야 약간 고장 난 나겠지만)을 어딘가 숨겨둬야 하는 밤이 찾아옵니다. 나는 우리의 공동 이름이 새겨진 책에 대한 리뷰를 읽다가 저자라고 이름이 올라간 이 닮은꼴이 내가 아닌 게 확실하다고 주장하는 글을 여러 번 접했습니다. 이를테면 내가 노릇노릇 잘 구워진 오트밀 당밀 빵을 굽는 장면을 절대 상상할 수 없다면서 말이지요. 왜 그렇게 믿는지 들어보니 내가…. 갑자기 딴 이야기로 샜군요.

누군가는 내가 이중의 정체성을 가지고 태어났으므로 작가가 (그게 아니면 사기꾼이나 스파이나 어떤 범죄자가) 될 운명이었다고 말할 지도 모릅니다. 나는 사랑꾼 아버지 때문에 어머니의 이름을 물려받았습니다. 하지만 같은 이름이 집안에 둘이라 다른 이름을 사용해야 했지요. 그 바람에 나는 자라면서 아무 법적 효력도 없는 별명으로 불렸습니다. 그동안 내 진짜 이름(그렇게 부를 수 있다면)은 나도 모르게 출생증명서 위에 시한폭탄처럼 똑딱거리며 숨어 있었지요. 내가 내가 아니라는 사실을 알고 얼마나 놀랐던지요! 내게 옷장에 넣어둔 빈 여행 가방처럼 꼭꼭 숨어서 채워지길 기다리는 또 다른 자아가 있었다니요.

뭐든 쓰질 않으면 남아도는 법입니다. 결국 이 여분의 이름으로 나는 무언가를 해야만 했지요. 고등학교 잡지에 글을 싣던 초기에는 별명을 썼어요. 뒤이은 과도기에는 이니셜에 의존했고요. 그러다가 한 선배로부터 별명을 고집하면 작가로 진지하게 대접받기 힘든 데다 이니셜은 T. S. 엘리엇이 이미 써먹었다는 말을 듣고 마침내 나는 운명에 굴복했습니다. 그렇게 나의 이중성을 포용했지요. 작가는 책 위에 적힌 이름입니다. 나는 그와는 다른 사람이고요.

모든 작가는 이중성을 가지고 있습니다. 이유는 단순합니다. 방금 전에 읽었던 그 책의 작가를 절대 실제로 만날 수 없으니까요. 글을 쓰고 출간을 하기까지는 엄청난 시간이 걸립니다. 출간할 때가 되면 책을 썼던 그 사람은 이미 다른 사람이 되고 없지요. 또는 그렇다고 알리바이를 둘러댑니다. 작가가 책임을 회피하려고 이런 편한 방식을 사용하기도 하므로 별 신경 쓸 필요는 없으나 그게 사실입니다.

2장을 펼치자마자 손에 대한 인용구를 봤을 겁니다. 두 손, 바로 길한 손과 악한 손에 대한 구절이었지요. 지난 한 세기 반 동안 작가들 사이에는 이런 의혹이 널리 퍼졌습니다. '작가는 두 자아가 한 몸을 공유하고 있으며 다른 자아로 변하는 순간을 예측하거나 정확히 포착하기 어렵다.' 작가들은 자신들의 이중적 속성에 대해 하나는 일상을 살고 또 하나는 글을 쓰는데, 우울하게 보면 둘은 서로에게 기생한다고 설명합니다. 그렇지만 악마에게 그림자를 팔고 존재 가치를 잃어버린 페터 슐레밀[6]처럼 그 둘은 공생 관계이기도 하지요. 닮은꼴은 정체는 모호하지만 없어선 안 되는 존재입니다.

덧붙이자면 닮은꼴이 있다고 해서 모두 나쁜 건 아닙니다. 어떤 건 그림 형제의 〈금빛 아이들〉, 구로사와 아키라의 영화 〈카게무샤〉, 로베르토 로셀리니의 영화 〈로베레의 장군〉, 이자크 디네센의 단편소설 〈위로가 되는 이야기〉의 술탄과 거지, 크리스티나 로세티의 서사시 〈고블린 시장〉의 두 자매처럼 스스로를 희생하는 고결한 대리인이 되기도 하지요. 하지만 '좋은 닮은꼴'이 등장하는 이야기에서도 '나쁜 닮은꼴'이 등장하는 이야기나 마찬가지로 '반쪽'은 서로에게 매여 있습니다. 하나의 운명이 다른 하나의 운명에 달려 있는 거지요.

아래는 이중성을 주제로 한, 데릴 하인의 〈도플갱어〉라는 시의 일부입니다.

> 모든 부위가 둘로 갈라지고 쪼개져,
> 유리로 두 사람을 나눈 것 같으니
> 누가 누군지 구분하기 힘들다
> 두 팔은 사랑을, 두 팔은 증오를 두르며,
> 때로 살인을 생각하고 때로 포옹을 하니
> 서로 무엇을 하는지 알 수 없다[7]

화자, 혹은 두 사람으로 보이는 화자들은 자신들이 시인이라고 밝힙니다. 아니 적어도 한쪽은 시인입니다. 그런데 어느 쪽이 '진짜'일까요?

글을 쓰는 자아('저자'라고 생각되는 자아)가 일상생활을 하는 자아와 같지 않다는 이런 관념은 어디에서 오는 걸까요? 어쩌다 작가들은 자신들의 뇌 속에 외계인 비스름한 존재가 살고 있다고 생각하게 된 걸까요? 불쌍한 어린 넬[8]을 죽음에 이르게 한 자가 자식들을 위해 부지런히 크리스마스 게임을 만들던 유쾌한 가장 찰스 디킨스가 아닌 게 확실한가요? 디킨스가 펜을 든 자신의 손이 무자비하게 넬을 죽이는 내내 눈물을 흘렸다는 사실을 떠올려보세요. 아뇨, 넬을 죽인 건 그의 내면에 잉크로 된 촌충처럼 도사리고 있던 시체 애호가였습니다.

E. L. 닥터로가 《신의 도시》에서 말했지요. "맹세코 이야기꾼보다 더 위험한 사람은 없다."[9] 덴마크 작가 이자크 디네센은 평소엔 별 볼일 없는 남자가 내러티브라는 외투를 걸치자마자 변하는 모습을 이렇게 묘사합니다.

> "좋아요, 이야기를 하나 해드리죠." 그는 이렇게 말하며 조용히 변신했다. 고지식한 법정 관리원은 온데간데없고 그 자리에 교활하고 위험한 작은 인물이, 계획적이고 약삭빠르며 나이를 초월한 무자비한 이야기꾼이 앉아 있었다.[10]

이자크 디네센이 《지킬 박사와 하이드》를 읽은 게 아닌가 싶네요. 그녀라면 읽을 필요가 없었겠지만 말이지요. 그런 식의 변신이라면 몸소 겪어서 익숙했을 테니까요. 그녀는 평범한 인간일 때는 카렌 블릭센으로, 소설가일 때는 이자크 디네센으로 살았지요. 일부 여성 작가들처럼 지킬 박사에서 한 술 더 떠 성별까지 바꾸어서요.

《지킬 박사와 하이드》는 오랜 늑대인간 이야기(평범한 남자가 특정 상황만 되면 날카로운 이빨의 미치광이로 돌변한다는 이야기)에도 영향을 받았지만, 도플갱어에 대한 옛이야기에도 큰 빚을 지고 있습니다. 이런 이중성이란 주제에 최초로 관심을 가진 사람이 로버트 루이스 스티븐슨이 아니라는 말이지요. 일란성 쌍둥이(닮은꼴과는 조금 다르지요)는 언제나 관심의 대상이었습니다. 일부 아프리카 사회에서는 불행을 막기 위해 일란성 쌍둥이를 죽였는데 아직까지 우리는 일란성 쌍둥이를 뭔지 모르게 기괴하다고 여깁니다. 똑같이 복제된 생김새가 우리의 고유성을 부정하는 것 같은 느낌을 주기 때문이겠지요.

열두 살 때 잡지 광고를 보고 처음으로 쌍둥이를 눈여겨봤던 일이 생각납니다. '토니'라는 가정용 파마약 광고로 머리칼이 꼬불꼬불한 똑 닮은 여자 둘이 모델이었어요. 광고 문구는 이랬습니다. "어떤 쪽이 토니를 썼을까요?" 한 명은 집에서 싸게 파마를 했고 다른 한 명은 미용실에서 비싸게 했는데 아무도 구분하지 못한다는 메시지였지요. 왜 내겐 그게 사기처럼 보였을까요? 왠지

둘 중 한쪽은 진짜(실재하는 진짜)이고 나머지는 단순히 복제된 이미지일 거라는 느낌이 들어서였던 것 같아요.

쌍둥이와 닮은꼴은 신화에서도 아주 오래된 모티브예요. 보통 이들은 야곱과 에서, 로물루스와 레무스, 카인과 아벨, 오시리스와 세트처럼 남자이면서 주로 주도권을 쥐기 위해 다툼을 벌입니다. 또한 도시나 민족의 탄생과 연관이 있거나 한쪽이 다른 쪽만큼 뛰어나지 못하지요. 패트릭 티어니는 인간의 희생에 대해 탐구한 자신의 저서 《가장 높은 제단》[11]에서 쌍둥이 중 성공한 쪽은 살아 있는 사회를 대표하고 그렇지 못한 쪽은 그의 이면에 숨은 어두운 자아를 나타내는데, 후자는 지하세계에 맞서기 위해 희생된 뒤에 모퉁잇돌 아래에 묻혀서 신들을 달래고 도시를 보호한다고 설명합니다.

쌍둥이 또는 쌍둥이 같은 형제는 '문학'의 시대에도 끊임없이 매력을 발산했습니다. 셰익스피어의 〈리어왕〉에 나오는 선한 에드가와 악한 에드먼드, 또는 그 정도로 과격하진 않지만 《실수연발The Comedy of Errors》의 쌍둥이 주인과 쌍둥이 하인이 대표적인 예지요. 하지만 닮은꼴은 쌍둥이나 형제보다 더합니다. 그는 '나'이니까요. 나의 가장 본질적 특징(외모, 목소리, 심지어 이름까지)을 공유하는 나이지요. 그래서 전통적인 사회에서는 이런 닮은꼴을 보통 불길하게 여겼습니다. 스코틀랜드의 민속 신앙에서는 자신의 닮은꼴을 만나는 것을 죽음에 대한 징조라고 봅니다. 즉 닮은꼴은 죽음의 땅에서 나를 데리러 오는 '생령'인 겁니다.[12] 그런 면에서 고대 그리스 신화의 나르시스 이야기는 자신의 닮은꼴을 만나는 상황을 경고하는 미신과 관련이 있을 수 있지요. 나르시스가 자신의 비친 얼굴, 즉 자기 자신이지만 반대쪽 수면에 비친 자신을 보고, 그 얼굴이 그를 죽음으로 유인하니까요.

17세기 뉴잉글랜드에서 열렸던 세일럼 마녀재판에 관심 있는 사람이라면 '유령의 증거'라는 개념에 익숙할 겁니다. 핀이 잔뜩 꽂힌 밀랍 인형 같은 것으로, 증거품과 똑같은 법적 지위를 가졌었죠. 당시 사람들은 마녀가 자신의 '유령', 또는 형체 없는 닮은 존재를 보내서 더러운 일을 대신 처리시킨다고 여겼어요. 누군가 여러분이 농가에서 소들에게 마법을 거는 장면을 봤다고 칩시다. 그런데 같은 시간 침대에 누워 있는 것을 봤다는 증언이 나온 겁니다. 그러면 결백을 증명할 수 있겠다 싶겠지만 이는 오히려 여러분이 닮은꼴을 만들어낼 능력이 있다는 것을, 즉 마녀라는 사실을 증명하는 결과만 낳습니다(법정에서 '유령의 증거'를 금지하고 나서야 뉴잉글랜드 마녀재판은 마침내 끝이 났지요).

초기 낭만파들이 설화와 민담에 매료됐던 것을 볼 때, 그 문을 통해 그토록 많은 닮은꼴들이 낭만주의와 후기낭만주의 문학 속으로 들어간 것 같습니다. 이런 '닮은꼴' 이야기와 그 수많은 후손들은 보통 광란과 공포의 분위기로 가득했지요. 〈스텝포드 와이프〉〈디 아더〉〈데드 링거〉와 같은 '닮은꼴' 영화들을 본 영화팬이라면 알 겁니다. 이런 유형의 '닮은꼴'을 다룬 초기 영문학 작품 중 하나가 제임스 호그의 《사면된 죄인의 고백》(1824)이지요. 구원받을 운명을 타고났기 때문에 마음껏 죄를 지어도 된다고 확신하는 이 책의 주인공은 긴 잠에서 깨어난 뒤 자신과 똑같이 생긴 남자가 고약한 짓을 저지른 걸 깨닫고 대신 책임을 지게 됩니다. 에드거 앨런 포의 이야기 〈윌리엄 윌슨〉(1839)도 비슷하지요. 여기서 주인공은 양심적으로 참견을 해대는, 자신과 외모도 이름도 똑같은 남자에게 평생을 시달립니다. 그러다 결국 또 다른 윌리엄 윌슨, 고로 자신을 죽이면서 생을 마감하지요. 두 명의 윌리엄 윌슨은 지킬 박사와 하이드처럼 죽음을 공유한 사이이므로 나머지 한쪽 없이는 존재할 수 없습니다. 19세기 후반 헨리 제임스는 '닮은 꼴' 이야기를 좀 더 심리적으로 풀어냈습니다. 《밝은 모퉁이 집》(1909)에서 한 미국인 예술 애호가가 유럽에서 돌아와 자신이 예전에 살던 집에 누군가 살고 있다는 걸 깨닫지요. 자신의 복제도 아닌, 바로 그 자신이 미국에 계속 머물면서 거부로 성공했으면 그렇게 됐음직한 존재가 살고 있는 거예요. 그는 이 유령을 따라다니다가 결국 정면으로 맞서고 질겁합니다. 자신의 잠재적 자아가 힘만 센 짐승이자 괴물이었던 거죠.

당연히 마법의 그림 속 주인공, 도리언 그레이[13](오스카 와일드의 소설 주인공—옮긴이)도 있습니다. 화가가 초상화를 그리면서 너무 많은 것(그 자신? 아니면 도리언에 대한 억압된 욕망?)을 집어넣는 바람에 그림은 불완전하게 생명을 얻지요. 그로 인해 그림은 그를 대신해 나이를 먹고 악행의 결과를 떠안습니다. 반면 도리언(빠지는 곳이 없는 청년이지요. 성에서 알 수 있듯이 고대의 이교도 그리스인과 관련이 있습니다)은 잔인하고 타락한 행동에 대한 책임을 지지 않고 젊고 아름다운 외모를 유지하는 것은 물론이고, 마음껏 죄를 짓고 예술품을 수집할 수 있게 되지요. 그는 화가도 작가도 아닙니다. 그렇게 시시한 존재가 아닙니다. 그는 삶 자체가 예술 작품이지요. 그것도 퇴폐적인. 하지만 이윽고 선한 인간이 되기 위해 그림을 없애기로 결심하자 힘의 서약이 깨지면서 파멸이 닥칩니다. 그림이 자신의 양심인 것을 깨닫고 화폭에 칼을 꽂는 순간 그림은 젊음을 되찾고 그는 소멸하지요. 그와 이상한 그림의 운명이 뒤바뀌면서 도리언은 진짜 모습인 노쇠한 노인으로 돌아갑니다. 이 책의 교훈은 이겁니다. 마법의 그림이 있으면 함부로 건드리지 마라. 그냥 가만히 둬라.

여기에 보탤 이야기가 하나 더 있어요. 《다섯 손가락의 야수》[14]라는 묘하게 무서운 작품입니다. 적어도 10대 시절, 밤에 아기 돌봄 아르바이트를 하면서 읽었을 때는 이상하게도 무섭더군요. 인류학자라면 "절단된 신체 부위로서의 닮은꼴"이라고 부를 카테고리에 속하는 책이지요. 최고의 메타소설 《마녀의 망치》[15]에 나오는, 마녀의 꾐에 넘어간 음경이 주인의 몸에서 떨어져 나와 새둥지에서 잠을 잔다는 이야기를 떠올릴지도 모르겠습니다. 혹은 코가 한 남자에게서 도망쳐서 제복 차림의 궁중 관리가 되었다가 마침내 붙잡혀 다시 몸에 붙여진다는 내용을 그린 고골리의 소설 〈코〉가 떠오르시나요? 《다섯 손가락의 야수》는 이 소설들보다는 재미가 덜합니다. 한 심성 고약한 조카가 유언장에서 무슨 콩고물이라도 떨어질까 싶어서 인품은 고매하지만 늙고 병든 삼촌을 찾아갔다가, 잠든 삼촌의 손이 혼자 깨어 있는 장면을 목격하지요. 손은 정신없이 필기를 하고 있는데, 특히 삼촌의 서명을 부지런히 연습하고 있습니다. 조카는 무의식이 필기를 명령하는 흥미로운 광경이라 생각하고 더 이상 신경 쓰지 않지요.

삼촌이 죽고 손이 담긴 소포가 도착했을 때 그가 받았을 충격을 상상해보세요. 손이 유언장을 위조해 삼촌의 몸에서 자신을 잘라낸 뒤 우편으로 부치도록 지시하다니요. 멀쩡히 살아 있는 손은 밖으로 뛰어나와 커튼을 기어오르고 주인공을 괴롭히며 많은 닮은꼴들이 그런 것처럼 그의 인생을 망치기 시작합니다(이를테면 편지도 쓰고 주인공 이름으로 서명도 합니다. 손으로서는 불필요한 능력이 아닐 수 없지요). 남자가 손을 잡아서 판자에 못 박아 고정하지만 손은 도망치고 삐죽빼죽 구멍이 난 채로 복수를 결심하지요. 짐작하듯이 결국 소설은 불행하게 끝이 납니다. 남자가 손을 파괴하지만 손 역시 남자를 파괴하면서 이 책이 어떤 문학적 혈통을 물려받았는지 분명히 보여주지요.

이번에 설명할 손은 작가로부터 분리된 글 쓰는 손입니다. 섀너핸이 《뉴요커》지에 이를 소재(절단된 신체 부위로서의 작가)로 만화를 실은 적도 있습니다. 만화 속의 커다란 손가락은 호텔방 침대에 누워 이렇게 생각합니다. "대체 내가 어디 있는 거지?" 만화 위에는 이런 설명이 붙어 있어요. "움직이는 손가락이 글을 쓴다. 집필을 끝낸 뒤엔 3주에 걸쳐 20개 도시로 북투어를 다닌다."[16] 물론 현실에서 북투어를 가야 하는 건 손가락이 아니라 불운한 인간의 몸입니다. 작가의 그 빌어먹을 손가락, 실제로 글을 써내려간 그 녀석은 북투어는 나 몰라라 하고선 혼자 어딘가에서 햇볕을 즐기는 동안 말이지요.

호르헤 루이스 보르헤스는 훨씬 멀리 나아갔습니다. 〈보르헤스와 나〉라는 작품에서 그는 그저 손이나 손가락에 만족하지 않고, 지킬 박사와 하이드라는 주제에 작가를 결합시켜 자기 자신(보르헤스)을 둘로 나눕니다. "이것은 다른 사람, 보르헤스라는 사람에게 벌어지는 일이다."[17] 스스로를 '나'라고 칭하는 나머지 반쪽이 이렇게 말을 시작합니다. 그리고 보르헤스는 자신과 취향을 공유하지만 "헛되이 배우의 상징으로 바꾸는 방식을 취한다. 우리의 관계가 적대적이라고 말하는 것은 과장일 것이다. 내가 살아가고, 내 자신이 계속 살아가게 하므로, 보르헤스가 용케 자신의 문학을 만들어 나가는 것이고 그 문학이 나를 정당화시켜 주는 것이다"라며 말을 이어나가지요. 그는 이 보르헤스라는 사람이 좋은 글을 몇 페이지 썼다는 건 인정하지만 그것을 자기 공으로 돌리지는 못합니다. "게다가 나는 분명히 소멸할 운명이다. 오직 나의 일부 순간들만이 그의 안에서 살아남을 수 있다. 그가 사물을 왜곡하고 과장하는 괴팍한 습관을 가지고 있다는 것을 알지만 나는 조금씩 그에게 모든 것을 넘겨주고 있다. (…) 나는 나 자신이 아니라(만약 내가 어떤 사람인 게 맞다면) 보르헤스로 남을 수밖에 없다." 둘의 관계는 딱히 적대적이진 않지만 그렇다고 우호적이지도 않습니다. "몇 년 전부터 나는 그로부터 벗어나려고 애를 썼다. 그래서 도시 근교의 신화로부터 시간과 영원과의 게임들로 글의 주제를 옮겼다. 하지만 이제 그 게임들은 보르헤스의 것이니, 나는 다른 것들을 생각해내야 할 것이다. 그렇게 내 인생은 무위로 돌아가고 나는 모든 것을 잃었다. 모든 것은 망각, 아니 그의 것이다." 작가는 글을 쓸 때 자신을 작품(가식과 거짓 요소들을 품고 있지요) 속에 집어넣는데, 이렇게 하면 할수록 자신의 진짜 자아라 할 수 있는 것을 잃어버립니다. 하지만 심지어 이렇게 적으면서도 보르헤스는 글을 씁니다. 그는 이 역설을 잘 압니다. 다음 구절로 글을 마무리하는 걸 보면요. "우리 중 누가 이 글을 쓴 건지 모르겠다."

이 짧은 글은 닮은꼴 우화처럼 작가의 자기 의심을 압축해서 잘 보여주고 있습니다. '작가'는 작품 및 작품에 적힌 이름과 동떨어져서 존재할 수 있을까요? 작가로 살아가는 쪽, 그러니까 세상 저 바깥에 있는, 죽음을 이기고 살아남을 수 있는 유일한 쪽은 피와 살도 없거니와 진짜 인간도 아닙니다. 그러면 글을 쓰는 '나'는 누구일까요? 펜을 쥐거나 자판을 두드리는 건 손이지만, 글을 쓰는 순간 그 손을 통제하는 건 누구일까요? 둘 중 하나라면 어느 쪽이 진짜라고 할 수 있을까요?

이제부턴 이런 증후군(작가가 자신의 또 다른 자아를 불안해하고 자신에게도 그런 자아가 있을 거라고 의심하는 증후군)에 영향을 미친 것으로 보이는 글쓰기의 몇 가지 특징에 대해 논하려 합니다. 이를테면 글쓰기라는 매체가 그보다 앞서 생겨난 구전과는 어떻게 다른지와 같은 질문들이 될 겁니다.

사람들은 습관적으로 소설가를 '이야기꾼'이라고 부릅니다. "우리 시대 최고의 이야기꾼"이라고 말하는 것처럼요. 하지만 이는 평론가로선 곤경을 면하기 위한 방편임은 물론이고("최고의 소설가"라고 말할 필요가 없으니까요), 해당 작가가 플롯은 잘 짜지만 나머지는 별로라는 소리를 돌려 말하는 것이기도 하지요. 또는 작가의 글에 예스럽거나 향토적이거나 기이하거나 황홀한 구석이 있다고 말할 때도 씁니다. 이럴 땐 독일인 할머니가 흔들의자에 앉아 어린 아이들과 그림 형제에 둘러싸여서 놀라운 옛날이야기를 들려주는 장면을 떠올리게 됩니다. 아니면 눈먼 노인이나 매서운 눈매의 집시 여자가 상점가나 마을 광장에 앉아서 로버트슨 데이비스의 단골 대사처럼 "구리 동전 하나면 황금 같은 얘기를 들려드리죠"[18]라고 말하는 장면을 떠올리거나요. 하지만 살아 있는 관객들의 마음을 사로잡는 이야기꾼은 다락방이나 서재에 틀어박혀 책상에는 잉크통을 놓고 손에는 펜을 쥔 19세기의 소설가와는 차이가 있습니다. 또는 시릴 코널리와 어니스트 헤밍웨이가 그토록 사랑한 지저분한 호텔방에서 타자기, 지금 같으면 워드프로세서를 앞에 두고 구부정하니 앉아 있는 20세기의 작가와도 상당한 차이가 있지요.

말하기의 역사는 길지만 글쓰기는 그렇지 않습니다. 말하기는 대부분 유아기에 습득하지만, 읽기는 평생 못 배우는 사람이 많습니다. 읽기는 해독이고, 해독을 하려면 임의적인 표식의 집합, 즉 추상적인 공식을 배워야 하지요.

얼마 전까지만 해도 글을 깨친 사람은 아주 소수였습니다. 읽기는 희귀한 기술이었으며, 글을 읽을 줄 안다는 건, 즉 이상하게 생긴 표식을 쳐다보면서 멀리 있는 누군가가 보낸 메시지를 술술 풀어내는 건 경외의 대상이었어요. 대중의 상상 속에서 책과 마법이 한통속이고 이런 마법이 사악하다고 여겨진 것도 놀랄 일이 아니었지요. 과거 사람들은 악마가 변호사처럼 계약서를 들고 돌아다니며 항상 그 커다란 까만 책에 피로 서명하라고 종용한다고 생각했습니다. 물론 신도 구원받을 사람들의 이름이 적힌(그들이 직접 쓴 건 아니지만요) 책을 가지고 있었지요. 둘 중 어디든 한 번 이름이 오르면 지우기 어려웠지만, 그래도 언제나 악마의 악한 책보다는 신의 선한 책에서 이름을 없애는 게 더 쉬웠어요.[19]

글쓰기는 견고하고 영속적이지만 말하기는 아닙니다. 그래서 이야기꾼들이 글을 적기 시작하자마자, 또는 누군가가 그들의 이야기를 받아쓰자마자(이편이 더 가능성이 높지요) 기록이란 돌기둥에 새기는 일이 되었고, 그렇게 기록된 글은 고정되고 변치 않는 성질을 얻게 되었지요. 신은 말은커녕 종이에 십계명을 적어 전하는 것도 못마땅하게 여겼습니다. 그래서 돌을 선택해 글의 견고함을 강조했지요. 하지만 주목할 건, 신약에 등장하는 예수는 이야기꾼이라는 겁니다. 예수는 우화로 가르치지 글로 적지 않습니다.[20] 그 자신이 말씀이요, 소망하는 곳으로 흘러가는 성령인 까닭이지요.

또한 음성처럼 유동적이고 손으로 만질 수도 없어요. 하지만 그의 원수인 서기관들과 바리새인들은 법문, 즉 기록된 글을 고수합니다. 우리가 이 모든 것을 책으로 배웠다는 점을 생각하면 아이러니가 아닐 수 없지요. 존 키츠는 자신의 묘비명에 다음과 같이 새겼습니다. "여기 물 위에 이름을 새긴 사람이 잠들다." 이름을 기록하면서 영혼의 유동성까지 한꺼번에 얻다니, 참으로 탁월한 안목이 아닐 수 없습니다.

그러니 카라바조의 그림에서 사도 마태가 그토록 불안한 표정을 짓고 있는 것도 당연한 일입니다. 그의 손에는 펜이 들려져 있고, 곁에선 천사가 살짝 강압적인 표정을 지으며 뭐라고 쓸지 지시하고 있잖아요. 글쓰기는 마음에 부담을 주는 행위가 아닐 수 없습니다. 기록된 말은 증거와 흡사해요. 나중에 나에게 불리하게 쓰일 수도 있으니까요. 그러니 에드거 앨런 포가 쓴 최초의 인기 추리소설에 도둑맞은 편지가 등장할 수밖에요.[21]

다시 이야기꾼과 작가 얘기로 돌아가봅시다. 작가가 입으로 이야기를 전하는 이야기꾼인 척 떠드는 유서 깊은 저술 전략도 있습니다. 초서가 《캔터베리 이야기》에서 쓴 전략이 그것이지요. 그는 여기서 한 술 더 떠 입심 좋은 사람들을 한 무더기 창조해서 자신이 풀어내는 이야기 속에 제2의 이야기꾼으로 등장시킵니다. 평론가가 작가가 마침내 진짜 자기 '목소리'를 냈다고 비평하는 걸 본 적이 있나요? 당연히 작가는 '진짜' 목소리를 내지 않습니다. 그 대신 목소리라는 '착각'이 들게끔 쓸 뿐이지요.

하지만 작가가 아무리 우리를 속여도 이야기꾼과는 다릅니다. 먼저 작가는 글을 쓰는 동안 혼자입니다. 하지만 전통적인 이야기꾼은 그렇지 않아요. 이야기꾼은 배우와 마찬가지로 즉석에서 관중에 반응해야 합니다. 그들의 예술은 공연이지요. 즉, 음성이 악기고 얼굴 표정과 몸짓이 음성을 보조합니다. 이런 즉각성은 이야기꾼이 특정한 선을 지켜야 함을 의미해요. 과하게 혹은 관객이 원하는 이상으로 신성을 모독하거나, 너무 외설적이거나, 관객의 고향이나 인기 지도자나 민족을 지나치게 비난하면 안 돼요. 관객을 모독하면 썩은 과일 세례를 받거나 뼈가 탈구될 만큼 흠씬 두들겨 맞을 확률이 높지요. 이런 점에서 책을 쓰는 작가는 그래피티 예술가처럼 이야기꾼보다는 자유롭습니다. 피드백에 목을 맬 필요가 없으니까요. 용감하고 거침없는 조지 엘리엇의 또 다른 자아인 예민하고 소심한 메리 앤 에번스(엘리엇의 본명—옮긴이)처럼 출간 시기에 맞춰 휴가를 떠나 서평은 나 몰라라 해도 됩니다. 어쨌거나 평론가들도 작가를 별로 의식하지 않아요. 그러기엔 너무 늦어서죠. 책이 나올 때면 텍스트는 완성됐고, 루비콘 강은 건넜으며, 작가의 일은 끝난 뒤니까요. 다음 책에는 지적인 비평이 어느 정도 도움이 되겠지만, 가엽게도 갓 출간된 책은 이 넓고도 사악한 세상에서 모든 것을 제 운에 맡겨야 합니다.

이야기꾼은 이야기를 하는 중간에 어느 정도 즉흥성을 발휘할 수 있지만(윤색하거나, 다른 주제로 빠지거나, 세부적인 내용을 추가할 수 있어요) 도입 부분을 수정할 수는 없습니다. 다음 공연이 시작되기 전이라면 또 모를까요. 극장에서 상영되는 영화처럼 이야기꾼의 이야기는 오직 한 방향으로 흐릅니다. 페이지를 넘길 수도, 내용을 통째로 엎을 수도 없지요. 반면 작가는 플로베르처럼 문장의 생김새로 고투하고, 적합한 단어를 찾으려고 몸부림치고, 등장인물의 이름을 창밖으로 버리는, 아니 인물을 몽땅 내다버리는 등 거듭해서 초고를 손볼 수 있습니다. 그러므로 언어적 질감과 내적 응집성이 이야기꾼보다 소설가에게 훨씬 중요하지요. 최고의 이야기꾼이라면 즉흥적으로 언어를 구사할 수도 있겠지만 보통 자신의 어휘 보따리에서 꺼낸 판에 박힌 구절이나 비유에 의지하고 그것을 고수할 때가 많습니다. 이들은 단어나 구절이 반복될까봐 걱정하지 않아요. 의도치 않게 어휘가 중복될까봐 원고를 샅샅이 뒤지는 쪽은 음유 시인이 아니라 작가지요. 작가가 이야기꾼보다 더 세심하고 신중하다는 의미는 아니지만 그렇게 볼 수 있는 측면들도 있어요.

관객의 성격도 다릅니다. 이야기꾼의 경우 관객이 바로 눈앞에 앉아 있지만, 독자는 대개 볼 수도 알 수도 없는 개인으로 구성돼 있어요. 작가와 독자는 서로를 볼 수 없습니다. 유일하게 눈에 보이는 것은 책이며, 작가가 죽은 지 한참 후에 독자가 책을 접할 수도 있지요. 입으로 전해지는 이야기는 이야기꾼과 함께 죽지 않습니다. 많은 구전 설화들이 이곳저곳을 떠돌고 세기에 세기를 거듭해 수천 년 동안 목숨을 부지하지요. 하지만 이야기의 특정한 발화 방법(한 사람의 이야기 방식)은 죽어요. 따라서 이야기는 화자가 바꿔면서 달라집니다. 손에서 손으로가 아니라 입에서 귀로, 다시 입으로 전달되기 때문이에요. 이런 식으로 이야기는 계속 이동합니다.

책도 저자보다 오래 살거나, 이동하거나, 내용이 변한 것처럼 보일 수 있습니다. 하지만 말하기와 같은 방식으로는 아니에요. 그보단 읽어내는 방식에 따라 변합니다. 많은 논평가들이 말하듯, 문학 작품은 각 세대의 독자들이 새로운 의미를 찾고 새로이 발견하면서 재창조됩니다. 그러므로 인쇄된 책은 악보와 같습니다. 그 자체가 음악은 아니지만 음악가가 연주할 때, 즉 '해석할 때' 음악이 되는 악보이지요. 텍스트를 읽는 행위는 음악을 연주하면서 동시에 듣는 것과 비슷해요. 이때 독자는 고유한 통역가가 됩니다.

그럼에도 책은 물질적으로 실재하기에 영원하다는 환상을 심어줍니다('환상'이라고 한 건 불에 탈 수도, 영원히 분실될 수도 있기 때문입니다. 실제 많은 책들이 그래왔지요). 또한 변하지 않고 고정돼 있다는 인상을 줍니다. 이게 바로 글의 이치지요. 대부분의 사람들이 문맹이고 텍스트에 마법의 아우라가 있던 시절에는 이 점이 중요했어요. 〈요한계시록〉 마지막 구절을 보세요.[22] 글쓴이가 감히 한 단어라도 바꾸면 그게 누구든 저주를 내리겠다고 하지 않나요. 이런 상황에서는 유일하다고 여겨지는 원본 텍스트의 정확성이 매우 중요해집니다.

책 내용을 손으로 필사하던 시절이 끝나고 인쇄의 시대가 도래하면서 책을 무한히 복제하는 게 가능해졌지요. 그러면서 한 권의 진품 대신 여러 권의 복제품이 보편화되는 현상이 나타났고요. 발터 벤야민은 자신의 에세이 〈기계복제 시대의 예술 작품〉[23]에서 이런 현상과 이것이 시각 예술에 미치는 영향에 대해 논했는데, 사실 이 논의에 훨씬 적합한 분야가 책입니다. 작가가 처음 내민 원고는 완성된 책의 첫 번째 버전에 불과해요. 여기서 편집, 변경, 수정 작업이 이루어져야 책이 완성되지요. 그러면 이 중 어떤 버전이 작가의 진정한 의도를 보여준다고 할 수 있을까요?

 작가와 독자는 서로를 모릅니다. 창조하는 행위와 작품을 손에 넣는 행위가 시기적으로 동떨어져 있는 데다 책을 무한정 복제하는 게 가능해진 탓이지요. 그런데 이 두 가지가 현대 작가들이 자신을 모호하게 바라보는 데 지대한 영향을 미쳤어요. 작가가 되려면 이중의 자아 중 보이지 않는 쪽이 되는, 그리고 진짜 원본이 존재하지 않는 복제품이 되는 위험을 무릅써야 한다고 여겨지기 시작한 거지요. 이제 작가는 《다섯 손가락의 야수》에 등장하는 손처럼 위조범일뿐 아니라 위조품일지도 모르는 상황이 된 겁니다. 사기꾼이자 가짜 말이에요.

 작가를 속물들과 겉만 그럴싸한 범인들 가운데 우뚝 선 위대한 사람, 천재, 진실한 존재로 숭배하던 초기 낭만주의의 입장에서는[24] 앞서 언급한 작가의 이중성, 파악하기 힘든 모호함, 진실성의 잠재적 결핍과 같은 이미지들과 맞서 싸울 수밖에 없었습니다. 인쇄 기술과 유통 방식이 개선되고 문맹률이 급속히 낮아지면서 별

안간 작가들은 전에는 절대 상상할 수 없던 규모로 빠르게 인기를 끌고 엄청난 유명세를 얻게 되었어요. 즉, 실제보다 훨씬 거대하고 훨씬 훌륭한 존재로 비춰지게 된 거지요. 하지만 동시다발적으로 쏟아지는 책은 메가폰과 비슷한 역할을 합니다. 목소리는 확대시키지만 그 목소리를 낸 개인은 지우는 거예요. 자연스레 작가는 자신이 창조한 이미지에 의해 가려져버리지요. 바이런이 좋은 예입니다. 그는 하루아침에 유명인사가 되면서 자신의 시처럼 비장하고 낭만적인 인물이라는 이미지를 얻었지만, 몸무게가 늘자마자 독자들의 기대를 저버릴까봐 대중의 시야로부터 벗어났지요. 비장하고 낭만적인 바이런적 영웅이 되는 것은 심지어 바이런에게조차 젊은 시절에나 가능한 일이었던 겁니다.

낭만주의적 천재는 유일하고 위대한 독창적 존재로 여겨졌습니다. 그런 의미에서 '독창성'(때로 극단으로 치달으면 괴상하고 기괴한 것들과 섞이기도 했지요)은 대중과 작가 모두 작가를 평가할 때 시금석이 되었지요. 초서와 셰익스피어가 타인의 이야기를 사용하는 것을 예사로 생각한 것과는 달랐어요. 어떤 이야기가 실은 꾸며낸 게 아니라 권위 있는 어르신들로부터 들은 실화라고 말하면 하찮은 거짓이 아니라는 뜻으로 오히려 타당성을 얻었지요. 하지만 초기 낭만주의자들은 인간이 쓴 글이 새로이 창조돼 세상에 처음 선보여진 것도 아니며, 오랜 신화나 이야기, 역사적 사건을 잘 세공해서 구현한 결과물도 아니라고 주장했습니다. 그게 아니라 자기표현, 즉 자아의 표현이자 한 총체적 인간의 표현으로 보았어요. 그러니 누군가 천재적인 작품을 쓴다면 그 사람 자체도 틀림없이 천재라는 소리였지요. 언제나 말입니다. 면도할 때도 천재, 점심을 먹을 때도 천재, 가난할 때도 부유할 때도 천재, 아플 때도 건강할 때도 천재여야 하는 거지요. 늘 짊어지고 다니기에는 참으로 무거운 짐이 아닐 수 없습니다. 어느 누구도 자신의 몸에 대해 영웅이 되는 건 불가능합니다. 알곤퀸 인디언,[25] 윌리엄 버로스,[26] 그리고 스티브 벨과 같은 몇몇 영국 만화가들은 모두 공통적으로 사람의 항문이 그만의 목소리와 개성을 가진 완벽한 제2의 자아로 거듭나는 우화를 지었습니다. 신체가 어떻게 우리의 지적 허세 또는 영적 허세를 전복시키는지를 잘 보여주는 우화들이지요. 작가가 <u>스스로를</u> 그저 정직한 장인일 뿐이라고 여기면 소매에 코를 닦아도 누구도 부적절하다고 생각하지 않을 겁니다. 하지만 낭만주의 영웅들과 천재들은 이런 면에서 훨씬 덜 자유롭습니다.

그러므로 만약 '낭만주의적 천재' 또는 그보다 후기 버전인 '삶 자체의 아름다움을 지향하는 고도의 탐미주의자'라는 개념을 통째로 받아들인다면 닮은꼴이 절실히 필요하다고 느끼는 것도 무리가 아닙니다. 자신이 입을 벌리고 코를 골며 자는 동안 우아하게 작가 행세를 할 존재가 필요한 거겠지요. 아니면 반대로 자신이 시를 쓰는 동안 코를 골 사람이든가요. "위대한 시인, 진정 위대한 시인이야말로 모든 피조물 중에서 가장 시적이지 않지."《도리언 그레이의 초상》에서 헨리 워턴 경은 초기 낭만주의의 대시인great-poet 사상을 이렇게 공격합니다. 시가 자아의 표현이라면 위대한 시인은 자기 안에 든 훌륭한 것들을 작품에 쏟아부었기에 인간으로서 남아 있는 게 많지 않다는 논리지요. "이류 시인은 정말 매력적이야." 헨리 경은 말합니다. "이류 소네트 시집을 출간했다는 사실만으로도 사람들을 끌어당기거든. 자신이 써내지 못하는 시를 삶으로 구현하니까. 일류 시인들은 감히 삶에서 실현하지 못한 것들을 시로 쓰는 거고."[27]

닮은꼴에 대한 마지막 이야기입니다. 젊은 시절 읽었던 SF 판타지로, 작가가 누구인지 잊어버려서 찾고 있는 중인데 줄거리가 이렇습니다. 하숙 생활을 하는 한 남자가 다른 방에 묵는 촌스러운 처자를 몰래 감시하다가 그녀가 외계인이라는 사실을 깨닫습니다. 그리고 그녀가 매일 밤 퇴근 후 옷을 홀딱 벗고 바닥에 누워서 얇고 평평한 사람 모양의 피부 꼭대기에 자신의 머리 꼭대기를 붙이더니 원래 피부에서 나와 풍선에 물 채우듯 새 피부를 가득 채우며 몸을 옮기는 모습을 목격하지요. 조금 전까지 텅 비어 있던 피부 가죽이 이제 여자가 되고, 여자는 텅 빈 원래 피부를 말아서 보관합니다. 그렇게 피부 갈아타기가 반복되던 어느 날, 염탐하던 남자는 참견하고 싶은 마음을 억누르지 못하고 여자가 외출한 틈을 타 피부를 숨깁니다. 그리고 어떻게 되는지 지켜보지요. 여자는 돌아와서 자신의 두 번째 피부가 사라진 것을 깨달아요. 하지만 절망 속에서 조용히 기다리는 것 외엔 달리 할 수 있는 게 없지요. 얼마 가지 않아 그녀는 불길에 휩싸이며 깨끗이 타버립니다. 그녀도 닮은꼴 없이는 살 수 없던 거지요.

그러므로 작가, 그러니까 대문자 A인 작가Author와 그의 닮은꼴 존재, 그들은 교대합니다. 머리에 머리를 맞대고서 말이지요. 각자 자신의 중요한 본질을 비워내 상대방을 채워줍니다. 둘 다 혼자서는 살 수 없어요. 디네센이 삶과 죽음, 남자와 여자, 부자와 가난한 자를 놓고 했던 말을 빌리자면 이렇습니다. 작가와 그 맞닿아 있는 인간 존재는 "각자 서로의 열쇠를 보관하고 있는 두 개의 잠긴 상자와 같다."[28]

보르헤스의 딜레마를 다시 꺼내어 이번 장을 마무리하고자 합니다. "우리 중 누가 이 글을 썼는지 모르겠다." 보르헤스에 따르면 완성된 텍스트는 동일한 두 존재 중 '작가'라는 부분에 속합니다. 즉, 책 외에는 어떤 육체도 없는 이름에 속합니다. 그리고 짐작컨대 그 텍스트를 만든 사람은 이 역동적인 한 쌍 중에서 언젠가는 죽는 평범한 쪽에 속하지요. 우리는 두 자아 모두 글을 쓰는 데 관여한다고 의심합니다. 하지만 만약 그렇다면 언제 어디서 관여하는 것일까요? 글쓰기가 벌어지는 그 중요한 순간의 본질은 무엇일까요? 그들을 현장에서 포착할 수 있으면 더 명쾌한 답을 얻을지도 모릅니다. 하지만 그건 절대 불가능합니다. 심지어 작가 본인조차 글을 쓰는 도중에 자신을 지켜보는 건 힘듭니다. 글을 쓸 때는 우리 자신이 아니라 우리가 하는 작업에 온전히 집중해야 하기 때문이지요.

하지만 작가라면 때로 시도는 해보지 않을까요? 다음은 화학자이자 훌륭한 작가인 프리모 레비가 《주기율표》 말미에 쓴 구절입니다. 그는 탄소 원자에 대해 이렇게 이야기합니다.

> 나는 가장 비밀스러운 탄소 이야기를 하려고 한다. 처음부터 이 주제가 무모하고 그것을 전달할 수단이 빈약하다는 것을 아는 사람처럼, 사실들을 언어로 포장하는 일은 본질적으로 실패할 수밖에 없다는 것을 아는 사람처럼, 나는 겸손하고 조심스럽게 이야기할 것이다.
> 다시 탄소가 우리 사이에, 우유 한 잔 속에 들어 있다. 탄소 원자는 아주 길고 복잡한 사슬 속에 삽입돼 있지만, 거의 대부분의 사슬이 인간의 몸속에 수용 가능하다. 인간이 우유를 마신다. 그런데 살아 있는 모든 구조는 살아 있는 물질이 유입될 때마다 극도로 불신한다. 그래서 사슬은 잘게 끊기고 조각난 뒤에야 하나씩 받아들여지거나 거부된다. 우리가 주시하는 한 탄소가 장내 문턱을 넘어 혈액 속으로 들어간다. 여기저기 이동하면서 신경세포의 문을 두드리고 그 속으로 들어가 그것의 일부였던 또 다른 탄소의 자리를 대신한다. 이 세포는 뇌에 속해 있다. 그리고 이것은 나의 뇌, 글을 쓰고 있는 나의 뇌다. 문제의 그 세포, 그 세포 속에 있는 문제의 원자가 내가 글을 쓰는 일을 좌지우지하고 있다. 누구도 설명하지 못한 엄청나게 섬세한 놀이를 벌이면서. 바로 이 순간, 복잡한 줄거리의 미궁에서 벗어나 내 손으로 하여금 종이 위의 특정한 길을 따라 달리면서 기호의 소용돌이를 남기게 해주는 것은 다름 아닌 이 세포다. 즉, 두 층위의 에너지 사이

를 위아래로 오가며 이중 도약한 이 세포가 내 손을 이끌어 종이 위, 이곳에, 이 점을 찍게 만든다, 바로 이 마침표를.[29]

움직이는 원자. 원자는 눈에는 안 보이지만 흔히 널려 있지요. 또한 흔하지만 불가사의한 존재입니다. 우리는 원자가 있다고 믿습니다. 하지만 그보다는 직접 글을 만지는 프리모 레비의 손을 더 믿지요. 그가 현재시제를 사용한 덕분입니다. 그 시제가 우리가 글을 읽으면서 바로 이 자리에 그와 함께 있다고, 우리가 그의 손이 방금 찍어낸 점, 《주기율표》의 마지막을 장식하는 마침표를 보고 있다고 말해주기 때문이지요. 그럼에도, 소량의 화학물질이라는 손 뒤의 작가, 탄소 원자라는 작가는 결국 독자에겐 어쨌거나 피 한 방울 없는 존재입니다.

이어서 대안적 세계를 분석할 때마다 너무나 유용하게 쓰이는 《거울 나라의 앨리스》로 주의를 돌려봅시다. 이야기 초반, 앨리스는 거울의 이쪽, 말하자면 '삶'의 편에 서 있고, 그녀의 반사된 이미지이자 닮은꼴인 반앨리스는 저쪽, 그러니까 '예술'의 편에 서 있습니다. 앨리스는 샬롯의 공주처럼 거울밖에는 볼 수 없습니다. '삶'의 편에선 안을 들여다보고, '예술'의 편에선 밖을 내다보는 거지요. 하지만 앨리스는 단단하고 눈부신 '삶'의 편(여기서 '예술'의 편은 죽을 수밖에 없습니다)을 위해 거울을 깨부수고 '예술'의 편을 버리지 않습니다. 오히려 정반대의 길을 택하지요. 그녀가 거울 '속'으로 들어가면서 오직 하나의 앨리스만, 우리를 이끄는 단 한 사람만 존재하게 됩니다. '진짜' 앨리스는 자신의 닮은꼴을 파괴하는 대신, 반대쪽 앨리스(상상 속의 앨리스, 꿈속의 앨리스, 어디에도 존재하지 않는 앨리스)와 하나가 됩니다. 이어서 '삶'의 편에 있던 앨리스가 거울 세계 이야기를 꿈 밖으로 가지고 돌아와 고양이에게 들려주기 시작하지요. 그렇게 적어도 관객 문제를 해결합니다.

물론 앨리스가 자신의 이야기를 직접 기록한 작가가 아니기 때문에 이는 잘못된 유추입니다. 그럼에도 작가와 작가의 모호한 닮은꼴에 대해, 실제 글 쓰는 행위를 둘러싼 각 자아의 역할에 대해 최선을 다해 추측해보면 이렇습니다. 글을 쓰는 행위는 바로 앨리스가 거울을 통과하는 순간에 벌어집니다. 바로 그 순간, 똑 닮은 두 존재를 가로막던 유리 장벽이 녹아내리고 앨리스는 이곳도 저곳도, 예술도 삶도, 이쪽도 저쪽도 아닌 곳에 존재하게 됩니다. 동시에 그 모든 곳에 존재하게도 되지요. 그 순간 시간이 멈추면서 또한 확장되고, 작가와 독자 모두 이 세상의 것이 아닌 시간을 경험하게 되는 겁니다.

제3장

헌신

위대한 펜의 신

아폴론 대 마몬:
작가가 숭배해야 하는 제단은 어디일까

어디에도 쓰일 수 없어야 진정으로 아름답다. 쓸모 있는 모든 것은 욕망의 표현이라 추하며, 인간의 욕망은 그 비루하고 나약한 본성처럼 비열하고 역겹다.

- 테오필 고티에, 《모팽 양》[1]

뮤즈가 오기를 기다리는 오늘 밤
내 모든 것이 한 가닥 실에 걸려 있다.
내가 아끼는 젊음, 자유, 영광, 이 모든 것이
플루트를 든 그녀 앞에서 사라지니.

보라! 그녀가 온다 (…) 베일을 뒤로 젖히고,
나를 고요하고 야멸차게 내려다보면서.
내가 묻는다. '당신인가요, 단테가 《신곡》의 '지옥편'을
받아쓰게 한 이가?' 그녀가 답한다. '맞아요.'

- 안나 아흐마토바, 〈뮤즈〉[2]

마침내 그들이 한껏 격앙되어 그대를 찢어발겼을 때
너의 소리는 사자들과 암벽들 속에서, 나무들과 새들 속에서
오래도록 머물렀다. 그대는 거기서 지금도 노래하고 있노라.

오, 그대 잃어버린 신이여! 그대 영원한 흔적이여!
증오가 그대를 찢어발기고 산산조각 내버렸기에
우리는 이제 듣는 자이자 자연의 입이 되었노라.
- 릴케, 〈오르페우스에게 바치는 소네트〉 제1부, 26[3]

그래서 어리석은 얼간이들이 이빨을 쑤시고 여자들 위를 올라타는 동안 이 시인은 자신의 슬픔을 그토록 황홀하게 노래하는 걸까? 불쌍한 광대여! 이보다 더 터무니없고, 아이러니하고, 괴상한 일이 있을까? (…) 시인도 성직자, 전사, 영웅, 성자들처럼 만국의 저속한 사업가들의 기분을 돋우는 우울한 박물관 전시품 대열에 합류하게 될까?
- 어빙 레이턴, 《태양을 위해 붉은 융단을》 서문[4]

'내가 문학의 제단에 데려온 돈의 뮤즈를 말하는 걸세. 이보게, 그 굴레에 코를 꿰이면 안 되네! 그 끔찍한 옥빛 굴레가 자네 인생을 끌고 다닐 거야!'
- 헨리 제임스, 《대가의 교훈》[5]

우리는 오래전 이미지가 신처럼 숭배되고 신의 힘을 가진 것으로 여겨졌다고 배웠습니다. 성스러운 이름 같은 특정 단어들도 마찬가지였지요. 그러다 이미지가 신을 형상화하기 시작했고, 이미지 자체가 아니라 그것들이 가리키는 대상이 신성한 아이콘이 되었습니다. 그 후엔 우화적인 성격을 띠면서 대리물로 일련의 사상이나 관계, 존재를 암시하거나 상징하기 시작했고요. 시간이 지나자 예술은 관심사를 옮겨 자연 세계를 묘사했지요. 그렇게 사람들은 신이 보이지는 않지만 고유한 창조자라는 사실을 암시하면서 옛 풍경 속 어딘가에, 또는 뉴턴식 풍경 뒤편에 숨어 있다고 믿었습니다. 하지만 시간이 흐르면서 이런 가정조차 희미해졌습니다. 풍경은 풍경이고, 소cow는 소인 세계가 된 것이지요. 이미지가 마음 상태와 감정을 가리킨다 해도, 그 마음과 감정은 인간의 것이었습니다. 신성한 '그리스도의 실재Real Presence'는 그렇게 사라졌습니다.

하지만 종교가 사회적 권위를 잃으면서 서양에선 '그리스도의 실재'가 예술의 영역으로 슬금슬금 돌아왔습니다. 19세기 전반에 걸쳐 예술가의 역할에 대한 인식이 변했지요. 19세기 말에 이르자 예술가는 예술 작품이란 테두리 안에 신성한 공간을 창조해 가둠으로써 이런 신비스런 존재를 섬기는 사람, 즉 대문자 A로 시작하는 예술Art을 섬기는 사람이 되었습니다. 예이츠는 신흥 종교를 만들어 시적 전통의 본보기로 가득한 교회를 짓자고 주장했지요. 하지만 이는 예이츠만의 주장이 아니었어요. 그는 수많은 사례 중 하나에 불과했지요. 예술의 신성한 공간은 보통의 공간보다 훨씬 순수하거나 거대하다고 여겨지면서, 사회 전반에 만연한 천박하고, 돈만 밝히고, 진부하고, 불경한 삶과 뚜렷이 구분되었습니다. 가톨릭 사제가 미사를 통해 '그리스도의 실재'를 현재라는 시공간으로 모셔오는 것처럼, 예술가는 '그리스도의 실재'를 존재케 하는 사제로 여겨졌습니다. 좀 어려운 내용이지요.

그로 인한 결과는 당연했습니다. 진정한 성직자의 특징이라고 하면 흔히 돈에 관심이 적다는 것을 꼽곤 하지요. 그게 전통, 더 정확히 말하면 많은 문화권에서 공유하는 전통이니까요. 하지만 사회가 갈수록 돈만 중시하는데 그런 전통을 들먹이면 난방비는 말할 것도 없고 예술가와 그의 '신성한' 작품은 어떻게 하라는 걸까요?

앞 장에서 작가는 두 개의 자아를 가진다는 개념에 대해 이야기했습니다. 하나는 일상을 살다가 끝내 죽는 존재이고, 나머지 하나는 육체와는 단절하고 작품과만 밀착한 채 글을 쓰고 이름이 되는 존재이죠. 이번엔 예술과 돈이라는 양 갈래에 대해 알아볼 차례입니다. 영어식 표현으로 도로가 바퀴와 부딪치는 지점, 그러니까 작가가 예술적 기교라는 돌바닥과 월세라는 단단한 바퀴 사이에 꽉 끼게 되는 지점에 대해 살펴보려 합니다. 작가는 돈을 위해 글을 써야 할까요? 돈이 아니면 무엇을 목적으로 삼아야 할까요? 어떤 의도나 동기가 있어야 적합하다고 할 수 있을까요? 예술적 진실과 돈을 무 자르듯이 나눌 수 있을까요? 작가는 무엇을 위해, 누구를 위해 헌신해야 할까요?

돈 문제를 꺼내서 좀 천박하다고 생각할지도 모르겠네요. 우리 세대(대개 아끼는 법밖에 모르긴 하지만)에게 돈 얘기는 더러운 빨래 얘기나 다를 게 없었지요. 하지만 시대가 변해서 이제 더러운 빨래도 돈 받고 파는 상품이, 아니 최첨단 갤러리의 설치품이 되는 세상이 됐으니까요. 그러니 천박하다고 생각하면서 동시에 직설적이고 솔직하다고, 실은 존경스럽다고 생각할지도 모르겠군요. 이제 돈이 만물의 척도이지 않나요?

엘모어 레너드의 해체적인 할리우드 스릴러 《겟 쇼티》에 인기 영화배우와 에이전트가 작가에 대해 이야기를 나누는 장면이 나옵니다. 여기서 두 사람은 작가를 연못에 사는 하등 동물 취급합니다. "작가들을 보면 팔릴 거란 확신도 없으면서 책을 쓰는 데 몇 년을 허비하잖아요. 왜 그런 짓을 할까요?"라고 영화배우가 묻습니다. 그러자 에이전트가 "돈 때문이지. 대박이 터질 수도 있다고 생각하니까"라고 대답합니다.[6] 돈이라는 대답에는 그나마 민주적(모두가 이해할 수 있으니까요)이고 그럴싸하다는 미덕이 있지요. 그렇지 않고 예술Art 운운하며(조금 있다가 경험할 겁니다) 장황하게 얼버무렸다면 고리타분한 거짓말처럼 보였을 겁니다. 물질주의가 판치는 할리우드 아닌가요.

비단 할리우드에만 해당하는 얘기가 아닙니다. 출판사들도 독자들의 환심을 사기 위해 거액의 선급금 계약 소식을 흘리곤 하잖아요? 그러고도 모르는 척하는 건 눈 가리고 아웅 하는 짓 아닐까요? 게다가 대학 강의실에서 멀어질수록 사람들은 돈에 대한 관심을 훨씬 솔직하게 인정합니다. 1972년에 오타와 강 계곡을 따라 1인 시 낭독회를 연 적이 있습니다. 당시만 해도 서점이 별로 없는 다소 외진 곳이어서 판매 목적으로 시집을 잔뜩 들고서 버스에 올라탔지요(스포츠용품 박람회에서 일한 경험 덕분에 잔돈 바꾸는 건 자신 있었습니다). 한번은 갑작스레 눈보라가 몰아쳐서 썰매에 책을 싣고서 끌고 가기도 했어요. 네 번째로 방문한 작은 마을에서 나는 그들 생에 첫, 아니 이제껏 그곳을 찾은 첫 시인이었습니다. 낭독회장은 발 디딜 틈이 없었어요. 시나 내가 좋아서가 아니라, 이미 대다수가 그 주의 개봉 영화를 보고 난 뒤였거든요. 내가 그곳에서 받은 최고의 질문은 두 가지입니다. "머리가 원래 그래요, 아니면 시술받은 거예요?" "돈은 얼마나 벌어요?" 어떤 질문도 적대적인 의도에서 나온 게 아니었어요. 모두 적절한 질문이었지요.

머리에 대한 질문은 자유분방하게 헝클어진 내 머리 모양, 굳이 설명하자면 영감이 뻗치거나 살짝 맛이 간 것 같은 모양새가 자연산인지 기계로 만든 것인지 알고 싶었던 거였지요(내 느낌일 수도 있지만요). 모든 사람이 여성 시인에게 어울린다고 생각하는 머리를 하고 있었거든요. 그리고 돈에 대한 질문은 나를 인간으로, 작가도 몸이 있고 위장이 있다는 사실을 인정해준 것이었어요. 작가들도 먹어야 사니까요. 작가 역시 자기 자신의 돈을 가질 수 있죠. 돈과 결혼할 수도 있고요. 아니면 후원자(왕이든, 공작이든, 예술위원회든)를 모집하거나, 따로 직장에 다니거나, 시장에 책을 팔 수도 있죠. 작가에게 이런 돈 문제는 선택입니다. 오직 선택의 문제일 뿐이에요.

때로 작가들의 전기를 보면 돈 문제는 덜 중요하게 다뤄집니다. 보통 전기 작가들이 연애, 신경쇠약, 중독, 음주, 질병, 나쁜 습관 등에 훨씬 골몰하기 때문이에요. 하지만 작가가 먹는 음식뿐 아니라 그들이 쓰는 글에도 돈이 결정적인 역할을 할 때가 많아요. 그 전형적인 사례가 가여운 월터 스콧이지요. 그는 동업자를 위해 약속어음에 서명을 했다가 회사가 파산하는 바람에 빚을 떠안았습니다. 이런 불운을 겪게 되면 자는 순간은 고사하고 깨어 있을 때도 악몽에 시달리게 되지요. 그리고 꼼짝없이 책상에 매여서 취향도, 작품의 질도 무시하고 활자를 쏟아내야 합니다. 펜의 노예가 되는 겁니다. 이 얼마나 지옥 같은 삶인가요.

약속어음에 서명하는 실수는 피한다 해도 다른 함정이 널리고 널렸습니다. 이를테면 출판계에서 숫자를 다루는 핵심 요직의 힘이 점점 강해진다는 것도 그중 하나예요. "우리는 책을 파는 게 아니에요. 마케팅 문제에 대한 해결책을 파는 거죠." 한 출판사의 말입니다. 첫 소설의 반응이 썩 좋지 않았던 작가가 두 번째 소설을 발표할 때 겪는 일들에 대해서는 익히 들어 알 겁니다. 에이전트가 이렇게 한숨을 짓지요. "이게 첫 소설이었으면 팔 수도 있었을 텐데 말이죠." 여기서의 교훈은 이겁니다. 출판사도 도박을 하지만 기회는 오직 한 번뿐이라는 것. 갈수록 더욱더 그렇지요. 맥스웰 퍼킨스 같은 편집자[7]가 언젠가 크게 빛을 볼 거라며 두 번, 아니 서너 번씩 손해를 감수하고 묵묵히 작가를 지원해주던 그런 날은 갔습니다. 그나저나 그런 날이 언제였던가요? 요즘 상황은 이렇습니다.

> 글을 쓰고 이문을 남기는 사람이
> 살아남아 다른 날 또 글을 쓸 수 있다.[8]

밥은 먹고 살아야겠는데 신간은 팔리지도 않고 식당에서 서빙도 못하겠다면 문학 보조금이라는 방법도 있습니다. 단, 수천 명이 기다리는 대기줄을 밀어낼 수만 있다면 말이지요. 창의적 글쓰기를 가르치는 교직일도 있지만 역시나 대기줄이 깁니다. 신인이나 기성 작가들을 위한 국제적인 작가 페스티벌도 있는데, 스무 도시를 돌면서 무시무시한 북투어에 참가하는 건 물론이고 신문 인터뷰도 해야 합니다. 이나마도 예전에는 찾아볼 수도 없었지요.

이 모든 게 실패하면 하청을 받아 글을 쓰는 방법도 있습니다. 인터넷에 직접 글을 게시하는 것도 좋아요. 그리고 마지막 수단으로 가명이 있습니다. 그러면 첫 소설이 아님에도 첫 소설인 것처럼 '보이도록' 만들 수 있지요. 저 바깥의 알파벳 세상은 정글입니다. 아니, 기계예요. 톱니바퀴가 톱니바퀴를 잡아먹는 기계 말입니다.

열여섯에 작가가 되었을 때만 해도 내게 돈은 후순위였습니다. 하지만 곧이어 일순위가 되었지요. 열일곱, 열여덟, 열아홉이 되고 현실을 알게 될수록 불안이 커졌습니다. 앞으로 어떻게 먹고살아야 하지? 나는 경제공황으로 단련된 부모님 밑에서 (지금 하시는 표현으로) 경제적으로 독립해 스스로 밥벌이를 하는 게 당연하다고 생각하며 자랐습니다. 어떻게든 그렇게 할 수 있을 거라는 데 의심의 여지가 없었어요. 하지만 젊은 작가 지망생의 희망을 꺾으려고 너무 많은 힘들이 공모하는 이 세상에 어떤 위험이 도사리고 있는지 알지 못했지요.

대학에 입학할 때까지 나는 작가와 글 쓰는 삶에 대한 글을 한 번도 접한 적이 없었습니다. 그러다 시릴 코널리의 《약속의 적》을 난데없이 마주했지요. 원래 1938년에 출간된 책이었으나 내게 겁을 줄 요량이었는지 때마침 재발간됐더군요.[9] 거기엔 작가('남자'라고 가정한 듯합니다)가 최고의 작품을 쓰는 데 걸림돌이 되는 수많은 나쁜 일들이 적혀 있었습니다. 저널리즘의 관행(당연히 흡혈귀 같은 놈들이라는 이유였지요)은 물론이고 대중적 성공, 정치적 의제에 너무 깊이 관여하는 것, 주머니에 땡전 한 푼 없는 것, 동성애자가 되는 것 등이었습니다. 그리고 코널리가 생각하는, 작가가 밥을 굶지 않는 가장 효과적인 방법은 돈 많은 여자와 결혼하는 것이었어요(그 시절은 보조금이 보편화되기 전이었습니다). 나야 별 가망이 없었지만 그가 보기엔 그게 그나마 가장 안전한 방법이었던 겁니다.

 나는 한순간도 내가 글쓰기로, 아니 내가 쓰는 분야의 글로 돈을 벌 수 있을 거라고 생각한 적이 없습니다. 하지만 당시엔 시장을 위해 신념을 버린다는 게 내게 큰 위협이 되지 않았어요. 우선 내가 쓰던 글의 대부분이 시였습니다. 무슨 말이 더 필요하겠어요. 말했다시피 나머지 분야('나머지 분야'는 소설을 의미합니다) 같은 경우에는 다들 때가 되면 어느 지역에선가 등단을 합니다. 그런데 1950년대 후반 캐나다라는 게 문제였지요. 물론 지금은 모든 것이 변해서 캐나다도 젊은 인기 소설가가 억대 선급금을 손에 넣을 수 있는 환경이 됐지만 당시엔 어림도 없었어요. 지역 출판사는 손에 꼽을 정도였고, 그 몇 안 되는 출판사들마저 수입 도서를 중개 판매하고 교과서를 팔아서 생계를 유지했거든요. 캐나다 문학에 대한 수요가 없었기 때문에 어느 출판사도 위험을 감수하려 하지 않았지요. 식민지 정신이 아직 유효할 때였고, 그 말인즉 예술을 하기에 '최적의 장소'는 런던, 파리, 뉴욕과 같은 타지이며, 캐나다 작가는 같은 국민들에게 열등함을 넘어 불쌍하고 한심하고 허세스러운 사람으로 간주된다는 걸 의미했어요. 한 번은 윈덤 루이스(영국의 화가이자 작가—옮긴이)에게 동네 노부인이 어디에 사냐고 물었다고 해요. 그는 토론토에 머물며 전쟁이 끝나기를 기다리고 있었죠. 루이스가 답을 하자 부인이 이렇게 말했대요. "루이스 씨, 엄청 멋진 곳에 사시는 건 아니네요." 그러자 그가 답했습니다. "부인, 토론토가 엄청 멋진 곳이 아니니까요." 내가 글을 쓰기 시작할 때도 마찬가지였습니다. 글쓰기를 업으로 삼고 싶으면 오직 예술이 좋아서 해야 했어요. 글이 돈이 될 거라는 희망이 너무 옅었기 때문입니다.

스무 살이 되면서 글 쓰는 사람을 몇몇 알게 되었지만 그중 누구도 글로 밥벌이를 할 거라고 기대하지 않았어요. 수시로 열리는 문학 잔치에서 빵부스러기라도 주워 먹으려면 캐나다 밖에서 책을 내야 했습니다. 다시 말해, 외국 출판사를 홀랑 넘어오게 할 만한 글을 써야 했지요. 그렇지만 이 외국 출판사들이 캐나다에 큰 관심이 없었음은 두말할 필요도 없었습니다. 볼테르가 캐나다를 "눈 덮인 좁은 땅"이라며 일축하던 태도가 여전히 공감대를 형성할 때였어요. 그러니 제임스 조이스의 유명한 세 가지 외침, "침묵, 자기 추방, 간교함"[10]이 캐나다의 작가 지망생들에게 특별한 울림을 줄 수밖에요(특히 자기 추방에 대한 부분이).

그러니 우리 세대에겐 '부득이하게' 오롯이 예술을 위한 예술에 헌신하는 길밖엔 없었어요. 하지만 그런 위치에 서게 된 역사와 상징성에 대해서는 탐구하지 않았지요. 그랬다면 '부富의 신'의 유혹에서 멀어진 것이 우리에게는 오히려 잘된 일이라고 생각했을지도 모르겠네요. 사는 데 돈이 꼭 필요하긴 하지만 적어도 예술가에게는 필요악이라고 주장하는 사람들도 있었으니까요. 컴컴한 다락방에서 허기에 시달리면 비전을 볼 수 있다나요? 하지만 목숨을 부지하려면 최소한 약간의 돈은 있어야 합니다. 물론 물려받은 유산이 있어서 돈 냄새를 맡으려고 두리번거리며 체면을 구길 필요 없는 게 최고이기는 하지만요. 그렇지만 돈을 '위해' 글을 쓰면, 아니 그렇다고 생각만 되어도 매춘 행위로 취급받았지요.

이런 경향은 오늘날까지도 일부 지역에 남아 있습니다. 나는 파리의 한 지식인이 조롱 섞인 말투로 다음과 같이 질문하던 모습을 아직도 잊지 못합니다. "당신이 '베스트셀러'를 쓴다는 게 사실인가요?" "일부러 쓰는 건 아니에요." 나는 수줍은 듯 답하면서도 한편으론 다소 방어적인 태도를 취했지요. 이런 상황이라면 나도 못지않게 익숙한 데다 돈을 잘 번다는 이유로, 또는 잘 못 번다는 이유로 책의 가치를 평가하는 우월의식에는 이미 이골이 났었으니까요. 순수한 야망을 품고 진짜 작가, 진짜 예술가가 되기를 꿈꾸는 젊은 작가에게 이는 딜레마가 아닐 수 없습니다. 특히 사회 전반적으로 유도라 웰티의 소설 〈화석인〉의 대사처럼 "그렇게 똑똑하다면서 왜 부자가 아니에요?"[11]라는 생각에 동의하는 분위기라면 더욱 그렇지요. 그러면 가난하면서 진실한 예술가, 또는 부유하면서 영혼을 팔아넘긴 예술가, 둘 중 하나가 되어야 하거든요. 이렇게 신화가 굳어져가는 거지요.

사실 루이스 하이드가 자신의 저서 《재능》[12]에서 분명히 지적하듯이 문학적 가치와 돈을 연결 짓는 모든 방정식은 사과와 오렌지를 들고 저글링하는 것과 같습니다. 체호프는 다른 이유가 아닌 오직 돈을 위해서, 가난에 허덕이는 가족을 부양하기 위해서 글을 쓰기 시작했지요. 그렇다고 그를 상스럽다 할 수 있을까요? 셰익스피어는 주로 희곡을 썼고 자연스레 관객한테 먹힐 만한 작품들을 쏟아냈어요. 찰스 디킨스는 작가가 되면서 본업을 때려치우고 펜으로 먹고살았고요. 제인 오스틴과 에밀리 브론테는 전업으로 글만 썼습니다. 여분의 현금이 생긴다고 굳이 마다하진 않았겠지만요. 하지만 단순히 돈이라는 요소만 놓고 이들 중 누가 더 낫다거나 못하다고 말할 수는 없는 노릇입니다.

하이드의 지적처럼, 시나 소설을 예술로 만드는 가치는 시장 교환 영역에서 발생하지 않습니다. 그러한 가치는 작동 방식이 완전히 다른, 재능의 영역에서 나오지요. 재능은 무게를 재서 측정할 수도, 돈을 주고 살 수도 없습니다. 기대하고 요구할 수도 없습니다. 재능은 주어지는 것이며, 그 외에 다른 식으론 얻지 못합니다. 신학적 용어로 말하자면 존재의 충만함에서 나오는 은총이지요. 재능을 달라고 기도할 순 있지만, 그렇다고 기도에 꼭 응답을 받는 건 아닙니다. 응답이 보장되면 작가가 슬럼프에 빠지는 일도 없지 않을까요? 소설을 창작할 땐 1할의 영감과 9할의 노력이 필요하다지만, 작품이 예술로서 살아남으려면 그 1할의 영감이 무조건 있어야 합니다(비율은 다르지만 시도 두 가지와 모두 관련이 있지요).

문학적 가치와 돈은 네 가지로 정리할 수 있습니다. 돈이 되는 좋은 책, 돈이 되는 나쁜 책, 돈이 안 되는 좋은 책, 돈이 안 되는 나쁜 책. 조합은 이렇게 네 가지뿐입니다. 그리고 이 모든 조합이 실현 가능하지요.

다시 한 번 하이드에 따르면, 진지하게 예술 활동을 하는 사람은 예술의 영역과 돈의 영역을 중재해줄 수 있는 중재인을 잘 얻어야 합니다. 그렇게 해야 체면 구기는 지저분한 흥정에서 손을 뗄 수 있으니까요. 셈에 능한 중재인들이 문 뒤에서 그를 대신해 몸값을 올려주고 작품을 낙찰시켜주는 동안, 작가는 멀찍이 떨어져 품위를 지키며 혼신의 힘을 다해 일에 집중하는 거지요.

그런 보호막이 없으면 작가는 영혼을 칼같이 둘로 나눈 채 살아야 합니다. 그러면 카이사르의 것은 카이사르에게 바치고, 남은 반쪽(혹은 반쪽들), 즉 카이사르와 상관없는 예술을 담당하는 쪽에는 경의를 표하며 살아야 해요. 반쪽은 회계 장부를 정리하고, 나머지 반쪽은 제단에서 예배를 드리면서 말입니다. 뛰어난 작가 이자크 디네센은 소설 〈템페스트〉에서 한 교활한 늙은 배우와 연극 제작자에 대해 이렇게 묘사합니다.

> 쇠렌슨 경은 이중적인 사람이었다. (…) 심지어 귀신에 씌었다는 소리를 들을 정도였다. 하지만 그는 그런 이중성에 적절히 균형을 맞추며 살아갔다. 한편으로 그는 빈틈없고 기민하고 지칠 줄 모르는 사업가였다. 뒤통수에도 눈이 달려 있고, 돈 냄새를 귀신같

이 맡고, 완전히 사무적이고 무미건조한 모습을 보였다. (…) 하지만 자신의 예술에 대해서는 순종적인 하인이자 나이 든 겸손한 사제였다. "주님, 저는 보잘것없는 자입니다"라고 되뇌는 (…), 때로 쇠렌슨 경은 (…) 파렴치한 투기꾼 같았지만, 영적인 부분에서는 순결한 처녀 같았다.[13]

여기서 함축적인 두 구절에 주목해주세요. "나이 든 겸손한 사제"와 "주님, 저는 보잘것없는 자입니다".[14] 여기서 신전은 어떤 신전을 말할까요? 여기서 부르짖는 주님은 누구일까요? 쇠렌슨 경은 부의 신에게 자신의 예술을 제물로 바치지 않습니다. 그렇다면 그가 나이 든 겸손한 사제로서 섬기는 신은 어떤 신일까요? 추측컨대 예수는 절대 아닙니다.

이자크 디네센이 그토록 감정적인 단어loaded language(청자에게 어떤 감정이 느껴지도록 유도하는 수사적 표현—옮긴이)들을 쉽게 사용할 수 있었던 것은 19세기에 지적, 미적, 영적 우위를 점하기 위해 벌어진 고되고 지난한 싸움의 결과입니다. 그녀는 20세기 초반 10년 동안 파리로 가서 미술학도로 지냈던 탓에, 이 전쟁의 현안에 익숙했을 겁니다. 이 전쟁의 대결 상대는 예술이 그 밖의 가치 있는 의제(종교적인 목적, 아니면 최소한 도덕적인 목적, 그도 아니면 사회적 구원의 의무, 그것도 아니면 정말 최소한 희망적인 의도, 혹은 진짜진짜 최소한 낙관적이고 건전하고 생기 넘치게 만드는 역할)를 가지기를 바라는 쪽과, 예술은 자급자족하면서 그 어떤 사회적 정당성도 가질 필요 없다고 주장하는 쪽이었어요. 이 전쟁은 아직 끝나지 않았습니다. 이를테면 오줌이 담긴 병이나 죽은 소, 무어인 살인자의 사진을 전시하는 쇼에 공적 자금을 대느냐 마느냐로 다툼이 불거질 때마다 다시금 일어나지요. 작가를 포함해 모든 예술가는 작업을 할 때 예술가로서 꼭 해야 하는 것과 절대 해선 안 되는 것에 대한 본인의 신념에 영향을 받게 됩니다. 그런 점에서 지난날 이 싸움의 몇 가지 특징에 대해 간단히 살펴보는 게 좋겠네요.

이 전쟁이 처음 일어났을 때 외부적 판단으로부터의 완전한 자유를 주장한 집단은 기성 종교가 유일했습니다. 즉, 그들에겐 외부에 도덕적 잣대를 들이대되 자신들은 판단을 받지 않을 권리가 있었지요. 스스로 만든 기준 외에는 말이에요. 그러면 예술지상주의를 옹호하던 사람들은 종교의 지위를 얻고 싶어 한 걸까요? 한마디로, 그렇습니다. 그런데 신성모독으로 여겨지진 않았을까요? 예, 신성모독으로 여겨졌습니다. 이 전쟁의 한가운데서 시인이 된다는 것은 모차르트의 돈 조반니처럼 지옥불에 떨어질 운명에 반항하는 "저주받은 시인poète maudit"이 될 수도 있다는 걸 의미했지요(다만 돈 조반니는 18세기엔 꿈도 못 꾸던 우상적 위치를 19세기에 성취했지요). 아니면 바이런처럼. 아니면 보들레르처럼. 아니면 랭보처럼. 아니면 스윈번처럼. 그 밖에도 많습니다.

그런 저주받은 운명에는 어떤 고귀함이 있었어요. 아무리 비난받을 만한 것이더라도, 그 때문에 지옥불에 떨어진다 하더라도, 그 위치에 오르기를 진실하게 갈구했거든요. 심지어 고귀한 진리도 내세웠답니다. 빅토리아인들은 고귀한 진리를 좋아해 전투에 나갈 때도 자기편에 두고 싶어 했지요. 그 논리를 자세히 설명하자면 다음과 같습니다.

"진리가 너희를 자유케 하리라."[15] 예수님이 하신 말씀이지요. "아름다움은 진리이고, 진리는 아름다움이다."[16] 존 키츠의 말입니다. 여기에 삼단논법을 적용하면 이렇습니다. 진리가 아름다움이고, 진리가 너희를 자유케 할 수 있다면, 아름다움이 너희를 자유케 할 것이다. 그런데 우리는 자유를 지지한다, 아니 낭만주의 시대를 정점으로 간헐적으로 지지해왔다, 그러니 온 몸을 바쳐서 미를 숭상해야 한다, 예술보다 아름다움(넓게 해석했을 때)을 더 잘 보여주는 것이 어디에 있겠는가? 이렇게 꼬리에 꼬리를 물고 따라가다 보면 심지어 도덕적 차원을 외면하는 미학에도 그만의 도덕적 차원이 있다는 결론으로까지 이어집니다. 완벽한 예술 표현의 추구가 예술가의 유일한 목표가 아니라면 대체 어떤 목표를 추구해야 하느냐는 것이죠.[17]

테니슨은 초창기에 〈예술의 궁전〉[18]이라는 메타시를 통해 이 문제를 제기했지요.

> 내 영혼을 장대한 쾌락의 집으로 삼았으니
> 그곳에서 영원히 편히 살리라.
> 내가 말했다. '오 영혼이여, 실컷 마시고 즐길지니,
> 영혼이여, 모든 것이 평안하다.'

시는 이렇게 시작합니다. 이어서 도리언 그레이나 헨리 제임스와 같은 눈 높은 예술 애호가들이 좋아할 법한 실내 장식품들이 줄줄이 언급되지요. 하지만 곧 그것만으론 충분치 않다는 게 드러납니다. '예술의 궁전'은 빼어난 항아리와 황금 분수대, 그리스 조각상, 그 밖에 영감을 샘솟게 하는 장식품들로 가득한 아름다운 건물이지만 영혼은 그곳에서 살 수 없습니다. 세상과 단절하는 너무나 이기적이고 무익한 행동이기 때문입니다. 게다가 예술의 신을 만들어 우상을 숭배하는 죄까지 지었지요. "나는 교리 없는 신처럼 앉아 있으나, 모든 것을 생각한다." 결국 그녀는 "뱀과 같은 자만심"을 부리며 최악의 죄를 지은 대가로 깊은 절망에 빠지게 됩니다.

특히 예술가로서 시인의 영혼은 인간사가 벌어지는 곳으로 가야 합니다. 테니슨에게 있어 이는 언제나 높은 곳에서 내려오는 것을 의미하지요. 한 인간에 대한 사랑이든, 인류에 대한 사랑이든, 사랑은 낮은 계곡에 있으니까요. 따라서 이 시에서 '예술의 궁전'은 부정되고 파괴될 게 아니라 인간화되어야 합니다.

결국 4년이 완전히 지났을 때,
그녀가 호화로운 예복을 벗어 던졌다.
'계곡에 오두막을 만드세요.' 그녀가 말했다.
'내가 슬퍼하고 기도할 수 있게.'

'하지만 내 궁전 탑은 허물지 마요,
너무나 곱고 아름다우니
죄를 다 씻고 나면
다른 이들과 함께 그곳으로 돌아갈지도 몰라요.'[19]

일단 낮은 곳으로 내려가서 더럽혀지고 고통받고 속죄하고 나면 사람들과 함께 다시 돌아갈 수 있을지도 모르지요. 그러면 예술의 궁전이 바뀔 수도 있지 않을까요? 뭐, 국립미술관 같은 걸로 말이에요.

한 시대의 예술적 통찰력은 시대가 바뀌면 진부한 과거가 됩니다. 아직도 기억나는 1950년대 유행가 두 곡이 있습니다. 하나는 상아탑에서 내려와 사랑을 하라고 재촉하는 노래였고, 또 하나는 한 여인을 모나리자라고 부르면서 온기가 도는 진짜 사람이냐, 아니면 차갑고 고독한 아름다운 예술품이냐 묻는 곡이었지요. 예술은 차갑고 삶은 따뜻하다, 이런 공식이지요. 키츠의 〈그리스 항아리에 부치는 노래〉에서 묘사되는 그리스 항아리의 그림 내용과는 정반대입니다. 여기선 시간은 멈춰 있고, 여인을 범하려는 순간은 광란 속에 정지돼 있으며, 관찰자인 인간은 차갑게 나이 들어가지요(삶과 죽음, 차가움과 뜨거움이 반전된 이 그리스 항아리는 《도리언 그레이의 초상》[20]의 원형입니다).

19세기 내내 예술의 올바른 기능이 무엇인지를 둘러싸고 치열한 논쟁이 일었습니다. 하지만 예술을 어떤 유익한 목적을 향해 구부리거나 원래 예술의 목적이 그런 거라고 증명하려는 모든 시도가 검열로 이어지면서 결국 불행하게 끝났습니다(심지어 러스킨이나 매슈 아널드 같은 예술 애호가들의 시도조차). 아름다움이 진리이고, 진리가 우리를 자유롭게 하는데, 억압할 진리가 있었을까요? 있었습니다. 바로 추악한 진실, 우리에게 나쁜 영향을 미칠 수도 있는 진실입니다. 그것이 존 러스킨이 터너의 수많은 에로틱한 그림들을 맹비난했던 이유지요. 예술의 사회적 쓸모를 설파한 사람들은 예술에서 오점을 없애고 싶어 했습니다. 교황이 반종교개혁 과정에서 시스티나 성당에 걸린 미켈란젤로의 그림 속 인물들의 중요 부위를 천으로 가려버린 게 그 예이지요.

가려야 하는 건 성적인 부분만이 아니었습니다. 민중을 자극하는 정치적 견해, 종교에 대한 비판적 의견, 또는 지나친 폭력과 누추함 등도 마찬가지였어요. 그래도 가장 큰 제재 대상은 성적인 것이었습니다. 당시 소설가들도 출판물에 몇몇 소재는 다루면 안 된다는 사실을 알고 있었어요. 쓴다고 해도 어차피 인쇄가 안 되었으니까요. 그러다 보니 요즘 말로 기꺼이 갈 데까지 가는 사람들이 예술계의 영웅이 되었지요.

몇몇 작가들은 너무 멀리까지 가서 당국과 번번이 충돌했습니다. 보르헤스는 말합니다. "플로베르는 오직 심미적인 산문을 창조하는 데 자신을 헌납한consecrate[원전의 단어를 그대로 가져왔습니다] 첫 번째 사람이다."[21] 따라서 플로베르는 신전을 섬기는 또 하나의 사제, 스스로를 서임한 사제인 거지요. 그는 오직 심미적인 것에만 전념했고, 자연스레 예술적 목적과 도덕적 목적의 전쟁에서 요주의 인물이 되었습니다. 하지만《마담 보바리》로 재판에 회부되자 적들이 원하는 대로 자신의 책이 도덕적으로 건전하다는 것을 증명하는 수모를 겪었지요. 그는 마담 보바리가 간음으로 인해 고통스런 죽음을 맞이하므로 도덕적 교훈을 준다고 주장하며 자신을 변호했습니다(엄밀히 따지면 사실이 아닙니다. 마담 보바리는 바보같이 과소비만 하지 않았어도 죽음을 면했을 겁니다).

  검열관을 비롯해 많은 사람들이 수십 년 동안 부지런히 입을 놀리면서 제임스 조이스의《율리시스》를 금서로 지정하는 등의 승리를 거두었습니다. 하지만 위선을 강조하는 사회적 압박은 예술가들의 반란을 부채질했지요. 극단적인 사례가 헨리 밀러와 윌리엄 버로스입니다. 불가능한 꿈에 도전한 것도 아니고, 인쇄해선 안 되는 단어를 인쇄한 것뿐이었지만요. 잦은 충돌은 오랫동안 계속되었습니다. 내가 학부생이던 시절까지《채털리 부인의 사랑》은 여전히 캐나다 법원 문을 통과하지 못했고, 헨리 밀러의《북회귀선》은 밀반입해야만 읽을 수 있었지요.

  이 모든 일을 시대적 맥락에서 살펴볼까요. 당시(1950년대 후반)는 계산대 너머로 피임약을 사는 것도 힘든 시절이었어요. 미혼 여성은 피임약 구매 자체가 불가능했고요. 부엌 식탁이 아니면 낙태도 할 수 없었지요. 헤밍웨이의〈흰 코끼리 같은 언덕〉을 처음 읽고서 나는 주인공 남녀가 무슨 대화를 나누는지 짐작도 하지 못했답니다(남녀가 기차역에서 낙태에 대해 이야기하는 내용으로 낙태라는 단어가 한 번도 등장하지 않는다—옮긴이). 여성용 위생용품을 광고할 수도, 그게 뭔지 말로 표현해서도 안 되다 보니 타의 추종을 불허하는 초현실주의적인 광고가 등장하기도 했습니다. 특히 기억나는 광고가 있는데, 그리스 스타일의 하얀 이브닝 가운을 입은 여자가 대리석 계단에 서서 바다를 내려다보고 있으면 아래로 자막이 나갑니다. "전 모디스예요. (…) 왜냐면 말이죠."(모디스는 생리대 제품이다—옮긴이) '그러니까 왜 모디스라는 거지?' 어린 나로선 답답한 노릇이었지요. 아직도 꿈에서 되풀이되는 질문이랍니다.

다시 예술 전쟁으로 돌아가봅시다. "예술을 위한 예술", 테오필 고티에가 사회적 선, 개인적 발전, 진실된 도덕성 등에 반항하기 위해 든 깃발에 적힌 이 이상한 문장[22]은 마침내 예술을 열렬히 애호하는 사람들 사이에 널리 퍼지며 그들의 신조가 되었습니다. 세기가 끝날 무렵, 오스카 와일드는 다음과 같이 선언하며 의도한 대로 충격을 안겨주었지요.

> 예술가에게 도덕적 삶은 예술의 소재다. (…) 예술가는 윤리를 지지하지 않는다. 예술가가 윤리에 찬성하는 것은 용서할 수 없는 태도다. 예술가가 결코 불건전해서가 아니다. 선과 악은 예술가에게 예술적 수단이다. (…) 쓸모없는 것을 창조하는 것에 대한 유일한 변명은 그것을 열렬히 흠모한다는 사실이다. 모든 예술은 쓸모가 없다.[23]

그렇다면 어떤 이들이 신처럼 이렇게 쓸모없지만 흠모할 만한 것("아름다움은 그 존재가 변명이다"[24]라는 에머슨의 말대로 그 자체로 흠모할 만한 것)을 만드는 걸까요? 와일드는 "예술가는 아름다운 것들을 창조하는 사람이다"라고 말합니다. "예술은 드러내고 예술가는 숨기는 것이 예술의 목적이다."[25] 스스로를 드러냈던 낭만주의 천재들과 달리, 오늘날의 예술가는 자기를 내세우지 않지요. 보이지 않는 곳에 숨어 소명을 섬길 뿐입니다. 앞서 인용했던 제임스 조이스의 "침묵, 자기 추방, 간교함"은 수련 중인 도미니카 수도사에 맞먹는 금욕주의와 자기 부정을 주장합니다. 조이스에 따르면 예술가로서의 작가는 "상상력의 사제"가 되어야 하지요.[26]

예술은 추상의 영역입니다. 하지만 사제가 있다는 건 신이 있다는 것을 암시해요. 신이 없는데 사제가 있을 수 없습니다. 예술이 신이 되거나, 또는 신을 모셔야 한다면 어떤 종류의 신일까요? 1860년에 엘리자베스 배럿 브라우닝이 쓴 시 〈악기〉에 한 가지 답이 있습니다. 지금 설명하고 있는 전쟁의 한복판에서 쓴 시로, 눈금이 '예술을 위한 예술' 쪽으로 완전히 기울기 이전에 쓰였습니다.

I
저 아래 강가 갈대숲에서
위대한 판Pan 신은 무얼 하고 있었나?
폐허를 넓히고 금지된 구역을 늘리고,

염소 발굽으로 물을 첨벙이며 노 젓듯 나아가네,
강 위의 잠자리와 함께
금빛 백합을 꺾어 물 위에 띄웠네.

II
깊고 차가운 강바닥에서
위대한 판 신이 갈대 하나를 꺾었으니.
맑은 물살이 어지러이 흩어지고,
꺾인 백합이 죽은 채 놓여 있고,
그가 강에서 갈대를 가져오기 전에
잠자리는 이미 달아났네.

III
강물이 어지럽게 흐르는 동안
판 신이 해안가 높은 곳에 앉았으니.
위대한 신의 권한으로 단단하고 음산한 검을 들고,
끈기 있는 갈대를 난도질하고 베어버렸네,
갈대가 강에서 갓 나왔다는 게
표가 나지 않을 때까지.

IV
위대한 판 신은 갈대를 짧게 자르고

(강에서 얼마나 높이 솟아 있던지!),

천천히 껍질부터 벗기고,

사람 심장 빼듯이 가운데를 도려냈네,

그리고 강가에 앉아서

그 가엽고 마른 텅 빈 갈대에 구멍을 냈네.

V

'이렇게 하는 거지.' 위대한 판 신은 웃었네

(강가에 앉아서 웃었네),

'신들이 달콤한 음악을 만들기 시작한 후부터

오직 이 방법으로만 성공할 수 있었지.'

그런 다음 갈대 구멍에 입을 대고

강가에서 힘차게 불었네.

VI

달콤하고, 달콤하고, 달콤하도다, 오 판이시여!

강가에서 가슴이 아릴 만큼 달콤하도다!

오 위대한 판 신이시여! 눈부시도록 달콤하도다!

언덕 위의 태양이 죽는 법을 잊고,

백합이 되살아나고, 잠자리가

다시 돌아와 강 위에서 꿈을 꾼다.

VII

그러나 절반은 짐승인 위대한 판 신이

인간을 시인으로 만들고는,

강가에 앉아 웃는다

진실한 신들이 희생과 고통 때문에 탄식하네

다시는 갈대가 강 속의 갈대들과 어울리며

자라지 못하기 때문에.[27]

D. H. 로런스가 훗날 썼던 "나를 관통하던 건 내가 아니라, 내가 아니라, 바람이었다"[28]라는 구절이나, 릴케의 〈오르페우스에게 바치는 소네트〉 1부 3소네트도 참고하기 바랍니다.

노래는 현존재이다. 신에겐 행하기 쉬운 일이리라.

하지만 우리는 언제 존재하나? 그리고 신은 언제

대지와 별들을 우리의 존재에게 넘겨주는가?

젊은이여, 그대 입에서 목소리가 터져 나온다 해도

사랑하는 것만으로는 될 수 없다

그대가 흥얼거리던 노래쯤은 잊어라. 곧 사라져버릴 테니.

참된 노래를 부르는 건 또 다른 호흡.

텅 빈 호흡. 신 안에 일렁이는 한 줄기 바람.[29]

배럿 브라우닝의 시에서 시인은 음악을, 아름다운 음악을 만드는 도구입니다. 하지만 시인은 자신의 의지로 음악을 만드는 게 아닙니다. 먼저, 그는 신의 선택을 받습니다. 동료들과는 헤어지지만 다시는 그들 곁으로 돌아갈 수 없지요. 둘째, 그는 훼손됩니다. 심장이 도려내져 공허하고 메마르고 텅 빈 몸이 되는 거지요. 그리고 오직 영감을 통해서만, 신들이 그를 불 때만 음악을 만들 수 있습니다. 그게 다가 아닙니다. 신은 그다지 친절하지도 않아요. 판은 아래쪽 절반이 짐승이지요. 위대한 판 신은 오직 음악에만 신경 쓰며, 자신이 속을 파낸 시인에게는 아무 관심이 없어요. 그러니 추측컨대 볼일이 끝나면 꺾인 갈대처럼 그도 잔인하게 버릴 겁니다. 시에는 다른 신들도 언급됩니다. 이 '진정한 신들'은 희생과 고통에는 신경 쓰지만 음악가로서는 별로인 것으로 보이지요. 예술에서는 의도가 선하다고 미학적으로 점수를 얻지 못합니다. 이교도의 예술의 신은 고약한 별종이거나 우상(가짜 신)일지언정 맡은 일만큼은 훌륭히 해냅니다. 그러니 당신이 갈구하는 것이 예술, 아름다운 예술이라면, 좋든 싫든 이것이 당신이 기도를 바쳐야 할 신인 것이지요.

이런 버전의 예술의 신(잔인하고 이기적인 신)은 빅토리아 시대의 엄격한 도덕주의 냄새를 풍기는 것처럼 보이나, 사실 19세기 후반과 20세기 초반에 가장 강렬하게 불타올랐던 미학주의의 기반을 이루고 있습니다. '순수예술의 신'은 브라우닝의 시에서 말하는 것처럼 인간의 희생을 요구합니다. 예술이 종교이고, 예술가가 사제라면, 예술가도 희생해야 마땅하지요. 가장 먼저 희생해야 할 것은 가장 인간적인 부위인 심장입니다. 사제처럼 신을 더욱 완벽하게 섬기려면 인간을 사랑하는 능력을 희생해야 하는 겁니다.

"아름다운 것에서 아름다운 의미를 찾는 사람은 교양 있는 사람이다." 오스카 와일드는 이렇게 말하면서 자신의 책을 변호합니다. "이런 사람들에게는 희망이 있다. 그들은 선택받은 사람들로, 그들에겐 아름다운 것이 오롯이 아름다움만을 의미한다."[30] 기독교에서 가져온 표현인데 원래 희망은 구원의 희망을 의미하며, '선택받은 사람들'은 구원받을 운명을 타고난 사람들을 뜻합니다. 소규모의 입회자들, 그러니까 선택받은 극소수만 구원을 받는 거지요.

하지만 선택을 받은 사람은 언제든 순교자가 될 수 있습니다. 그리고 예술가가 되는 것은 요컨대 선택사항이 아니에요. 예술의 신이 예술가를 선택하는 것이지, 그 반대로는 될 수 없습니다. 그러므로 예술가에겐 천형처럼 비극과 파멸의 기운이 감돕니다. 워즈워스는 이렇게 말합니다. "우리 시인들은 젊어서는 기쁘게 시를 짓는다. 하지만 결국 실의와 광기로 끝을 맺는다."[31] 프란츠 카프카의 〈단식 광대〉를 떠올려봅시다. 단식 광대는 오롯이 예술에만 헌신하는 예술가입니다. 그의 예술은 기괴하지요. 그는 스스로 욕구를 억제하는 옛 기독교식 금욕주의처럼 우리cage 안에 처박혀 금식을 합니다. 처음에는 큰 인기를 끌어요. 군중들이 몰려들며 감탄사를 연발하지요. 하지만 유행이 변하면서(카프카 시대에 예술지 상주의의 인기가 조금씩 식었지요) 단식 광대는 서커스 우리 외딴 구석에 처박혀 사람들에게 까마득하게 잊힙니다. 결국 사람들이 썩은 짚단을 쿡쿡 찔러보다 죽어가는 그를 발견하지요. 다음은 그 후의 상황입니다.

> "늘 여러분이 저의 단식 기술에 감탄했으면 했습니다." 단식 광대가 말했다. "진심으로 감탄하고 있어." 감독관이 맞장구를 쳤다. "하지만 감탄해선 안 돼요." 단식 광대가 말했다. "좋아, 그럼 감탄하지 않을게"라고 감독관이 답했다. "그런데 왜 감탄하면 안 되는 거야?" "어쩔 수 없이 단식을 하는 거니까요." 단식 광대가 말했다. "원 저런, 그런데 왜 어쩔 수 없다는 거야?" 감독관이 물었다. "왜냐면" 단식 광대가 답했다. (…) "입맛에 맞는 음식을 찾을 수 없거든요. 찾을 수만 있었다면, 정말이지 절대 어떤 소동도 안 벌이고 당신이나 다른 모든 사람들처럼 배불리 먹었을 겁니다." 그게 그의 마지막 말이었다.[32]

단식 광대는 성자들처럼 이 세상의 것이 아닌 음식을 갈구합니다. 그런 점에서 그는 숭고합니다. 하지만 너무 초라한 부적응자의 모습에 어이가 없기도 하지요. 예술의 신은 단식 광대를 제자로 택했지만, 소설은 서커스 쇼의 괴짜와 프로이트적 강박관념이 만나면서 부조리하고 암울하게 끝이 납니다.

예술의 제단 맨 아래에 놓인 시체의 수를 세려면 끝도 없을 겁니다. 조지 기싱의 1891년 소설 《뉴 그럽 스트리트》가 출간될 무렵, 작가들의 삶과 일이 괜찮은 주제로 여겨지기 시작하면서 작가가 글을 쓰는 이야기가 엄청나게 늘어났습니다. 《뉴 그럽 스트리트》에는 세 명의 작가가 비중 있게 등장합니다. 첫 번째는 부의 신을 신실하게 섬기는 야비한 작가 재스퍼 밀베인입니다. 그는 돈 때문에 문학이란 게임판에 뛰어든 자로, 상상력의 사제가 되려는 욕심이 없어요. 그도 자신이 소설을 쓰기에 "적합하지 않다"고 말하지요. "물론 유감스런 일이지. 이 바닥이 엄청 돈이 되거든."[33] 사악한 인물들이 흔히 그렇듯 재스퍼는 승승장구합니다. 두 번째는 재능과 감수성, 숭고한 신념을 가진 에드윈 리어던으로 그는 대단치 않은 문학적 성공에 힘입어 남의 이목을 중시하는 여성과 결혼합니다. 하지만 돈을 벌어오라는 아내의 압박에 짓눌려 영감을 잃어버리고 최악의 슬럼프를 겪지요. 글을 쓰지 못하자 아내는 그를 떠나고 그는 병에 걸려 죽습니다. 세 번째는 가난한 작가 헤럴드 비펜입니다. 그는 플로베르처럼 피땀 흘려서 《식료품 장수 베일리 씨》라는 사실주의에 충실한 책을 집필합니다. 소설은 실패하지만(평론가들이 "권태라는 장르의 가식적인 책"[34]이라고 지적합니다) 비펜은 "인간은 최선을 다할 뿐"이라며 아이반호 식의 변명을 택하지요. "일은 끝났고 그는 최선을 다했다. 그리고 그 점에 만족했다." 마침내 희망도 돈도 모두 바닥이 난 그는 자살을 선택합니다. 그의 죽음은 평화롭습니다. "오직 아름다운 것들만이 머릿속에 떠올랐다. 그는 젊은 시절을 회상했다. 아직 사실주의 예술에 대한 사명감이 그를 짓누르지 않던 그때를."[35] 아, 이게 피할 수 없는 예술가의 운명이지요. 많은 사람이 부름을 받지만, 소수만이 선택받고, 그중 일부는 순교하고 맙니다.

남성 예술가에게도 이렇게 희생이 요구됐다면 여성 예술가에게는 어땠을까요? 너새니얼 호손의 《주홍글씨》에서 죄인으로 낙인찍힌 헤스터 프린의 가슴에 화려하게 수놓아진 주홍글씨 A가 간통녀Adulteress일뿐 아니라, 예술가Artist 또는 작가Author를 의미한다는 의심이 드는 건 왜일까요? 위대한 예술가 역할을 맡은 남자가 '삶을 사는Live Life' 건 자연스러운 일로 여겨졌는데(그들에겐 자질구레한 일상도 오롯이 예술을 위한 행위니까요), 여기서 '삶은 산다'는 것은 특히나 술, 여자, 노래를 즐긴다는 것을 의미했습니다. 하지만 여자는 술과 와인을 가까이 하면 헤픈 술주정뱅이로 간주됐기 때문에 즐길 수 있는 게 노래밖에 없었죠. 이왕 하는 거 백조의 노래(예술가가 죽음이나 은퇴 전에 마지막으로 내놓는 작품—옮긴이)면 더 좋아라 했겠지만 말이에요. 평범한 여성이 결혼을 하는 건 정상이었지만 여자 예술가는 아니었습니다. 남성 예술가들은 예술에 방해가 되지 않는 선에서 결혼도 하고 아이도 가질 수 있었던 반면(제임스, 코널리 등은 그것이 헛된 꿈이라 생각했지요), 여성 예술가에겐 그런 삶이 걸림돌이라고 여겨졌어요. 그러니 다른 길, 그러니까 오로지 예술의 길만 걷기 위해서 그런 삶의 방식을 포기해야 마땅했지요.

앞서 언급한 이자크 디네센의 소설을 보면, 젊은 여배우 말리는 연극 〈템페스트〉에서 쇠렌슨 경이 맡은 푸로스퍼로의 상대역 에어리얼을 연기합니다. 말리는 고통스럽지만 예술을 위해 사랑하는 사람을 포기하지요. "그러면 그 대가로 얻는 게 뭐죠?" 그녀가 쇠렌슨 경에게 일리 있는 질문을 던집니다. 그러자 그가 답하지요. "세상의 불신과 끔찍한 외로움이지. 그게 다야."[36]

절망적이지 않나요? 하지만 이보다 더 절망적인 경우도 있습니다. 《도리언 그레이의 초상》의 젊은 여배우 시빌 베인을 볼까요? 이름처럼 어떤 결말을 맞이했나요?[37] 샬롯의 아가씨(오필리아의 여동생 격이자 노래하며 죽어가는 19세기 여성 예술가의 원형으로, 시빌이 극 중에서 충실히 보여주고 있지요)처럼 그녀는 피와 살이 있는 인간 남자와 사랑에 빠집니다. 그리고 예술이 아니라 삶에 온 마음을 쏟아붓는 바람에 예술의 신에게 벌을 받아 재능을 잃고 맙니다. "예술이 없는 당신은 아무것도 아니야." 도리언은 이렇게 말하며 그녀를 버립니다. 공허하고, 메마르고, 텅 비고, 부러진 갈대 같은 가여운 시빌이 그런 일을 당하고 할 수 있는 게 자살 말고 뭐가 있을까요?

배우 사라 베르나르(프랑스 여배우—옮긴이)가 관에 누워 있는 자신의 모습을 사진에 담으면서 정확히 핵심을 찔렀지요. 시체애호증과 검은 휘장을 절묘하게 이용한 이미지. 그것이 바로 대중이 원하고 이해하던 여성 예술가의 이미지였어요. 반쯤 죽은 수녀의 모습 말입니다.

내가 시인 지망생이던 1950년대 후반은 이런 희생의 필요성을 자연스레 인정하는 시대였습니다. 일반 직업을 가진 여성도 그랬지만, 예술을 하는 여성에겐 그런 압박이 훨씬 심했지요. 희생을 해야 더 완벽해진다는 이유에서였어요. 아내이면서 어머니이면서 동시에 예술가가 되는 건 각각이 완전한 헌신을 필요로 하므로 불가능하다고 봤지요. 아홉 살 때 가족과 함께 생일 선물로 영화 〈빨간 구두〉를 보러 간 적이 있습니다. 그때 배우 모이라 시어러가 예술과 사랑 사이에서 괴로워하다 기차 아래에서 짓이겨지던 장면이 기억납니다. 한쪽에선 사랑과 결혼이, 반대쪽에선 예술이 그녀를 잡아당긴 거지요. 그러니 예술에 빠지는 건 일종의 악마에 빙의되는 것과 같습니다. 예술과 춤을 추다가 죽음으로 내몰릴 수도 있으니까요. 예술은 몸속으로 들어와 나를, 아니 평범한 여성으로서의 나를 사로잡고 파괴합니다.

하지만 꼭 상상력의 수녀가 될 필요는 없었어요. 사제priest의 여성형은 수녀nun이기도 하지만 여사제priestess이기도 하므로 선택이 가능했지요. 그리고 둘은 달랐어요. 기독교에는 여사제가 존재하지 않기 때문에, 여사제라고 하면 뭔가 이교도적이고 요란한 느낌이 있잖아요. 수녀는 남자를 멀리하지만 여사제는 그렇지 않죠. 물론 여사제가 남자와 맺는 관계는 흔히 우리가 가정적이라고 부르는 것과는 거리가 있지만요.

나는 로버트 그레이브스의 《하얀 여신》[38]에서 예술의 여사제를 처음으로 마주했습니다. 이 책은 여성이 무시무시한 죽음의 세 여신 역할을 맡아 여사제로서 남자들을 벌레처럼 죽이고 그들의 피를 포도주처럼 마시지 않는 이상, 진정한 시인이 될 수 없다고 줄곧 주장해요.[39] 그때가 열아홉 무렵이었는데, 〈컨슈머스 가스 Consumers' Gas〉에서 주최하는 미스 주부 컨테스트에서 2위를 차지한 소녀에게 권장할 만한 내용은 아니었지요. 신나는 토요일 저녁 데이트에서 연인의 피를 마시는 게 내 로망은 아니었으니까요. 좀 촌스러웠지만 그게 나인 걸 어쩌겠어요. 하지만 그러면서도 그레이브스는 나를 흥분시켰고, 내가 예술의 삶에 정말 적합한 사람인지 생각하게 했지요.

우연히 조지 엘리엇의 1876년 소설 《다니엘 데론다》를 만나면서 궁금증은 훨씬 더 커졌습니다. 주인공의 어머니는 훌륭한 오페라 가수로, 자신의 두 살 된 다니엘을 다른 사람의 손에 맡깁니다. 엄마라는 역할 때문에 예술 활동에 방해받는 게 싫었던 거지요. 수많은 사람들이 그녀를 추종하지만 그녀는 아버지에게 짓눌렸던 과거 때문에 냉혹할 뿐 아니라 남자들을 발아래 무릎 꿇리고 그 위에 군림하기를 좋아합니다. 본인은 자신이 괴물이 아니라고 주장하지만 그녀를 묘사하는 표현을 보면 동의하기 힘들어요. 그녀는 "인간 어머니가 아니라 '멜루시나Melusina'"지요. 멜루시나란 반은 여자, 반은 뱀이라는 뜻입니다.[40]

엘리엇의 설명에 따르면 다니엘은 "엄마를 볼 때 어떤 흥분 같은 걸" 느낍니다. "어떤 이상한 종교적 의식을 치르며 범죄에 신성함을 부여하는 장면을 보았을 때 느껴질 법한 흥분을."[41] 그 종교가 무엇인지는 그녀가 예술에 모든 감정을 쏟아서 "줄 게 남아 있지 않다"[42]라고 말하는 부분에서 짐작할 수 있어요. 고통스러워한다는 건 인간적인 면모가 일부 남아 있다는 뜻이지만 그녀의 고통은 아이를 버린 것이 아니라, 예술을 포기했다는 데서 비롯합니다. 노래를 포기하는 것은 그녀의 종교, 예술이란 종교에 대한 배신이며, 고통은 죄를 지은 것에 대한 벌이지요.

다니엘의 엄마는 마녀라고도 불립니다. 마녀와 팜 파탈femme fatale은 한 끗 차이로, 19세기 말에는 수십 명의 팜 파탈이 무대 위를 어지럽혔어요. 그중 내가 가장 좋아하는 인물은 살로메입니다. 내가 그녀의 이름을 처음 들은 건 줄넘기 노래에서였어요. "살로메는 춤꾼, 야한 춤을 즐겨 췄지. 야한 춤을 출 때면 옷을 별로 걸치지 않았지." 예술 작품으로는 플로베르의 〈살로메〉(단편소설), 오스카 와일드의 〈살로메〉(희곡), 리하르트 슈트라우스의 〈살로메〉(오페라)를 비롯해, 다양한 그림들이 살로메를 주제로 삼고 있습니다. T. S. 엘리엇의 프루프록이 자신의 머리가 쟁반 위에 놓일 것을 내다보는 구절에서 가리키는 것도 살로메지요. 그녀의 매력은 뭘까요? 살로메는 팜 파탈과 여성 예술가를 합친 인물입니다. 그녀는 모든 구경꾼을 사로잡을 만큼 뛰어난 춤 솜씨를 가지고 있지만 보상을 받기로 약속함으로써 자신의 예술을 타락시켜요. 그렇게 된 첫 번째 원인 제공자는 춤을 춘 대가로 원하는 건 뭐든 주겠다고 약속한 헤롯 왕이고, 두 번째는 일부 작품에서 묘사하는 것처럼 세례자 요한에 대한 사랑, 즉 그의 전부를 가질 수 없다면 머리라도 가져야겠다는 그녀의 마음입니다. 그리하여 마침내 그녀는 (적어도 와일드와 슈트라우스의 작품에선) 정도를 벗어난 요구를 한 대가로, 아니면 일곱 번째 베일을 벗어던진 대가로 죽음을 맞이하지요(살로메는 베일을 차례로 벗어던지는 '일곱 베일의 춤'을 춰서 헤롯 왕의 마음을 사로잡고 세례자 요한의 머리를 요구한다—옮긴이). 정확히 무엇 때문인지는 우리로선 알 수 없지만요.

 1960년에 내가 편집 일을 돕던 대학 문예지에 출품된 여학우들의 시 중에 상당수가 희한하게도 살로메에 대한 것이었습니다. 자신이 예술에 발을 들인 바람에 자신들과 정을 통한 운 나쁜 남자들이 파멸을 맞을까봐, 어느 날 아침 눈을 떠 그들의 머리가 접시에 놓인 광경을 보게 될까봐 겁이 났던 것 같아요. 짐작컨대 다소 프로이트적 견해 때문이 아닐까 싶어요. 여자가 너무 적극적이거나 똑똑하면 베일이 떨어지는 동시에 남자의 그곳도 같이 잘려나갈 거라는 두려움 말입니다.

 당시는 필립 와일리의 《독사의 자식들》이 세상의 모든 병폐는 "모친 중심주의" 탓이라며 비난한 지 겨우 10년밖에 지나지 않은 때였어요. 남성을 거세하는 여성을 두려워하는 19세기의 전통이 그때까지 이어져 멀쩡히 살아 숨 쉬고 있었지요. 다음은 1958년에 출간된 어빙 레이턴의 시선집 《태양을 위해 붉은 융단을》에 실린 서문의 일부입니다.

 현대 여성들은 복수의 세 여신으로 분扮해 남성을 거세시키려고 안달을 낸다. 그들의 노력은 문명의 모든 악한 힘에게서 도움을 받아, 남성의 창조적 계시자 역할을 하찮은 것으로 만들어버린다. 아니면 산업적 해악과 골칫거리로 만들어버리고 만다. 우리는 여성화되면서 동시에 프롤레타리아화되고 있다. 지금은 대중 여성이 출현하는 불명예스러운 시대다. 여성들의 취향이 모든 곳을 지배하고 있다. (…) 디오니소스는 죽었다.[43]

열여덟, 시인이 되려고 애쓰던 당시엔 뭔가 이상하게 뒤섞인 글로만 보였지만 시간이 흐르니 다양한 은유들이 읽히더군요. 우선 복수의 세 여신은 보통 모친을 살해하는 남자들을 뒤쫓습니다. 그리고 시인 오르페우스와 남자들을 갈기갈기 찢어버린 마이나데스는 디오니소스의 살해자가 아니라 추종자였어요. 물론 사실이 이렇더라도 당대 남성 시인들이 여성에 대해, 그리고 여성들의 (짐작만 무성한) 생식기 절단 욕구에 대해 조금도 경계를 늦추진 않았지만요.

때로 여성 작가들은 이 신화와 동맹을 맺기도 했습니다. 여러분도 이름을 얻으면 함께해보는 게 어떨까요? 상상력의 수녀와 상상력의 여사제 모두 결국엔 예술의 제단 바닥에서 생을 마감하지만, 차이가 있다면 여사제는 갈 때 혼자 가지 않는다는 점이지요. "나는 공기처럼 남자를 먹는다." 실비아 플라스의 시 〈레이디 나사로〉(원래 나사로는 남자 이름으로, 성경에서 예수가 부활시킨 인물이다—옮긴이)에서 죽음을 거역하면서도 받아들이는 동명의 여인이 마녀처럼 붉고 긴 머리를 늘어뜨리고 하는 말입니다. 이를 통해 그녀는 이 전통에 자신을 자리매김하죠.

내가 작가가 되었을 무렵엔 여성 작가, 특히 여성 시인이 되면 얼마나 고약한 일을 겪는지 모르는 사람이 없었어요. 저메인 그리어도 정성을 들여 집필한 자신의 저서 《단정치 못한 시빌들》[44]을 통해 18세기 후반부터 20세기 중반까지 활동한 여성 시인들의 슬픈 인생사와 암울한 죽음에 대해 설명했지요. 에밀리 디킨슨의 은둔 생활, 크리스티나 로세티의 고립된 삶, 엘리자베스 배럿 브라우닝의 마약 중독과 거식증, 샬롯 뮤의 자살, 실비아 플라스의 이어진 자살, 앤 섹스턴의 또 이어진 자살. "솟구치는 피는 시다." 실비아 플라스는 목숨을 끊기 10일 전에 이렇게 썼습니다. "그것을 멈출 수 있는 건 없다."[45] 상상력의 여사제는 결국 바닥의 붉은 웅덩이에서 생을 마감할 운명인 걸까요?

불운한 여성 예술가는 특히 소설가들이 자주 찾는 단골 주제로 아직도 주목받고 있습니다. A. S. 바이어트의 소설 《소유》는 인물에 복잡하게 변화를 주어 인간에 대한 사랑을 포기하는 여성 시인을 등장시킵니다. 이보다 더 끔찍한 캐롤 실즈의 《스완》은 경쟁심을 견디지 못한 남편에 의해 살해되는, 예술에 미친 여성 시인을 그리지요. 하지만 이 소설들의 배경은 하나는 과거이고 또 하나는 외딴 시골입니다. 살만 루슈디의 《그녀가 딛고 있는 땅》에서처럼 여성 시인을 자기 파괴적이고 약물에 찌들고 난잡하고 엄청나게 유명한 록스타로 그리지 않는 이상, 요즘에는 이런 죽어가는 백조의 이미지를 완전히 현대적으로, 예전처럼 완전히 직설적으로 다루기 쉽지 않아요.

하지만 내가 글을 쓰기 시작했을 때만 해도 굉장히 직설적으로 다루어졌어요. 여성 시인이 그렇게 묘사되는 일이 너무 많다 보니, 솔직히 처음 얇은 책 두 권을 출판하고 난 뒤 내게 자살을 할 거냐 말거냐가 아니라, 언제 할 거냐고 묻는 이들까지 있었답니다. 목숨을 걸고 할 생각이 없으면, 아니 목숨을 끊을 생각이 없으면 여성 시인으로 진지하게 받아들여지지 않았지요. 아니 신화가 그렇게 명했어요. 다행히 나는 시와 소설을 같이 썼습니다. 자살을 하는 소설가들도 있지만, 산문에는 균형을 맞춰주는 힘이 있다는 게 확실히 느껴졌어요. 말하자면 접시 위에 고기와 감자는 더 많이 놓이고, 잘린 머리는 더 적게 놓였다고나 할까요.

지금은 여성 작가들을 그 모습 그대로 바라보는 시선이 더 많습니다. 수녀도 여사제도 아니고, 인간에서 넘치지도 부족하지도 않은 작가로 말입니다. 그럼에도 신화는 여전히 힘을 발휘하고 있어요. 여성에 대한 그런 신화들이 여전히 힘을 행사하고 있지요. 마이나데스와 피토네스(아폴론 신전의 무녀—옮긴이)가, 아니 그들의 주인 없는 옷이 이름 불리길 기다리고 있습니다. 그들을 다시 불러들일 수 있는 건 예술지상주의에 대한 숭배뿐이지요.

첫 번째 장에서는 작가Writer(대문자 W로 시작하는)의 역할에 다양한 기대와 우려가 투영되는 것에 대해 이야기했습니다. 이번 장에서는 두 가지를 한꺼번에 다루었어요. 오직 예술만을 섬기기 위해 '부의 신'이 주는 세속적 가치를 거부하는 문제, 그리고 이런 예술에 대한 헌신에 따르는 희생이란 개념에 대해서요.

하지만 '길은 좁고 문은 협소한' 예술지상주의로 향하는 길에 놓인 '절망의 늪'을 피해서, '사회적 책임'이라는 다른 길을 택하면 어떻게 될까요?[46] 공개토론회에라도 회부될까요? 만약 그렇다면 그 토론회가 열리는 곳은 지옥일까요? 하지만 '사회적 책임'이라는 길을 선택하지 않는다면, 결국 '예술의 궁전'에 놓인 금박 의자에 언어의 덮개를 얹는 정도의 위업은 이룰 수 있지 않을까요? 그거야 뚜껑을 열어봐야 알겠지요.

제4장

유혹

푸로스퍼로, 오즈의 마법사, 메피스토와 그 무리들

누가 지팡이를 휘두르고, 줄을 조종하고,
악마의 책에 사인을 하는가

다시 마귀는 예수님을 데리고 아주 높은 산으로 올라가
세상의 모든 나라와 그 영광을 보여주면서
예수님께 "네가 만일 엎드려 나에게 절하면
내가 이 모든 것을 너에게 주겠다"라고 하였다.
- 마태복음 4장 8~9절

어떤 예술이건 성공하려면 악마에 사로잡혀야만 한다.
- 볼테르[1]

이 궁중 광대는 값이 비싸구나!
- 볼테르가 인용한 프리드리히 대왕의 말[2]

그 모든 것이 무엇을 의미하는지, 어떤 교훈을 주는지 내게 묻지 마라. 나는 역사가와 진배없이 이야기를 전할 뿐이며, 내가 할 일은 줄거리를 공정하게 좇는 것뿐이다. 이야기를 짓는 사람은 (…) 정신을 고양시키고, 사람들을 움직이고, 그 태도는 설교자를 닮아야 한다.
- 모리스 휼렛, 《포레스트 러버스》[3]

시인은 시인이 아니라 일종의 도덕적인 돌팔이 의사가 되어야 한다.
- 이디스 시트웰[4]

세월의 흐름에 따라 작가들을 훑어보면 그들이 언제나 정치적이었음을 알 수 있다. (…) 작가에게 정치를 부정하는 것은 인간성의 일부를 부정하는 것이다.
- 시릴 코널리,《약속의 적》[5]

자만에 빠진 몇몇 거인들이
거듭 말을 하고 싶어서
입당을 하고, 핀을 달고, 이젠 메시지와
듣는 귀와 회의장의 관심까지 받지만,
복화술사의 무릎 위에서 즐거이 재롱을 부리는
그들이 가진 건 물감과 판자뿐이다.
- A. M. 클라인,〈풍경으로서의 시인의 초상〉[6]

그가 인간의 논리와 행동만큼 자연적 요소를 조종할 수 없다는 건 애석한 일이다. (…) 그는 마술을 부리는 데 실패하면 인류가 고난을 겪는 것은 물론이고 그의 신비로운 명성이 상실되고 금전적으로 손실을 보게 될까봐 탄식한다. 하지만 성공하면 사려 깊고 조심스럽게 결과를 받아들이고 현실적 문제에 주의를 기울인다. 그가 자신의 기술을 매우 소중히 여기고 그 진정한 힘에 두려움을 느끼는 대단히 진실된 마술사라면, 사람들의 지지를 등에 업고 힘을 두 배로 발휘할 수 있을 것이다.
- 그웬돌린 매큐언,《마술사 줄리언》[7]

지난 장에서는 한때 이미지가 신이었다가 시간이 흐르며 자연스레 신이 이미지가 되었다고 말했습니다. 우리는 먹는 신, 말하는 신, 잔인한 신의 이미지를 알고 있습니다. 예술가들이 그 이미지를 만들었고, 사제들은 뒤에서 그들을 인형처럼 조종했지요.

이미지들 그 자체(구약성서 속 예언자들이 비난하고 조롱하던 것과 같은 조각된 이미지들)는 차갑고 딱딱하고 생기도 없습니다. 하지만 19세기 후반에 예술지상주의를 옹호하던 작가들은 이미지에 마음을 홀딱 뺏겼습니다. 그들에게 이미지는 예술 작품이었어요. 또한 메리메의 《일르의 비너스》에서 연인을 죽음으로 몰아넣는 '일르의 비너스'처럼, 또는 플로베르의 잔인하고 관능적인 《살람보》에 나오는 죽음의 여신처럼 반쯤 살아 있는 우상이었지요. 예술을 만드는 사람과 (잠재적으로) 소비하는 사람 사이의 격렬한 갈등에는 그 이면에 우상 숭배와 관련된 문제가 자리하고 있습니다. '가짜' 신(인간 사회의 요구로 생겨난 '예술과 아름다움'의 가짜 신을 포함해서)을 숭배하는 것은 중립이 아닌 악마 숭배 행위일까요? 그러면 작가는 자신의 작품에 대해 얼마나 죄책감을 느껴야 할까요?

어느 작가도 헨리 제임스만큼 이 질문들을 놓고 고민하진 않았던 것 같습니다. 그는 1909년에 《대가의 교훈》이란 책을 출간했는데, 이 책에는 1890년대에 문학 계간지 《옐로북》에 기고했던 이야기가 다수 실려 있습니다. 이 계간지는 미학 운동을 옹호하던 잡지로, 그는 근본적으로 이 운동에 동의하지 않았지요. 각 이야기에는 한 명 이상의 작가가 주인공으로 등장합니다. 젊은 작가에게 사제처럼 성적으로 금욕하며 예술에 헌신하라고 부추겨놓고 본인은 아름다운 여성과 결혼하는 나이 든 작가, 자신의 예술을 이해하지 못하는 세상에 의해 발굴당해 '찬양'받다가 죽고 마는 뛰어난 무명작가, 돈도 벌고 인정도 받기를 갈망하지만 헛물만 켜는 가난하고 진실된 작가, 힘든 무명시절이라는 훈장을 괜스레 갈망하는 부유하고 유명하고 세속적인 작가(여성이지요), 누구도 이해하지 못하는 예술적 비밀을 지닌 대가, 명성은 높지만 본 모습은 사기꾼인 작가 등이지요. 제임스는 묘하게도 이런 이야기들을 좋아했는데, 모든 이야기가 당시 일반적으로 받아들여지던 '작가라는 존재'에 대한 플로베르적 태도와는 본질적으로 차이가 있었습니다.

여기에 꼭 포함시켜야 하는 이야기가 하나 더 있으니, 1884년에 처음 출간된 〈벨트라피오의 저자〉입니다. 하지만 이 이야기는 대체로 좀 어두워요. 마크 앰비언트(마르쿠스 아우렐리우스Marcus

Aurelius에서 마크를, 은은한 빛ambient glow에서 앰비언트를 딴 것으로 보입니다)라는 대작가가 "심미적 소설"을 표방한 《벨트라피오》라는 소설을 짓습니다. 그에겐 아름답고 "조금은 규모가 작은 예술의 궁전"과 사랑스런 어린 아들이 있어요. 하지만 그의 아내는 "편협하고 차가운 칼뱅주의자이자, 엄격한 도덕주의자"로, 남편의 미에 대한 흠모를 경멸하고 그의 책을 사악하다 여깁니다. 그래서 남편으로부터 아들을 떼놓으려고 애를 쓰고, 아들이 커서 아버지의 책을 읽고 타락할 날이 올까봐 두려워하지요. 등장인물의 냉소적 표현에 따르면, 그녀는 예술에는 "목적"이 있어야 한다고 믿습니다. "예술의 복음"을 따르는 자들에겐 너무나 이단적인 생각이지요!

겉으로 보기에 완벽을 추구하는 앰비언트는 제임스의 예술적 관점을 '잘' 구현하는 인물인 반면, 아내는 꽉 막히고 고약하고 세속적인 사람처럼 보입니다. 하지만 보기에만 그렇습니다. 헨리 제임스는 비도덕적 탐미주의자라 하기에는 미국식 청교도주의가 뼛속 깊이 뿌리내린 사람이었거든요. 마크 앰비언트는 "모든 생명"을 예술을 위해 "마음껏 써도 되는 재료"로 보고, 예술에는 위험하고 부정한 속성이 있다고 여기지요. 그는 이렇게 말합니다.

> 이 새 작품은 최고로 좋은 그릇이 되어야 합니다. 실재에서 최고로 순수한 정수만 뽑아서 그릇을 채워야 해요. 오, 그릇 모양을 내기 위해 쇠붙이를 망치질하는 게 얼마나 귀찮은 일인지! 아주 섬세하고 부드럽게 두드려야만 합니다. (…) 그리고 작업하는 동안

한 방울의 증류액도 새어나가지 않도록 조심해야 해요!⁸

또 그리스 항아리군요. 하지만 맥락은 앞과 다릅니다. 여기서는 조이스의 《젊은 예술가의 초상》의 결말에서 떠오르는 다이달로스 같은 장인(기술자)뿐만 아니라 연금술사, 증류 애호가를 암시하고 있어요. 마크는 그토록 공을 들여 어떤 그릇을 만드는 걸까요? 그리고 거기에는 무엇이 담겨 있는 걸까요? 생명의 영약, 또는 희생의 피?

결말을 보면 후자라고 짐작됩니다. 결과적으로 남편(예술가)과 아내(사회)가 그들의 자식을 죽인 거니까요. 아이의 죽음이 아내만의 책임이 아니라는 것(아이의 희생이 관습적 도덕이라는 깐깐하고 갑갑한 우상뿐 아니라 예술이라는 금빛 우상의 탓이기도 하다는 것)은 앰비언트가 지은 대작의 제목이 암시하고 있습니다. '벨트라피오'는 실제 존재하는 단어도, 지명도, 이탈리아어 비스름한 외국어도 아닙니다. 하지만 참고로 말하면 이탈리아어로 '트라tra'는 '사이에among'를, '피오fio'는 '처벌penalty'을 의미하지요. '벨bel'은 당연히 '아름답다'는 뜻이지만, '벨제브Belzebù'는 악마를 뜻하는 '베엘제붑Beelzebub (성경에서 저주받은 신으로 자주 등장하는 고대 중동의 '벨Bel' '바알신Baal'과 어원이 같습니다)을 이탈리아어로 표기한 것입니다. 결말에 이르면 아내가 죽기 전, "사악한 《벨트라피오》"를 잠깐씩 읽어봤다는 설명이 나옵니다. 우리로서는 그저 그녀의 영혼이 그 책을 읽고도 무사하길 바랄 뿐이지요. 서구의 문학적 전통에 따르면, 사악한 책의 주인은 오직 하나뿐이니까요.

아이는 어쩌면 예술과 사회의 타협으로 구원받았을지도 모릅니다. 하지만 그 타협이란 건 무엇을 의미할까요? 이것이야말로 제임스를 잠 못 이루게 한 질문임에 틀림없습니다.

앞 장에서 나는 예술가로서의 작가, 즉 엄하고 고단하고 일견 파괴적인 예술지상주의라는 이단을 섬기는 헌신적인 상상력의 사제를 둘러싼 극단적인 신화에 대해 이야기했습니다. 이런 틀에 발을 담근 작가는 예술에 헌신하는 것이 자신의 의무이며 완벽한 작품을 창조하는 것이 자신의 바람직한 목표라고 생각하게 됩니다. 사실 이런 숭고한 목표에 최소한 어느 정도는 충성한다고 인정하지 않으면 평범함을 넘어서지 못하고 "보잘것없는 존재"[9]에 그칠 가능성이 높지요. 조지 엘리엇의 소설 《다니엘 데론다》에서 음악가인 클레스머가 사교계의 숙녀 그웬돌린 할레스에게 말한 것처럼 말이에요. 종류를 막론하고 예술은 수양입니다. 기술(이것도 필요하지요)이면서 종교적 의미에서 수양이기도 합니다. 그리고 그 수양 과정에서 기다림의 기도, 영적인 비움, 자아의 부정, 이 모든 것이 나름의 역할을 하지요.

하지만 이는 예술가를 오직 예술과의 관계 속에서만 생각했을 때의 이야기입니다. 예술가를 바깥세상, 즉 우리가 사회라고 부르는 곳과 연결지어보면 어떨까요? 여기에 대해선 많은 주장들이 제기돼왔습니다. 펜은 칼보다 강하다,[10] 시인은 세상의 공인되지 않은 입법자다,"[11] 라는 말도 있잖아요.

　조금 유난이라고 생각할지도 모르겠네요. 더군다나 원자폭탄과 인터넷이 등장하고, 수많은 종들이 지구상에서 급속도로 사라지는 시대에 말이지요. 그렇지만 작가들이 쓰는 글이 '문학'이라는 높은 담장 안 정원에만 갇혀 있지 않고 세상 밖으로 나가 영향을 미치고 결과를 낳는다고 가정해보세요. 그러면 상상력의 사제가 자신의 특권이라고 주장하며 무시해왔던 윤리, 책임, 그 비슷한 귀찮은 것들에 대해 논의를 시작해야 하지 않을까요?

　그런데 '사제'라는 단어에 대해 다시 한 번 생각해볼까요. 사제가 단순히 의식을 거행하는 숭배자는 아니지 않나요? 백성의 목자이자 신과 인간의 중재자 아닌가요? 제임스 조이스의 스티븐 디덜러스(《젊은 예술가의 초상》의 주인공—옮긴이)는 "내 영혼의 대장간에서 내 민족이 아직 창조하지 않은 양심을 벼리기"[12] 위해 나아갑니다. "양심", 도덕적 의미로 충만한 단어지요. 만약 작가에게 정말 그런 힘이 있다면, 그 힘을 휘두르는 사람(작가)과 당하는 사람(나머지 사람들)이란 측면에서 이 문제를 살펴보는 게 어떨까요?

　누구도 작가만큼 작가를 미워하지 않습니다. 개인으로든 직업군으로든 가장 악랄하고 경멸스러운 작가의 초상을 만날 수 있는 곳은 작가들이 직접 쓴 책이지요. 하지만 누구도 작가만큼 작가를 사랑하지도 않아요. 과대망상증과 편집증은 작가와 한 거울을 공유하지요. 파우스트로서의 작가는 거울을 보며 거만하고 사악하고 초인적인 메피스토펠레스이자, 마술의 대가이자, 운명의 지배자를 마주합니다. 그들에게 다른 인간들은 끈으로 조종할 수 있는 인형이거나 자신들의 마음과 내밀한 비밀을 그의 손바닥에 맡긴 바보 같은 존재들이에요. 하지만 메피스토펠레스로서의 작가는 같은 거울 속에서 떨고 있는 한심한 파우스트를 발견합니다. 영원한 젊음과 끝내주는 잠자리, 엄청난 부를 갈구하는 동시에, 자신이 보잘것없는 끼적임과 유치한 말장난(그래놓고 뻔뻔하게 "예술"이라 부르지요)으로 이런 바람을 짠하고 현실로 만들 수 있다는 한심한 망상을 필사적으로 움켜쥔 파우스트 말이에요.

20세기의 작가들은 대부분 스스로 만들어낸 부조리의 유령에 시달렸어요. 쉘리가 노래하는 '세상을 움직이는 강력한 시인'이 아니라, 엘리엇이 창조한 '우유부단한 J. 알프레드 프루프록'이 일반적인 작가의 모습이었지요. 혐오스럽고, 시샘 많고, 하찮고, 어리석은 작가가 등장하는 책이 쏟아져 나왔어요. 다음은 돈 드릴로가 《마오 II》에서 작가를 엉터리 괴짜로 묘사한 부분입니다. 한 편집자가 작가에게 그의 책에 대해 이렇게 묘사합니다.

"오랫동안 작가들이 하는 말과 유식한 푸념을 들으면서도 행복했지. 가장 성공한 작가가 가장 불평이 많더군. (…) 최고의 작가가 되게 하는 자질이 터무니없이 기발한 불평을 설명해주는 게 아닐까 하는 생각도 들어. 글쓰기는 신랄함과 분노에서 나오는 것일까, 아니면 글쓰기가 신랄함과 분노를 낳는 것일까? (…) 외로워서 죽을 지경이라고, 밤에는 잠을 못 이룬다고, 낮에는 걱정과 고통으로 굳어 있다고 난리야. 안 됐지, 안 됐어. (…)"

"힘드시겠어."〔작가가 말한다.〕"매일같이 그런 비참한 놈들과 일하려니."

"아니야, 쉬워. 그 친구들을 좋은 식당에 데려가면 돼. 드셔, 드셔, 드셔, 드셔, 그러는 거지. 마셔, 마셔, 마셔, 그래. 자기들 책이 체인 서점에서 불티나게 팔린다고 말해주는 거지. 독자들이 서점으로 몰려든다고 하는 거야. 그러곤 오구 오구 오구 (…) 하면서 미니시리즈 판권도 관심 있고, 오디오테이프 판권도 관심 있고, 백악관도 서재에 책을 한 권 두고 싶어 한다고 말하는 거지."[13]

다음은 메이비스 갤런트의 단편소설 〈고통스러운 일〉에서 영국인 작가 프리즘이 프랑스 작가 그리프에게 그의 의중과 달리 왜 런던에 와서 살면 안 되는지 편지로 설명하는 내용입니다.

프리즘은 이렇게 썼다. 파리에서는 그리프를 한눈에 문학과 관련된 소일을 하는 품위 있는 사람으로 볼 터였다. 누구도 출세주의자라고 부르지 않을 터였다. 적어도 그의 면전에 대고는. 오히려 그리프는 일찍이 파리 보헤미안의 꽤 높은 봉우리에 뚝 떨어진 사람처럼 보였다. 오스만 거리의 백화점에 걸려 있는, 기계로 짠 니트와 캐시미어 블레이저는 물론, 5천 프랑짜리 맞춤 제작된 양복이 내려다보이는 곳 말이다. 하지만 계급 제도에 대한 표식이

완전히 다른 영국에서 포주나 마약 밀매자로 오인받아서 버스 정류장에서 총에 맞아 쓰러질지도 몰랐다.[14]

프리즘과 그리프는 둘 다 허영심이 많고 평판에 매우 민감합니다. 그리고 조금이라도 건수가 생기면 서로의 명성에 흠집을 내려고 아등바등하지요. 마틴 에이미스의 소설 《정보》도 비슷합니다. 이를테면 데이비드 포스터 월리스의 《섬뜩한 남자와의 짧은 인터뷰》에 등장하는 '작가' 캐릭터들처럼 그 이후에 나온 훨씬 많은 작품들도 마찬가지예요. 이런 자기혐오는 왜 발생하는 걸까요? 아마도 (낭만주의로부터 물려받은) 이미지와 현실의 격차 때문일 겁니다. 영예로운 사자死者이자 문학의 거인들은 이 비쩍 골아 약해빠진 후손들을 어떻게 생각할까요?

아래는 A. M. 클라인이 현대 시인의 수치스런 존재감 상실에 대해 노래한 시입니다.

> 우리가 현실 사회에서 알 수 있는 건
> 그가 사라졌다는 것, 중요하지 않다는 것뿐.
> 흔적이 남아 있다면 고작 통계자료,
> 이를테면 누군가의 투표, 아마도 갤럽 여론조사에서
> 누군가 던진 비웃음, 정부 위원회의 점 하나.
> 하지만 소리치는 군중, 누군가의 한숨에서 그는
> 느껴지지도, 눈에 띄지도 않는다.

> 오, 자신의 두루마리에서, 왕자의 인용문에서
> 연단에 퍼지는 큰 울림에서 우리의 문화를 펼쳐냈던 그,
> 한 이름으로는 천국을,
> 다른 이름으로는 일곱 고리의 연옥을 노래하던 그,
> 그가 지금도 존재한다면, 숫자이고, 미지수일 것이다.
> 익명의, 길 잃은, 누락된,
> 호텔 장부의 어떤 스미스 씨일 것이다.[15]

참고로, 이런 정신적 상처는 주로 남성들이 입었지요. 여성 작가들은 낭만주의 시대에 있으나 마나 한 존재였으며, '천재'라는 메달을 별로 걸어본 적도 없습니다. 사실 '천재'라는 단어와 '여성'이라는 단어는 영어에서 보통 어울려 다니지 않아요. 남성 '천재'들이 하는 기이한 행동을 여성이 하면 보통 '미쳤다'는 꼬리표가 붙거든요. 심지어 '재능 있는' '대단한' 같은 단어들도 마찬가지예요. 하지만 사회에 실제로 영향을 끼쳐놓고도 수많은 여성 예술가들이 자신의 야심을 시인하지 않았지요. 그러다 보니 오늘날 여성 작가들은 그들의 힘이 감소했다거나 세계 무대에서 위신이 낮아졌다고 느끼지 않습니다. 오히려 과거보다 더 잘하고 있다고 생각하는 것 같아요. 그렇기에 걸출했던 여자 선배들과 비교해 자신들이 아주 허약하다고 여기지 않지요.

지금부터는 고상하게 예술지상주의를 추구하는 정체성을 대체할 또 다른 정체성들과 그것들을 둘러싼 자기 인식의 위기에 대해 논하려 합니다. 그중 하나는 예술과 돈과 권력이 엇갈리는 독특한 교차점과 관련이 있고, 나머지 하나(이것도 앞의 것과 무관하지 않지요)는 '도덕적 책임' 아니면 '사회적 책임'이라 불리는 것과 관련이 있지요. 사람들이 예술 활동을 통제하며 예술가에게 간섭하는 지점은 '돈과 힘'이라고, 예술가가 예술 활동으로 사람들에게 간섭하는 지점은 '도덕 및 사회적 책임'이라 이름 붙일 수 있습니다.

돈과 권력에 대한 질문은 아주 짧게 압축할 수 있습니다. 시장에 영혼을 팔았는가? 만약 그랬다면 얼마에 팔았고, 누가 샀는가? 영혼을 팔지 않았다면 누가 예술가를 껍질 무른 게처럼 짓밟는가? 영혼을 판 대가로 예술가가 얻고자 하는 건 무엇인가?

우스갯소리 하나를 볼까요.

> 악마가 작가에게 와서 말한다. "내 너를 네 세대를 통틀어 최고의 작가로 만들어주마. 세대가 무어냐, 이 세기에 최고로, 아니, 천년을 통틀어 최고로 만들어주지! 최고만이 아니다. 가장 유명하고 가장 부자로 만들어주겠다. 거기다 엄청난 영향력을 행사할 수 있도록, 네 영광이 영원히 지속되도록 해주마. 네가 할 일은 내게 너의 할머니, 어머니, 아내, 자식들, 강아지, 그리고 네 영혼을 파는 것이다."
>
> "좋아요." 작가가 답한다. "여부가 있겠습니까. 펜 주세요. 어디에

사인하면 될까요?" 그러다 그가 머뭇거린다. "잠시만요." 그가 말한다. "그러면 전 뭘 내드려야 하죠?"

작가는 악마가 내민 계약서에 서명을 합니다. 사탄이 사막에서 예수를 유혹하며 약속한 것처럼, 이 계약서에는 세속적 권력을 쥐어주겠다는 조항이 들어 있습니다. 작가가 정말 이런 힘을 얻는다면 얼마만큼 권력을 휘둘러야 오용이라는 말을 듣게 될까요? 사회적 책임 문제를 간단히 정리하면 이렇습니다. 나는 형제를 지키는 보호자인가? 그렇다면 어느 선까지 책임지는가? 자신의 예술적 기준을 어기고 설교자가 될 의향이 있는가? 중요한 메시지(보통은 타인의 메시지)를 설파하고 주입하기 위해 기꺼이 2차원적 이미지를 조작하겠는가?

그리고 혹시 형제는 내팽개치고 상아탑에만 틀어박힌다고 해서 자동적으로 손에 피를 묻히고 이마에 낙인이 찍힌 살인자 카인이 되는 건 아닐까(그냥 살인자가 아니라, 모든 인간이 형제라는 관점에선 형제를 죽인 자이지요)? 내가 아무런 행동도 하지 않는다고 범죄가 발생하는 데 영향을 미칠까?

정답은 없습니다. 하지만 글을 쓰는 사람은 언젠가 이런 질문들에 부딪치게 됩니다. 어쩌면 질문이 아니라 '난제'라고 부르는 게 맞을지도 모르겠네요.

우선 예술 작품의 내용과 도덕적, 사회적 책임 문제가 어떻게 연관돼 있는지 봅시다. 예를 들어 사람이 사람을 죽이면 살인자로 붙잡혀서 재판에 회부되지요. 하지만 작가가 책에서 사람을 살해하면, 그러니까 미적으로 뛰어난 예술 작품을 만든다는 착각에 사로잡혀 완벽한 살인에 집착하는 인물을 그리면(앙드레 지드의 《교황청의 지하실》에서처럼요) 무슨 죄가 될까요? 그리고 어떻게 그 죄를 판단해야 할까요? '문단이 얼마나 감미로운가' '구조가 얼마나 대칭적인가' '은유가 적절하고 독창적인가' '플롯 말미에 만족스런 한 방이나 역설적 슬픔이 있는가'처럼 단지 미학적 기준으로만, 예술 작품으로만 평가해야 할까요?(그렇게 할 수는 있을까요?) 혹여 그의 지면 위 살인이 누군가에게 진짜 살인을 하도록 영감을 준다면 어떻게 할까요?

작가는 도덕적 법 위에 있을까요? 그러니까, 지루하고 우둔하고 재능 없는 지극히 평범한 대중은 지켜야만 하는 평범한 규칙을 작가는 전혀 적용받지 않는, 니체가 말하는 초인인 걸까요? 한편 글쓰기가 예술 작품으로서 그 자체가 아니라 실은 작가 자신을 표현한 것이라면, 살인을 창조해낸 작가가 드러낸 건 어떤 자아일까요? 별로 훌륭한 자아는 아니라고 생각할 겁니다. 기껏해야 부도덕한 자아, 최악의 경우엔 타인의 고통을 즐거워하는 괴물이라고 여기겠지요.

하이 모더니즘과 하이 포스트모더니즘을 섬기는 최고 사제인 수전 손택은 초기에 쓴 자신의 반전통적 에세이에 대해 훗날 다음과 같이 고백했습니다.

> 나는 강렬한 자기 모독을 저질렀다. (…) 그 에세이들은 근엄했을 뿐 아니라, 확실히 금욕적이었다. 마치 내가 내 상상력의 관능성을 믿지 않기라도 한 것처럼. 길을 잃을까봐 두려웠던 것 같다. 나는 그저 선한 것들, 사람들을 바로잡는 것들을 지지하고 싶었을 뿐이었고, 그건 내게 자연스러운 일이었다. 내 사고의 틀은 언제나 도덕적이었기 때문이다.[16]

"사람들을 바로잡는 것", 아 그렇습니다. 모든 부모가 예술의 그런 유익한 기능을 간절히 원하고, 북미의 모든 교내이사회가 그 기능에 동의하고, 그중 일부는 그런 합의를 검열의 구실로 사용하지요. 하지만 어떻게 "사람을 바로잡는다"는 걸까요? 그리고 어떤 사람을, 어떤 방식으로 바로잡아야 한다는 걸까요? 그러니까 사람을 바로잡고, 또 일부 사람들이 유해하다고 여기는 것으로부터 그들을 보호한다는 걸까요?

이렇게 된 데는 사연이, 아주 긴 사연이 있습니다. 그 사연에 등장하는 인물 중 하나가 플라톤인데, 그는 《국가》에서 시인이 뱉는 말은 거짓이라면서 이상적 국가에서 시인을 내쫓아야 한다고 주장했습니다. 또한 책은 물론이고 사람들까지 불에 태웠던 비극적인 역사도 이와 관련이 있고, 파트와(이슬람법에 저촉되는 사안들을 해석해놓은 권위 있는 이슬람 판결이다—옮긴이)와 교황이 작성한 금서 목록도 연관이 있지요. 작가의 이모가 조카의 신간 소설에 등장하는 방탕한 매춘부가 자기인 것 같다며, 자기는 그런 짓을 한 적도 없는데 어떻게 감히 자신에게 그럴 수가 있냐며 대화를 차단하는 일 같은 건 말할 것도 없습니다. 이모의 물결 같은 머리 모양과 1945년 스타일의 허리 잘록한 정장을 훔쳐다가 완전히 다른 허구의 인물에 갖다 붙인 것에 대한 앙갚음인 거지요.

하지만 이모의 옷장을 훔치는 게 정말 작가로서의 당연한 권리일까요? 버스 정류장에서 남의 대화를 엿듣고 몰래 재구성해서 자신의 문장에 집어넣어도 괜찮을까요? 앨리스 먼로의 단편소설 〈재료〉에서 아내에게 "도덕관념 없는 추잡한 멍청이"라고 불리는 작가 휴고처럼, 모든 사물과 모든 사람을 "재료"로 여기고 사용해도 되는 걸까요? 휴고는 혐오스런 작가의 전형입니다. 처음에 그의 아내는 그가 진짜 작가라는 걸 믿지 않지요.

> 그에게는 내가 작가라면 꼭 있어야 한다고 생각하는 권위가 없었다. 그는 너무 예민하고, 너무 다혈질이고, 너무 으스댔다. 나는 작가라면 아는 것도 많고, 차분하고, 우수에 젖은 사람이라고 믿었다. 그들은 뭔가 다를 거라고, 애초부터 보기 드문 압도적인 자질이, 단단하고 빛나는 무언가가 있을 거라고 믿었다. 하지만 휴고는 그런 게 없었다.[17]

하지만 뒤늦게 휴고에게 그런 자질이 있다는 사실이 드러납니다. 휴고와 이혼한 뒤 아내는 우연히 그가 쓴 소설을 접하게 되는데, 그 자신은 실제 교류한 적도 없으면서 예전에 아내가 아래층에 사는 이웃 도티에 대해 떠들던 얘기를 그대로 가져다가 써서 만든 소설이지요. 아내는 이야기가 아주 훌륭하다고 말합니다.

> 나는 속임수에 감동하지 않는다. 감동을 받는다면, 그건 훌륭한 속임수, 멋진 속임수, 정직한 속임수라는 뜻이다. 도티는 삶에서 빠져나와 빛 속에 갇혔다. 휴고가 평생에 걸쳐 만드는 법을 연마해온 기막힌 투명한 젤리 속에 가만히 떠 있었다. 이건 마법과 같은 일이라 피할 길이 없다. (…) [도티는] 예술의 일부가 되었다. 그건 아무에게나 일어나는 일이 아니다.[18]

아내는 휴고에게 감사 편지를 쓰기 위해 자리에 앉습니다. 하지만 결국 글을 쓰다 분노를 터뜨리지요. "이걸로는 충분치 않아, 휴고. 당신은 충분하다고 생각하겠지만, 아니야. 그건 오해야."[19]

뭐가 충분치 않다는 걸까요? 바로 훌륭한 속임수가, 마법이, 예술이 그렇다는 겁니다. (아내의 마음속에서) 그것만으로는 휴고의 추잡한 도덕적 어리석음에 대한 보상이 되지 못하는 거지요.

어떻게 해야 "충분"해지는지, 그리고 어떤 측면에서 "충분"한 건지 물어보기 시작하면 엄청나게 많은 질문더미가 상자 밖으로 우르르 쏟아져 나옵니다. 예술가가 모시는 신은 아름다운 형식을 중시하는 고전주의자 아폴론이어야 할까요? 그게 아니면 말썽꾸러기이자 사기꾼이자 도둑인 헤르메스여야 할까요? 밀턴의 《실낙

원》에 나오는 성령을, 아니면 셰익스피어의 〈헨리 5세〉의 서문에 등장하는 불의 뮤즈를, 아니면 마술사 해리 후디니를 영감의 원천으로 삼아야 할까요?

  재능이 있으면 뭐가 달라질까요? 다른 사람들에겐 당연히 요구되는 의무와 책임에서 벗어날 수 있을까요? 아니면 훨씬 더 많은, 하지만 종류가 다른 의무와 책임감을 갖게 될까요? 관찰자처럼 멀찍이 떨어져서 예술 그 자체만을 추구하고, 심원한 즐거움, 그러니까 삶과 인간 조건에 대한 이해를 넓히는 경험을 즐겨도 괜찮을까요? 그런데 이런 것을 즐기기만 하고 사람들과 그들의 욕구에는 귀 기울이지 않으면, 가고일처럼 자신의 죄를 뒤집어쓰게 되지는 않을까요? 그게 아니면 고골리, 찰스 디킨스, 빅토르 위고, 《제르미날》의 에밀 졸라, 《파리와 런던의 밑바닥 생활》의 조지 오웰처럼, 이 땅의 억압받는 사람들을 옹호하는 대변자로 한 몸 바쳐야 할까요? 에밀 졸라를 본받아 제2의 《나는 고발한다》를 써야 할까요, 아니면 이런 고발문은 전부 저속하다고 보는 게 옳을까요? 가치 있는 명분을 지지해야 할까요, 아니면 전염병처럼 피해야 할까요? 작가는 평범한 납세자와 비교해 쓸모없는 기생충 쪽에 속할까요, 아니면 가장 중요하고 핵심적인 존재에 해당할까요? 지난날의 공산당 정권들에서처럼 작가는 자신이 당의 노선을 제대로 이해한 것인지 허구한 날 걱정하는 음울한 "지식노동자" 꼬리표를 달아야 할까요? 여기서 정책 노선이 무엇인지는 중요하지 않습니다. 어차피 1930년대 좌파가 주창하던 정치적 올바름 문제는 그전에 등장했던 우파의 종교적 올바름 문제와 매우 비슷하고, 또 오늘날 신자유주의 사상의 난제와도 그리 멀지 않으니까요. 모든 정책 노선은 렌즈를 통해 현실을 보고, 렌즈는 사물을 왜곡하지요.

이를테면 페미니즘을 볼까요? 여러분이 여성이고 작가라고 칩시다. 그 두 가지 사실이 합쳐지면 자동적으로 페미니스트가 되는 걸까요? 그리고 그게 정확히 의미하는 게 뭘까요? 실생활에서 가까스로 괜찮은 남자 한둘을 찾아냈더라도 책에는 집어넣으면 안 된다는 뜻일까요? 그리고 본인이 페미니스트 여성이라고 용기 있게 인정하면 옷차림에는 어떤 영향을 받을까요? 하찮은 지적인 것은 알지만 이게 정말로 하찮은 문제라면 왜 그토록 많은 열성 논객들이 이 사안을 이데올로기적으로 심각하게 다루었을까요? 그리고 이념적으로 엄격히 따져서 페미니스트가 아니더라도, 그저 수상쩍은 인간의 전형인 '글 쓰는 여자'라는 이유만으로 까칠한 평론가들의 타깃이 될까요? 그러니까 행복하지 않은 여성 캐릭터와 훌륭하지 않은 남성 캐릭터를 책에 등장시켰다는 이유로 말이지요. 글쎄, 아마도 그럴 겁니다. 전에도 그런 일들이 있었으니까요.

요약하자면 이렇습니다. 작가가 사회에 대한 책임을 조금이라도 인정하고 그것을 책에 담는다고 할 때, 그 다루고자 하는 사안에 대해 주인처럼 장악하게 될까요, 아니면 노예처럼 휘둘리게 될까요?

보통 '좋다'는 표현은 '훌륭하다'와 '잘한다'와 '유익하다'로 구분할 수 있지요. 이 중 예술과 예술가는 어떤 식으로 '좋아'야 할까요? 내가 기억하는 것보다 훨씬 많은 공개 토론회에서 이 주제를 다루었습니다. 보통 이런 토론회는 "작가와 사회"라는 제목을 달고서, 작가는 다른 모든 사람들과의 관계 속에서 기능하고(아니 해야 하고), 작품은 단순히 장식이나 오락(일부 사람들은 이것이 '죄악'까지는 아니어도 '가볍다'고 여기지요)을 넘어 유익해야 하며, 얼마나 유익한지를 예술이 아닌 다른 척도로 측정할 수 있어야 한다고 생각하지요. 어딜 가나 '작가가 잘하는 것'이 아니라 '작가가 해야 할 유익한 일'이 뭔지 생각해내는 사람이 있습니다.

나는 그런 토론에 참여해달라는 요청을 받을 때마다 도망가고 싶은 마음이 절실해집니다(항상 성공하는 건 아니에요). 1960년대 갓 시인으로 등단한 스무 살 무렵, 나보다 나이가 많은 한 남자시인이 내게 해준 이야기 때문임이 틀림없습니다. 그가 말하길, 몸소 트럭 운전사가 되어 현실 세계의 사람들이 실제로 하루 종일 무얼 하는지 직접 깨닫지 않는 이상 시인으로서 어떤 위치에도 오를 수 없다지 뭡니까. 나는 예술과 삶 사이에, 고기를 넣으면 소시지가 나오듯 인과관계가 확실한 상관관계가 있다고 생각하지 않습니다. 또는 그 무엇이라도 예술의 질과 연관이 있다고 생각하지 않아요. 다시 말해, 트럭 운전석으로 날것의 재료를 넣으면 나중에 반대편 문으로 최고의 예술가가 튀어나올 거라고 믿지 않아요. 하지만 여성 트럭 운전사로 일할 기회가 주어졌다면(당시 그곳에선 불가능했지요) 정말로 했을지도 모릅니다. 그러면 전기 작가들이 떠들기 좋아하는 경험도 하나 건지고 생각도 달라졌을지 누가 알겠어요.

"작가가 되려면 고생을 해야 하나요?" 작가 지망생들은 습관처럼 이렇게 묻습니다. 그러면 나는 "고생은 걱정하지 마세요"라고 답합니다. "좋든 싫든 고생은 절로 하게 될 테니까요." 그리고 수차례 이렇게 덧붙이지요. 고생은 글쓰기의 결과이지 원인이 아니라고. 왜 그럴까요? 고생도 않고 벼락출세를 해서 잘나가게 되면 배 아파하는 사람들이 수없이 늘어나거든요. 책을 출간하는 것은 때로 자신이 마음속으로 저지른 것과는 전혀 다른 범죄로 재판에 회부되는 것과 같습니다. 《마오 II》[20]의 한 등장인물은 다음과 같이 말합니다. "소설가야말로 모든 무명과 무시의 바다에 깔린 분노, 은밀한 삶을 이해하는 존재들이지. 당신들은 반은 살인자야. 대부분 말이야." 많은 비평가들을 비롯해 오늘날 젊은이들의 읽을거리를 깨끗이 청소하는 데 여념이 없는, 분노에 사로잡힌 수많은 자경단들이 이 생각에 동의하지요. 그들은 어딘가에 시체가 묻힌 걸 알고 온 힘을 다해 파낸 뒤 작가를 뒤쫓습니다. 문제는, 그게 대개는 엉뚱한 시체라는 거지요.

이런 점에서 글쓰기는 다른 예술, 또는 오늘날의 매체와 (정말 다르다면) 어떻게 다를까요? "모든 종류의 예술가는 총살 집행장에 일렬로 줄을 서 있다"는 악담을 피해갈 수 없다는 점에서는 전부 같습니다. 하지만 작가는 특히, 그들을 고발하고 길거리에서 암살하고 헬기에서 떨어뜨릴 힘을 지닌 자들에게 보복당하기 쉽지요. 말이 많기도 하거니와 좋든 싫든 언어에는 도덕적 차원이 내재돼 있거든요. 즉, 어떤 식물을 잡초라고 부른다면, 그건 조금 전에 잡초라고 분류한 그 식물에 대해 부정적인 판단을 내렸다는 뜻이니까요.

대학 시절, 우리 모두는 아치볼드 매클리시의 〈시학〉이라는 시를 필히 익혀야 했습니다. "시는 만져지면서 말이 없어야 한다"로 시작해 "시는 의미하는 게 아니라 존재해야 한다"[21]로 끝나는 시였어요. 물론 이 시는 스스로 내세운 잣대와 모순됩니다. 스스로가 시이면서, 말도 없지 않고, 의미도 가지고 있기 때문이에요. 사실 이 시는 교훈적인 전통을 분명히 따르고 있습니다. 오랫동안 비평가들은 즐거움과 가르침이 예술의 목표가 되어야 한다고 주장했는데, 그런 면에서 이 시는 울타리 저편, 가르침 쪽에 세차게 떨어졌다고 볼 수 있어요. 누군가는 심지어 권위적이라고 생각할 수도 있을 거예요. 아닌 게 아니라, 거트루드 스타인의 유명한 시구, "풀밭 위의 비둘기들아, 아아"[22]와 비교하면 훨씬 권위적이지 않나요? 또한 매클리시의 시는 몸소 이상적인 시(짐작컨대 서정시)의 특징이라고 주장하던 '사과다움의 정수'("시는 구형의 사과처럼 무언이어야 한다"는 구절을 의미한다—옮긴이)에 대해 세잔처럼 조용히 묵상하지도 않습니다. 《일리아스》나 《신곡》에 이런 무언의 과일 같은 속성만 있으리라고 기대할 수 없는 것처럼 말이지요.

나는 최근에 집을 방문한 한 손님(소설가[23])에게 이렇게 물었습니다. 도덕적 함의가 전혀 없는 글을 쓰는 게 가능할까요? "아뇨." 그녀가 답했습니다. "도덕적 함의가 담기는 건 어쩔 수 없어요. 이야기는 어떤 식으로든 나와야 하고, 그 결과물의 옳고 그름에 대해선 독자가 판단할 거예요. 작가 마음에 들든, 들지 않든 말이에요." 그녀는 이런 요소를 없애려고 노력했던 여러 작가들의 이름을 떠올렸어요. 인물과 플롯이라는 한물간 개념을 폐기처분하겠다고 선언한 《라프카디오》의 앙드레 지드와 로브그리예. 1950년대 후반에 읽었던 로브그리예를 나는 똑똑히 기억합니다. 그건 마치 음식을 담기 전에 텅 비어 있는 쟁반 받침을 읽는 것과 비슷했지요. 그렇대도 로브그리예의 산문이 도덕적으로 중립에 가까운 것도 사실입니다. 하지만 다른 많은 방식, 그러니까 글을 흥미롭게 만드는 방식에서도 중립적이었어요. "그의 에세이는 절규예요." 친구가 말했습니다. "맞아요, 그런데 아직도 그 작가 소설 읽어요?" 내가 물었지요. "아뇨. 아무 일도 안 일어나고 농담도 하나 없는데 뭣하러요."

등장인물이나 결과에 대한 가치 판단은 작가가 하는 게 아닙니다. 적어도 공개적으로는 해선 안 되지요. 체호프는 자신이 만든 인물들을 절대 평가하지 않는다는, 유명하면서 그다지 솔직하지 못한 발언을 했는데, 이런 식의 선 긋기를 암묵적으로 지지하는 비평을 많이 접해보았을 겁니다. 하지만 독자들은 작품 속 인물을 해석하고, 고로 판단합니다. 우리 모두 매일같이 언어는 물론이고

'이것'은 '저것'을 의미한다는 식으로, 우리를 둘러싼 주변을 모두 해석하지요. 아니, 해석해야 합니다. '작은 초록 인간'은 길을 건너라는 뜻으로, '작은 빨간 인간'은 건너지 말라는 뜻으로 해석하는 것처럼 말이에요. 해석하지 않으면 우리는 죽습니다. 언어는 도덕적으로 중립적이지 않아요. 인간의 뇌가 욕망에 대해 중립적이지 않기 때문이지요. 개의 뇌도 마찬가집니다. 새의 뇌도 마찬가집니다. 까마귀도 올빼미를 싫어하잖아요. 우리는 어떤 것은 좋아하고, 어떤 것은 싫어하지요. 어떤 것은 동의하고, 어떤 것은 동의하지 않아요. 이것이 유기체로서의 본성입니다.

그러면 예술지상주의는 어디에 위치하는 걸까요? 자동문과 벽돌담 사이 어디쯤일까요? 그게 정답입니다. 신문과 정치적 반응과 시장의 힘이 공존하는 누구나 자유롭게 참여할 수 있는 이상적 세계이자, 예술과 사회 양쪽 모두 표 장사로 번 돈을 세면서 코끼리 똥으로 장식된 성모 마리아상 같은 것들을 놓고 충돌하는 곳에 있습니다.

"시인은 손놀림이 느린 마술사다."[24] 그웬돌린 매큐언이 한 말입니다. 이번엔 허구의 마술사 세 명을 소환해 이 주제를 다른 각도에서 접근하고자 합니다. 그 세 명은 라이먼 프랭크 바움의 동화《오즈의 마법사》의 오즈의 마법사, 셰익스피어의 희곡〈템페스트〉의 프로스퍼로, 그리고 클라우스 만의 소설《메피스토》의 권력에 미친 배우 헨드릭 회프겐입니다. 이 셋에게는 어떤 공통점이 있을까요? 모두 예술과 권력의 교차점에, 고로 도덕과 사회적 책임의 교차점에 존재한다는 사실이지요. 그리고 세 명 모두 마술사고요. 도덕관념 없는 추잡한 멍청이 휴고와 그의 멋진 마법의 젤리처럼 말이에요.

먼저 어린 시절 읽었던 《오즈의 마법사》부터 볼까요. 알다시피 이 책은 캔자스에 사는 도로시라는 소녀가 토네이도에 휩쓸려 착한 마녀와 나쁜 마녀가 사는 '오즈의 나라'로 가게 되는 이야기입니다. 도로시는 자신을 캔자스로 돌려보낼 수 있는 마법사가 있다는 소리를 듣고 모든 것이 초록색인 에메랄드 도시로 향합니다. 그리고 용기가 없는 겁쟁이 사자와 뇌가 없는 허수아비와 심장이 없는 양철인간과 함께 모험을 겪은 끝에 그곳에 도착하지요. 그들 모두 더 나은 삶과 높은 자존감을 얻기를 바라는데, 저마다 오즈의 마법사를 다른 모습으로 상상하며 그가 자신들의 문제를 해결해줄 거라 믿어요. 그들에게 위대하고 무시무시한 오즈의 마법사는 거대한 머리이기도 하고, 맹렬한 불길이기도 하고, 야수이기도 하고, 사랑스런 여자이기도 하지요.

하지만 도로시가 마법사를 알현하는 도중에 강아지 토토가 구석에 세워놓은 병풍을 실수로 넘어뜨리면서 마법사의 정체가 드러납니다. 알고 보니 웬 자그만 늙은 남자가 그동안 소품과 속임수와 복화술을 이용해 사기극을 벌였던 거지요. 색안경을 이용해서 에메랄드 도시가 초록빛으로 보이도록 만든 것도 그자이고요. 하지만 그는 이런 모든 속임수가 사람들을 위한 것이었다고 변명합니다. 자신이 무시무시한 진짜 마법사처럼 보여야 나쁜 마녀(진짜로 초자연적인 힘을 가지고 있지요)가 쳐들어오지 않을 거라면서요. 그리하여 한편으론 유토피아, 또 한편으론 자애로운 독재 국가가 만들어진 것인데, 둘 중 무엇으로 볼지는 선택하기 나름입니다. 뿐만 아니라 그는 도로시에게 캔자스로 돌려보내주겠다고 거짓 약속을 해서 남아 있는 나쁜 마녀들과 싸우게 만들기도 했지요. 실은 그녀를 돌려보낼 방법도 모르면서 말이에요.

도로시는 실망합니다. "당신은 정말 나쁜 사람이에요."

"오, 아니란다, 애야." 마법사가 말합니다. "나는 정말 좋은 사람이란다. 하지만 정말 나쁜 마법사지."[25]

'예술가'에게 좋은 사람이 되는 건 예술적 성과를 이루는 것과 별개의 문제입니다. 도덕적으로 완벽하다고 해서 예술가로서 낙제점인 것을 구제할 수는 없지요. 3옥타브 도에 닿지 못하는 것을 강아지에게 잘해주는 것으로 만회할 수는 없어요. 하지만 좋은 마법사(마법을 부리고 "기막히게 투명한 젤리"를 만들고 사람들이 진실이라 믿을 만한 환상을 만들어내는 데 탁월한 마법사)의 경우에는 좋은 사람인지 나쁜 사람인지가 '중요'합니다. 마법 솜씨가 뛰어나면, 사회적으로 다양한 권력을 얻을 것이고, 그러면 권력을 어디에 쓸지 정할 때 도덕적 성향이 영향을 미칠 것이기 때문이지요.

오즈의 마법사(자칭 마법사이자 권력자이자 조작꾼이자 환상가이자 사기꾼)의 계보는 한참 전으로 거슬러 올라갑니다. 그의 먼 조상은 무당이나 대제사장, 마술사, 아니면 이런 기능을 한데 섞어놓은 존재라 볼 수 있습니다. 민속 문학에도 여러 조상들이 존재하지요. 좀 더 최근 작품으로는 크리스토퍼 말로의 〈포스터스 박사의 비극〉부터 〈템페스트〉의 푸로스퍼로까지 추적할 수 있습니다. 푸로스퍼로는 벤 존슨의 〈연금술사〉를 낳았고, 〈연금술사〉는 새커리의 《허영의 시장》 도입부(작가가 인형극 세계를 꼭두각시처럼 조종합니다)에 영향을 미쳤지요. 또한 포악한 마술사와 예술가들도 수없이 탄생시켰는데, 너새니엘 호손의 〈반점〉과 〈라파치니의 딸〉에서 묘사되는 망상에 사로잡힌 과학자와 사악한 의사가 그 예입니다. 때론 에른스트 호프만의 나쁜 마법사들(오펜바흐의 오페라 〈호프만 이야기〉도 참고하세요)과 조르주 뒤 모리에의 《트릴비》에서 주인공을 착취하는 최면술사 스벵갈리처럼 고약한 인물들도 창조했습니다. 그런 다음 누가 누구에게 영향을 미쳤는지 알 수 없을 만큼 수많은 비슷한 작품들을 거쳐 좀 더 가다 보면 영화 〈빨간 구두〉의 오싹한 구두장이, 요제프 로트의 《1002번째 밤의 이야기》에서 사람들의 요구라며 환상의 괴물을 창조해내는 밀랍 박물관 주인도 볼 수 있습니다. 이어서 토마스 만의 《마리오와 마술사》의 최면술사, 로버트슨 데이비스의 뎃퍼드Deptford 3부작의 대마술사 '위대한 아이젠그림', 일명 폴 뎀스터, 그리고 잉마르 베리만의 영화 〈마술사〉의 곤란에 처한 주인공도 있지요. 그 밖에도 돈을 벌려고 무대에 오르는 쇼맨부터, 재미와 돈을 위해 타인의 인생을 조종하려드는 인물들, 그리고 자신의 마술이 진짜고, 자신이 진짜 놀라운 세계를 창조했으며 타인의 경탄을 불러낸다고 믿는 자들까지 다양합니다.

그러면 이제 나머지 모두의 할아버지 격인 셰익스피어의 푸로스퍼로를 살펴볼까요. 〈템페스트〉 이야기를 모르는 사람은 많지 않을 겁니다. 푸로스퍼로는 왕좌를 넘보는 동생에게 배신당한 뒤 책 몇 권(당연히 그중엔 마법의 책도 있지요)만 가지고 딸과 함께 버림받습니다. 그러다 열대 섬에 도착하고, 그곳에서 마녀의 자식인 원주민 캘리밴을 만나 그를 문명화하려 하지만 실패하자 마법을 써서 그를 통제하지요. 얼마 후 사악한 동생과 나폴리 왕, 그리고 왕실 사람들이 난파를 당해 섬에 도착합니다. 푸로스퍼로는 자신을 섬기는 요정 에어리얼을 불러들여 한때는 적이었으나 이제는 운명처럼 자신의 수중에 들어온 자들을 유혹하고, 혼란스럽게 만들고, 겁을 주라고 지시합니다. 그에 따르면 그의 목표는 복수가 아니에요. 그저 그들이 회개하기를 바라지요. 그는 말합니다. "그들이 회개하면, 이제껏 하나를 향해 달려온 나의 뜻은 더 이상 적의를 품지 않을 것이다." 그들이 뉘우친다면 자신은 밀라노의 대공 지위를 회복하고, 자신의 소중한 딸을 나폴리 왕의 귀한 아들과 혼인시키고, 왕이 암살당하는 것도 미연에 방지할 수 있기 때문이지요. 요컨대, 푸로스퍼로는 단지 오락이 아니라(오락으로 사용할 때도 있지만) 도덕적, 사회적 목적을 위해 자신의 재주arts, 즉 마법술,

환상술을 이용합니다.

  그렇지만 푸로스퍼로가 신을 연기했다고도 볼 수 있습니다. 그에게 동조하지 않는다면 캘리밴이 그랬던 것처럼 그를 "폭군"이라 부를 테지요. 시각을 조금만 달리하면 모두를 위한답시고 사람들을 고문하는 대심판관으로 볼 수도 있어요. 또한 캘리밴으로부터 섬을 빼앗았으니 도둑이라 할지도 모릅니다. 그의 동생이 그로부터 대공이라는 지위를 훔쳐간 것처럼 말이죠. 캘리밴이 부르는 것처럼 "마법사"라 부를 수도 있어요. 그래도 우리(관객)는 그의 행동을 선의로 해석하면서 푸로스퍼로를 자비로운 폭군으로 여깁니다. 대개는 그렇지요. 하지만 캘리밴은 그를 꿰뚫어봅니다.

  푸로스퍼로는 마법 없이는 통치할 수 없습니다. 마법이야말로 그에게 힘을 주는 원천이지요. 캘리밴의 지적처럼 마법의 책이 없으면 그는 아무것도 아닙니다. 따라서 처음부터 그의 이런 마술사적 모습에는 기만적 요소가 있어요. 요컨대 정체성이 애매모호한 거지요. 그런데 당연히 그럴 수밖에 없습니다. 어쨌거나 환상술을 부리는 예술가이기 때문이에요. 극이 끝나면 푸로스퍼로는 본인이자 그를 연기한 배우의 입장에서, 또한 그를 창조한 작가이자 막후에서 그의 행동을 제멋대로 통제해온 조종자의 입장에서 에필로그를 들려줍니다. 푸로스퍼로가, 그를 연기하는 배우가, 그의 대사를 쓴 셰익스피어가 관객들에게 자비를 구하며 이렇게 말합니다. "여러분도 죄를 용서받으려면 저를 너그러이 놓아주십시오." 예술과 죄악의 동일시는 이것으로 끝나지 않아요. 푸로스퍼로는 자신이 사악한 일을 저질렀으며 그게 조금이나마 죄의식을 불러일으켰다는 걸 알고 있지요.

세 번째 마술사는 클라우스 만의 1936년 소설 《메피스토》의 주인공 헨드릭 회프겐입니다. 회프겐은 예술가, 진짜 예술가입니다. 그는 아주 훌륭한 배우로, 그가 맡은 최고의 역할은 괴테가 쓴 《파우스트》의 메피스토펠레스예요. 하지만 소설의 배경인 히틀러 치하 독일에서 회프겐은 진짜 메피스토가 됩니다. 유혹에 취약한 내면의 파우스트를 끄집어내서 세속적 권력을 향한 위험천만한 길에 들어서는 거지요. 그는 권력을 위해 나치에 협조하는데, 나치의 신념을 믿어서가 아니라 그래야 원하는 걸 얻을 수 있기 때문입니다. 그 과정에서 가장 친한 친구 오토를 비롯해 좌파 친구들을 배신하고, 흑인이라는 이유로 연인마저 차버립니다. "극장은 나를 필요로 해." 그는 말합니다. "그리고 정권은 극장을 필요로 하고." 이 얼마나 맞는 말인가요. 전체주의는 언제나 연극적 요소를 가지고 있으니까요. 게다가 웅장한 파사드 뒤로 불결함과 막후의 조종을 가리고 있는 극장처럼 환상에 크게 의존하는 것도 닮았고요.

결국 한 젊은이가 전갈을 가지고 회프겐을 찾습니다. 방금 막 나치에 의해 고문을 받다 숨진 오토가 전갈을 보낸 것이지요. 전갈엔 대강 "우리는 이겨낼 것이며, 그날이 오면 누구를 교수형에 처해야 할지 알게 될 것이다"라고 적혀 있습니다. 회프겐은 전갈을 읽고 불안해합니다. "다들 내게 뭘 원하는 거야?" 그는 이렇게 칭얼거립니다. "왜 나를 뒤쫓는 거야? 왜 내게 이렇게 못되게 구는 거지? 난 그저 가여운 배우에 불과하다고!"[26]

상황이 악화되자 메피스토는 의상을 버리고 환상 뒤에 숨어 있던 겁에 질린 인간으로 돌아갑니다. 하지만 그렇다고 높은 자리와 전리품을 얻기 위해 예술을 가면 겸 도구 삼아 일삼던 짓들에 대해 면죄부를 얻을 수 있을까요?

이런 모든 마술사, 마법사, 환상가와 같은 인물들은 온갖 권력을 얻기 위한 사기, 속임수, 조작 문제와 가까이 있습니다. 예술을 넘어서 권력의 영역을 추구할 때, 예술가의 기반은 흔들립니다. 하지만 그렇다고 사회와 전혀 관계를 맺지 않으면 아예 혼자만 동떨어진 존재가 될 위험이 있지요. 멍하니 낙서나 끼적이는 사람, 심심풀이로 조각이나 하는 사람, 조그만 장식용 바이올린이나 연주하는 사람, 쓸모없는 논쟁이나 하면서 허송세월하는 은둔자가 될 수도 있습니다.

그렇다면 어떻게 해야 할까요? 어디로 방향을 틀어야 할까요? 어떻게 밀고 나가야 할까요? 예술적 진실과 사회적 책임을 모두 중시하는 작가에게 주체성이 있을까요? 있다면 어떤 종류의 주체성일까요? 우리가 사는 이 시대에 물으면 이렇게 답할지도 모릅니다. '증인'이 되라고. 가능하다면, 현장을 직접 본 '목격자'가 되라고.

과거엔 이런 역할이 많았어요. '내가 거기 있었다' '직접 봤다' '실제로 겪었다'. 이런 말들은 상상력을 자극하며 독자들을 유혹합니다. 헤로도토스(고대 그리스의 역사가—옮긴이) 이후부터 작가들은 이 사실을 알았어요. "좋은 산문은 창문과 같다."[27] 조지 오웰의 이 말에는 투명한 창문을 통해 보이는 것이야말로 진실, 온전한 진실, 오직 진실이라는 뜻이 담겨 있습니다.

"나만 홀로 피하였으므로 주인께 아뢰러 왔나이다"라고 〈욥기〉에서는 네 사람이 이렇게 말하며 비보를 전합니다.[28] "무슨 일이 일어났는지 세상에 알리기 위해선 누군가 살아남아야 하죠." 집단수용소를 배경으로 한 영화 〈죽음의 연주〉에서 한 노인이 바네사 레드그레이브가 연기한 굶주린 바이올리니스트에게 자신의 소시지를 조금 떼어주면서 하는 말입니다. 포로 이야기, 조난당한 이야기, 전쟁 이야기, 내전 이야기, 노예 이야기, 재난 이야기, 부당한 대접을 받아온 무법자와 해적의 회고록, 근친상간에서 살아남은 생존자의 이야기, 소련의 강제노동 수용소 이야기, 전쟁의 참상 이야기. 이런 이야기들이 실화를 바탕으로 했다고 생각하면 얼마나 설득력 있게 다가오겠어요. 특히 작가에게 일어난 실제 사건이라면요!

이런 내러티브의 힘은 특히 예술적 힘과 결합했을 때 폭발적 위력을 발휘합니다. 이런 이야기를 글로 쓰겠다는 용기도, 국경 저편에서 밀반입해 출간하는 용기도, 서로 우열을 가릴 수 없이 대단하지요. 이런 이야기들은 실제나 허구 중 하나가 아닌, 두 영역에 동시에 존재하므로 강화된 사실이라 부르는 건 어떨까요? 이런 형식을 가진 최고의 사례로는, 폴란드 작가 리샤르드 카푸스친스키가 에티오피아 황제의 몰락에 대해 쓴 책《황제》와 쿠르초 말라파르테가 제2차 세계대전 때 나치 전선 뒤에서 몰래 짬짬이 집필한 놀라운 책《망가진 세계》(그중 몇 쪽이라도 소지하고 있다가 발각됐다면 분명 총살됐을 겁니다)가 있습니다.

실화라는 날것의 극단성이 언어적 예술과 섞이면 강력하고 때론 엄청난 화학반응을 일으킵니다. 최소한 대니얼 디포부터 시작해 그토록 많은 사람들이 이런 이야기를 꾸며낸 게 바로 그래서이지요. 일부는 심지어 거짓 인물을 지어내기도 했어요. 가짜 북미 인디언, 가짜 호주 원주민, 가짜 홀로코스트 생존자, 가짜 학대 피해 여성, 심지어 가짜 우크라이나인까지, 세월이 흐르면서 숫자는 점점 늘어났습니다. 이것도 밝혀진 것들에 불과해요. 작가가 목격담에 대해 조작이 아니라 허구라고 인정할 때조차 타인의 목소리를 전용했다고 비난받을 수 있습니다. 사회적으로 의식 있는 작가일수록 자신의 이익을 위해 소외된 사람들의 절망과 불행을 이용했다는 혐의를 받기 쉽지요. 그렇게 따지면《올리버 트위스트》도 새로운 관점에서 봐야 할까요? 찰스 디킨스는 사회 개혁가이자 미덕과 정의의 옹호자일까요, 아니면 앨리스 먼로의 휴고처럼 도덕관념 없는 멍청이일까요? 때로 그 경계는 종이 한 장 차이입니다. 그리고 보는 사람에 따라 달라지기도 하지요.

그렇다면 목격자도 일종의 관음증이 아닐까요? 레온 에델은 헨리 제임스의 1901년 작 《성스러운 샘》을 소개하며 제임스의 소설이 "열쇠 구멍을 통해 훔쳐보는 남자를 열쇠 구멍을 통해 훔쳐보게"[29] 만들었다고 평가했습니다. 이 작품의 주인공은 하필 소설가입니다. 하지만 재밌는 건, 그가 항상 사람들을 염탐하면서도 결국 진짜로 무엇을 보았는지 확신하지 못한다는 사실이지요. 앙리 바르뷔스의 소설 《지옥》에서는 화자가 호텔 방에 난 작은 구멍을 통해 옆방에서 벌어지는 행위들을 낱낱이 지켜봅니다. 이 이야기는 18세기 소설에서 사건의 구경꾼으로 자주 등장하던 화자와 관객은 물론, 20세기에 익숙해진 다양한 '관점' 및 '시점'과는 거리가 멀지만 공통점도 있습니다. 바로 관찰하는 사람, 즉 작가와 관찰당하는 사람들이 있다는 점이에요. 따라서 《위대한 개츠비》에서 거리를 내려다보는 거대한 안경(안과 의사가 걸어둔 채 잊어버린 광고판입니다. 하지만 책에서는 도덕은 나 몰라라 하는 무력한 신의 눈처럼 기능하지요)은 머리 없이 눈만 달고 모든 것을 지켜보면서도 아무것도 하지 않습니다. 내가 처음 읽은 현대시 시선의 제목도 하필 《얼굴 없는 눈》이지요.[30]

《나는 카메라다》. 그 유명한 크리스토퍼 이셔우드의 책 제목입니다. 사실 어떤 인간도 카메라가 아닙니다. 그러면 이 독특한 자기 정의는 어디에서 비롯된 걸까요? 보통은 사립탐정private eye과 그 근원이 같다고 봅니다. 19세기 말, 유미주의와 과학이 독특한 조합을 이루며 셜록 홈스(약쟁이에 바이올린 연주를 즐기는 예리한 눈의 염탐꾼)와 오스카 와일드의 헨리 워턴 경(타인의 감정을 화학자처럼 실험하길 좋아하나 자신은 멀찍이 떨어져 관찰만 하는 최고의 탐미주의자)을 낳은 곳 말이에요.

예이츠는 미래 세대의 시인들에게 삶과 죽음을 차가운 눈으로 바라보라고 말했습니다. 이게 무슨 의미일까요? 왜 차가운 눈이어야 하는 걸까요? 이 질문은 몇 년 동안 나를 괴롭혔습니다. 어쩌면 예이츠는 젊은 시절 몸 바쳤던 정치 활동에서 등을 돌리고, 마침내, 단호히, 기교의 편에, 기술로서의 예술의 편에 자신의 운명을 던지려던 중이었는지도 모릅니다. 아니면 브라이언 무어의 1962년 작 《림보에서 온 대답》의 아래 대목이 주는 메시지를 말하려던 건지도 모르지요. 작가인 주인공이 어머니의 무덤 옆에 서 있습니다.

> 일꾼들이 구덩이 위에서 삽을 일사분란하게 움직이며 땅을 파고 채우고 파고 채운다. 흙 위에 흙이 떨어진다. (…) 신부가 기도서를 덮었다. 이 장면을 기억해.
> 잠시 후 복수심에 불타는 술 취한 브렌던이 도르트문트의 파티에서처럼 성난 말들을 되풀이했다. (…) 마치 그가 내 곁에 다가온 것 같았다. 아내의 침대맡에 서서 그녀의 일그러진 표정을 지켜보는 건, 그녀가 느끼는 죽음의 고통을 더 잘 기록하기 위해서야. 어쩔 수 없어. 그는 작가니까. 느끼지 못하고, 그저 기록할 뿐이야.

"나의 변화는 자기 인식의 범위를 넘어섰다"라고 작가는 생각합니다. "나는 나를 제물로 바치고 잃어버렸다."[31]

이리하여 차가운 눈과 차가운 가슴을 가진 예술가로, 예술을 위해 자신을 희생하고 감정까지 상실해버린 자에게로 다시 돌아왔네요. 하지만 이번에는 악마와 거래한 정황이 분명히 보입니다. 심장은 물론, 영혼마저 잃어버렸으니까요.

하지만 예술가의 눈이 차가운 데는 다른 이유도 있습니다. 에이드리언 리치의 시 〈감옥에서〉의 마지막 부분을 볼까요.

이 눈은
울기 위한 것이 아니다
그 시선은
얼굴 위로 눈물이 흘러내려도
절대 흐려져선 안 된다

그것의 목적은 명징함이다
어떤 것도
잊어선 안 된다[32]

이 눈은 이집트와 메소포타미아 지하세계에 있는 필경사의 눈, 또는 기독교식 천국에서 기록을 담당하는 천사의 눈입니다. 그 눈은 명징하기에 차갑지요. 그리고 봐야 하기에 명징합니다. 그는 모든 것을 봐야 하고 그녀는 그것을 기록해야 합니다.

작가는 보편적 인류와의 관계에서 어떤 태도를 취해야 할까요? 정말로 권력이 주어진다면, 권력의 사다리 어디쯤에 자리 잡아야 할까요? 선택은 어떻게 해야 할까요? 말했다시피 나도 모릅니다. 하지만 몇몇 가능성과 언제 튀어나올지 모르는 잠재적 위험들, 그리고 난제들은 짚어보았습니다. 그래도 젊은 작가에게 꼭 조언을 하라면, 앨리스 먼로의 말처럼 "원하는 대로 하고 결과는 스스로 감수하라"고 말하겠어요. 아니면 "이야기가 이끄는 대로 따라가라"고, 혹은 "공들여 쓰다 보면 사회라는 문제는 절로 해결된다"고 말입니다.

그런데 그게 사실이에요. 비밀을 말하자면(아무 토론회에나 가서 써먹어도 상관없습니다), 작품이 사회적 의미를 지니는지 아닌지를 정하는 것은 작가가 아니기 때문이지요. 그걸 정하는 건 작가가 아니라 독자예요. 그리고 바로 그 독자가 다음 장에서 다룰 주제입니다.

제5장

성찬식
무명인에서 무명인으로

영원한 삼각관계:
작가, 독자, 그리고 매개체로서의 책

그러니 만약 독자들께서 이 작품이 현 시대, 아니 어쩌면 헬리오가발루스 시대에 만들어진 최고의 요리 원칙을 엄격히 고수했다는 걸 알게 되시면 얼마나 기뻐하실까. (…) 그 말인즉, 앞서 언급한 위대한 요리사가 나리들의 식욕을 돋우어주었던 것처럼 독자들께서도 이 책을 영원히 읽고 싶다는 욕망을 가지게 될 것임을 의심치 않는다.

- 헨리 필딩, 《톰 존스》[1]

이야기를 듣는 사람은 이야기를 하는 사람 곁에 있다. 심지어 이야기를 읽는 사람도 이런 동료애를 나눈다. 하지만 소설을 읽는 독자는 다른 어떤 독자보다도 고립되어 있다. (…) 이런 고독 속에서 소설의 독자는 누구보다 악착같이 책을 붙든다. 그것을 자신의 것으로 만들 준비가, 이를테면 걸신들린 듯 집어삼킬 준비가 되어 있는 것이다.

- 발터 벤야민, 〈이야기꾼〉[2]

데틀레프 폰 릴리엔크론의 운율에는 빈정거림이 뚝뚝 떨어졌다. 그는 말했다. 시인은 명성을 얻지 못하기가 힘들다. 살아생전 대중의 환심을 사지 못하면, 후대가 굶어 죽어간 그의 영웅적 행적을 칭송할 테니. 한 마디로, 판다는 것은 영혼까지 전부 팔아치운다는 것을 뜻했다.

- 피터 게이, 《쾌락 전쟁》[3]

우리는 우리 시대의 위대한 진술이다. 그렇기에 적은 관객을 기대할 수 있다.

- 그웬돌린 매큐언, 〈선택〉[4]

그는 형편없는 대형 신문사의 눈에 띄면서 칭송받고, 성유 부음을 받고, 왕관을 쓰게 됐다. 마치 뚱뚱한 안내원이 지팡이로 꼭대기 의자를 가리키기라도 한 것처럼 공개적으로 왕좌에 배정받았다. (…) 어쩌다 보니 순식간에 모든 것이 달라졌다. 엄청난 파도가 무언가를 휩쓸어버렸다. 그 파도가 내 작은 관습의 제단과 그 위에 놓인 반짝이는 양초와 꽃을 쓰러뜨리고 텅 빈 거대한 사원을 세워 올려버렸다. 닐 패러데이가 세상으로 나온다면 그건 그가 살아 있는 동안일 터였다. 그리고 실제 그런 일이 일어났다. 그 불쌍한 남자는 끔찍한 시대 속으로 쑤셔 넣어질 운명이었다.

- 헨리 제임스, 〈유명인의 죽음〉[5]

나는 봉투를 찢는다, 나 지금 방콕이야
(…) 너는 네모난 봉투에서 이 푸른 사절들을 쏟아낸다.
널 세상에 잃었다는 느낌이 들 때,
계속 따라가기 힘들 때,
너의 엽서가 이렇게 말한다
"날 기다려줘."

- 앤 마이클스, 〈마사에게 온 편지〉[6]

전달자에 대한 이야기부터 시작해볼까요. 전달자는 언제나 삼각관계 속에서 존재합니다. 메시지를 보내는 사람, 메시지를 나르는 사람(사람이든 아니든), 메시지를 받는 사람. 그러니 삼각형을 그려보세요. 완벽한 삼각형일 필요는 없습니다. V자를 뒤집어놓은 모양이면 족해요. 작가와 독자는 양 꼭짓점에 있습니다. 하지만 두 점을 연결하는 줄은 없어요. 그 중간에 세 번째 꼭짓점(위든 아래든)이 위치하는데, 글자, 텍스트, 책, 시, 편지 등 뭐든 될 수 있어요. 이 세 번째 점은 유일하게 다른 두 점과 동시에 연결돼 있지요. 오래전 나는 글쓰기 수업을 듣던 학생들에게 이렇게 말하곤 했습니다. "지면을 존중하세요. 그게 여러분이 가진 전부니까요."

작가는 지면과 소통합니다. 독자 역시 지면과 소통합니다. 작가와 독자는 오직 지면을 통해서만 소통하지요. 이것이 글쓰기의 삼단논법입니다. TV 토크쇼, 신문 인터뷰 등에 등장하는 작가의 복제품에는 신경 쓰지 마세요. 그들은 독자와 독자가 읽는 지면 사이에서 일어나는 일들과는 아무 상관이 없어요. 지면이란 존 르카레의 소설에서 스파이들이 죽기 전 물에 젖은 신발에 작은 꾸러미를 넣어 메시지를 남기는 것처럼,[7] 보이지 않는 손이 독자더러 해독하라고 흔적을 남겨놓은 곳입니다. 약간은 터무니없지만 묘하게도 딱 맞아떨어지는 비유지요. 뭐니 뭐니 해도 독자도 일종의 스파이니까요. 스파이, 무단침입자, 남의 편지와 일기를 상습적으로 읽는 사람이요. 노스럽 프라이가 말한 것처럼, 독자는 듣지 않고 엿듣지요.[8]

지금까지는 주로 작가들에 대해 이야기했습니다. 이제는 독자에 대해 논할 차례입니다. 내가 제기하고 싶은 질문은 이거예요. 첫째, 작가는 누구를 위해 글을 쓰는가? 둘째, 작가와 독자 사이에서 책의 기능, 그러니까 의무는 무엇인가? 작가가 생각하는 책의 역할은 무엇인가? 마지막 세 번째 질문은 앞의 두 질문에서 파생한 것으로, 독자가 책을 읽고 있을 때 작가는 어디에 있나?

정말 타인의 편지와 일기 훔쳐보기를 밥 먹듯이 하는 사람이라면 곧장 답을 맞출 겁니다. 답은 "글을 읽을 때 작가는 같은 방에 없다"이지요. 같은 장소에 있었으면 서로 말을 나눴거나, 훔쳐보는 현장을 딱 걸렸을 테니까요.

작가는 누구를 위해 글을 쓸까요? 일기나 다이어리라면 고민 없이 선뜻 대답할 수 있습니다. 이런 특수한 경우에는 "누구를 위해서도 아니다"라고 답하면 됩니다. 하지만 이건 방향 자체가 잘

못됐습니다. 작가가 책을 쓴 뒤 독자가 읽을 수 있게 출간하지 않으면 애당초 이야기를 들을 수도 없을 테니까요. 이를테면 얄마르 쇠데르베리가 1905년에 집필한 스웨덴 소설 《닥터 글라스》에서 동명의 주인공이 일기를 쓰는 장면을 볼까요.

> 나는 열린 창가에 앉아 글을 쓰고 있다. 누구를 위해서? 친구나 애인을 위해서는 아니다. 나를 위해서는 더더욱 아니다. 나는 어제 쓴 글을 오늘 읽지 않는다. 지금 이 글도 내일 읽지 않을 것이다. 나는 그저 손이 움직이기에, 생각들이 저절로 움직이기에 쓴다. 잠 못 이루는 시간을 때우기 위해서 쓴다.[9]

그럴싸하지요. '그럼직한' 이야기입니다. 독자들은 이런 말을 쉽게 믿습니다. 하지만 사실(진짜 사실, 환상 뒤에 가려진 진실)대로 말하자면, 저 글은 닥터 글라스가 쓴 것도, 수취인을 지정하고 쓴 것도 아닙니다. 얄마르 쇠데르베리가 우리에게 보내려고 쓴 것이지요.

대상이 없는데 글을 쓰는 소설가는 드뭅니다. 보통은 가상의 일기를 쓰는 소설가들조차 독자를 상정하지요. 젊은 시절, 정확히는 1949년에 출간되고 얼마 안 돼 개인적으로 접한 조지 오웰의 《1984》를 예로 들어볼까요. 알다시피 《1984》는 빅 브라더의 통치를 받는 미래의 암울한 전체주의 세상에서 벌어지는 이야기입니다. 주인공 윈스턴 스미스는 고물 가게 진열장에서 금지된 물건을, 바로 "부드러운 크림색 종이"에다 "뒷면은 붉은, 두툼한 4절

공책"을 발견합니다.[10] 그는 위험에 처할 수 있다는 걸 알면서도 그 공책을 손에 넣고 싶은 욕망을 주체하지 못하지요. 어느 작가가 그런 욕망에 넘어가지 않겠어요? 그리고 누가 그 위험을, 엄밀히 말하면 자신을 드러내는 데 따르는 위험을 모르겠어요? 누구나 빈 공책, 특히 크림색 종이로 된 공책이 생기면 자신도 모르게 글을 끄적이게 됩니다. 윈스턴 스미스 역시 진짜 펜과 진짜 잉크로 그렇게 하지요. 그토록 훌륭한 종이라면 그래야 마땅하니까요. 하지만 이런 의문이 생깁니다.

> 윈스턴은 갑자기 누구를 위해 이 일기를 쓰고 있는지 의문이 들었다. 미래를 위해? 후세를 위해? (…) 자신이 얼마나 엄청난 일을 저질렀는지 처음으로 실감이 났다. 어떻게 미래와 소통할 수 있단 말인가? 그건 본질적으로 불가능했다. 미래가 현재와 비슷하다면 그의 말에 귀 기울이지 않을 테고, 현재와 다르다면 그가 처한 곤경은 아무 의미가 없을 터였다.[11]

작가들의 공통적인 딜레마는 지금이든 나중이든 누군가가 자신의 글을 읽을까 하는 것입니다. 여러분은 누가 읽어주기를 바라세요? 윈스턴 스미스의 첫 독자는 자신입니다. 그렇기에 일기에 금지된 생각을 끄적여도 안심할 수 있지요. 십대 시절, 윈스턴 스미스의 빈 공책 이야기는 내 마음을 강렬하게 사로잡았습니다. 그래서 나도 똑같이 해보려 했지만 성공하지 못했지요. 패인은 독자를 상상하는 데 실패했기 때문이었습니다. 다른 누군가가 내 일기를 읽는 게 싫었거든요. 그걸 읽는 사람은 오직 나뿐이어야 했지요. 그런데 왜 굳이 일기를 쓰겠어요? 어떤 닭살 돋는 내용을 적을지 이미 아는데 말이에요. 내겐 시간 낭비처럼 보였어요. 하지만 많은 사람들이 그렇게 생각하지 않았습니다. 일부는 유명해졌지만 대부분은 조용히 묻힌 수많은 일기와 다이어리들이 수 세기 동안, 아니 적어도 펜과 종이가 등장한 후부터 충실히 기록돼왔지요. 새뮤얼 피프스는 누구를 위해 글을 썼을까요? 생시몽은요? 안네 프랑크는요? 실제 삶을 기록해놓은 글에는 마법과 같은 무언가가 깃들어 있습니다. 그런 글들이 살아남아서 우리의 손에 들어온 걸 보면 예상치 못한 보물을 전달받은 것 같은 기분이 들어요. 어쩌면 부활처럼도 보이고요.

요즘 나는 무엇보다도 자기 보호 차원에서 일기 비슷한 걸 겨우 쓰고 있습니다. 이젠 독자가 누구인지 압니다. 바로 약 3주 후의 나이지요. 그즈음부터 내가 특정 시간에 무슨 일을 했었는지 기억이 안 나거든요. 인간은 나이가 들수록 사뮈엘 베케트의 연극 〈크라프의 마지막 테이프〉를 남 일처럼 여길 수 없는 상태가 됩니다. 크라프는 해마다 테이프에 일기를 기록합니다. 그의 유일한 독자(또는 청자)는 그 자신이지요. 그는 한참 전에 기록한 테이프를 조금씩 돌려 듣습니다. 하지만 시간이 갈수록 현재의 자신과 예전의 자신을 동일한 사람으로 보는 데 어려움을 느껴요. 마치 증권 중개인들이 던지는 고약한 치매 관련 농담과 비슷해요. "적어도 새로운 사람은 계속 만나잖아." 문제는 가면 갈수록 크라프는 물론이고 내 경우에도 그 새로운 사람이 자기 자신인 경우가 많아진다는 겁니다.

사적인 일기는 '작가 대 독자'라는 설정에서 가장 작은 단위입니다. 보통 작가와 독자가 같으니까요. 형식은 물론, 친밀감에서도 그렇고요. 그다음이 사적인 편지입니다. 여기선 한 명의 작가와 한 명의 독자가 친밀감을 공유하지요. "이것은 한 번도 답장하지 않은 세상에, 내가 보내는 편지다"[12]라고 에밀리 디킨슨은 말했습니다. 물론 실제로 부쳤으면 더 많은 답장을 받았을 테지만요. 그래도 그녀가 적어도 미래에 한 명 또는 그 이상의 독자가 있으리라 상정한 건 분명합니다. 자신의 시를 매우 소중하게 보관하고 심지어 작은 책자로 꿰매기까지 한 걸 보면요. 존재에 대한 그녀의 믿음, 미래의 독자를 유념하는 태도는 윈스턴 스미스가 느끼는 좌절과는 정반대이지요.

물론 작가들은 서사에 편지를 삽입하거나 소설을 서간체로 만듦으로써 편지라는 형식을 굉장히 많이 이용해왔습니다. 새뮤얼 리처드슨의 《파멜라》《클러리사 할로》《찰스 그랜디슨 경의 내력》과 라클로의 《위험한 관계》가 그 예입니다. 독자들은 몇몇 등장인물들이 주고받는 허구의 편지를 읽으면서 비밀 요원이 되어 전화를 엿듣는 즐거움을 느낍니다. 편지에는 과거시제에 없는 즉시성이 있는 데다 등장인물의 거짓말과 속임수를 '현장'에서 포착할 수도 있기 때문이지요. 아니, 그렇다는 느낌을 줍니다.

편지 쓰기와 관련된 염려에 대해서 잠깐 짚고 넘어갈까요. 어린 시절, 여자애들이 생일 파티에서 자주 하던 놀이가 하나 있었습니다. 놀이 방법은 이렇습니다.

아이들이 원을 그리며 서 있습니다. 그중 한 명이 술래가 되어 손수건을 들고 원 바깥을 돌면 그동안 나머지가 이런 노래를 부르지요.

애인에게 편지를 썼어요
그런데 도중에 떨어뜨렸지요
작은 강아지가 편지를 주워서
자기 주머니에 넣었다지요

그런 다음에 개가 무는 이야기가 이어집니다. 그러다 술래가 누군가의 등 뒤에 손수건을 떨어뜨리는 순간, 원 바깥을 돌고 도는 추격전이 시작돼요. 하지만 나는 그 놀이를 조금도 즐길 수 없었습니다. 가사 속의 편지가 계속 마음에 걸렸거든요. 편지를 잃어버리다니, 게다가 수취인이 영원히 못 받을 수도 있다니, 이 얼마나 끔찍한가요! 그런 데다 다른 누군가가 편지를 발견했다니! 끔찍하기로는 우열을 다툴 수 없는 일이지요. 그나마 다행인 건 강아지가 글을 못 읽는다는 사실이었어요.

글쓰기가 발명된 후부터 그런 사고는 얼마든지 일어날 수 있는 일이 되었습니다. 종이에 글자가 적히는 순간, 글자는 물질의 일부가 되고, 그렇게 모든 것은 운에 맡겨지지요. 전령사가 왕의 서신이 바꿔치기된 걸 모르고 전달했다가 무고한 사람을 사지로 모는 이야기는 그저 옛 민담에만 쓰이는 모티브가 아닙니다. 위조된 편지, 도중에 분실되어 도착하지 못한 편지, 훼손된 편지, 엉뚱한 손에 들어간 편지, 그것으로도 모자라 위조된 원고, 분실되어 못 읽는 책들, 불타버린 책들, 그 정신이 마음에 들지 않는다며 읽기를 거부하는 사람(또는 읽기는 하되 매우 불쾌해하는 사람)의 수중에 들어간 책들까지. 이런 모든 혼란과 실수와 오해와 악의에서 비롯한 사건들은 수없이 일어났고, 지금도 계속 일어나고 있습니다. 독재 정권에 낙인찍혀서 투옥되고 처형당한 사람들 중에도 엉뚱한 독자(자명한 사실이지요.)의 손에 작품이 들어간 탓에 죽음에 이른 작가들을 쉽게 찾을 수 있어요. 목에 총알이 박혔으니 최악의 평가를 받은 셈이지요.

하지만 모든 편지와 책에는 예상 독자, 진정한 독자가 있습니다. 그러면 어떻게 해야 편지나 책을 올바른 독자에게 전할 수 있을까요? 일기를 쓰던 윈스턴 스미스는 자신이 유일한 독자라는 사실에 만족하지 못합니다. 그는 당 관계자인 오브라이언이 자신처럼 체제 전복의 징후를 감지했다고 믿고 그를 이상적인 독자로 선택해요. 오브라이언이라면 자신을 이해해줄 거라는 느낌이 들어서지요. 그건 사실입니다. 그의 예상 독자는 그를 이해해요. 윈스턴 스미스가 무슨 생각을 하고 있는지 이미 짐작한 터이니까요. 하지만 그건 윈스턴이 체제를 배신했다고 생각하고 비밀경찰로서 역공에 대비하기 위해서입니다. 그는 가여운 윈스턴을 체포하고, 뒤이어 그의 일기와 정신을 모두 파괴합니다.

오브라이언은 '작가 대 친애하는 독자'의 관계, 즉 꼭 읽어야 할 사람이 독자가 되는 이상적인 일대일 관계의 부정적, 악마적 버전입니다. '악마적 독자'의 보다 최신 버전은 극도의 편집증을 다루는 데 특화된 작가 스티븐 킹이 창조한 인물이에요. 작가 자신이 편집증이란 편집증은 죄다 다루다 보니 작가에 집착하는 특이한 편집증까지 볼 수 있지요. 그 책이 바로 《미저리》[13]입니다. 인생이 험난한 미저리라는 불행한 아가씨를 주인공으로 내세운 로맨스 소설의 작가가 '광팬'을 자처하는 정신 나간 간호사에게 납치됩니다. 책 사인회를 이골이 나도록 경험한 작가라면 바로 화장실로 달려가 창문 밖으로 도망쳐야 한다는 것을 알겠지만, 우리의 주인공은 자동차 사고로 다리를 다쳐서 그럴 수 없지요. 그의 광팬이 원하는 건 그가 오직 자신만을 위한 《미저리》를 쓰게 만드는 거예요. 그런 뒤 그를 없애서 자신이 그 책의 유일한 독자가 될 계획을 꾸미는데, 그도 그녀의 꿍꿍이를 알게 됩니다. 이러한 줄거리는 한 예술 작품의 후원자가 작품의 비밀을 혼자만 간직하고 싶어서 작가를 살해하려고 한다는 '술탄의 미로'라는 주제에서 가져온 것으로, 대표적으로 《오페라의 유령》[14]에서 사용되었습니다. 《미저리》의 주인공은 적당히 방을 엉망으로 만들면서 목숨을 걸고 탈출하지요. 그러면서 '작가와 친애하는 독자'가 일대일 관계를 맺으면 얼마나 선을 넘어갈 수 있는지에 대해 생각하게 해줍니다.

독자가 작가와 텍스트를 혼동해도 역시나 선이 무너질 수 있습니다. 그런 독자는 중간 매개체는 무시하고 작가의 육체를 가짐으로써 텍스트를 손에 넣으려 하지요. 우리는 무심코 텍스트의 존재 이유가 작가와 독자를 연결하기 위해서라고 가정합니다. 하지만 가면이나 심지어 방패, 즉 보호구 역할도 하지 않나요? 에드몽 로스탕의 희곡 〈시라노 드 베르주라크〉[15]에서는 코가 큰 한 시인이 다른 사람 행세를 하며 여주인공에게 사랑을 표현합니다. 하지만 그녀의 마음을 사로잡은 감동적인 편지들의 진짜 주인은 다름 아닌 그 시인이지요. 그러므로 하나의 형식으로서의 책은 감정과 생각을 표현하기도 하지만 한편으론 저자를 시야에서 가리기도 합니다. 시라노의 편지와 일반적인 책의 차이는, 시라노의 편지는 그의 감정을 담아낸 것이지만, 책 속의 생각과 감정은 꼭 작가의 것이 아닐 수도 있다는 점입니다.

혹여 독자 때문에 위험해질 수 있다고 해도 작가는 반드시 독자를 가정해야 하고, 언제나 가정합니다. 그렇지만 가정은 하되, 명확하고 구체적으로 시각화되지는 않습니다. 작가가 글을 바치는 최초의 독자들("W. H. 선생님"[16] "내 아내" 등등)이나 '감사의 말'에 등장하는 친구들과 편집자들은 예외예요. 이들을 제외하고 독자는 거대한 미지의 존재이지요. 에밀리 디킨슨은 이 주제로 다음과 같이 노래했습니다.

    나는 무명인이에요, 당신은 누군가요?

당신도 무명인인가요?
그러면 우리는 잘 어울리는군요!
말하지 마요! 그들이 떠들고 다닐 거예요, 알잖아요!

얼마나 끔찍할까요, 유명인이 되는 건!
얼마나 눈에 띌까요, 개구리처럼
6월 내내, 흠모하는 늪지를 향해
자기 이름을 불러대는 것은![17]

"무명인"은 작가입니다. 물론 독자도 "무명인"이지요. 그런 점에서 모든 책은 익명이고, 모든 독자도 그렇습니다. 읽고 쓰는 것은, 이를테면 연기하는 것과 극장에 가는 것과는 달리 둘 다 어느 정도의 고독, 나아가 어느 정도의 비밀주의를 전제로 하는 활동입니다. 나는 에밀리 디킨슨이 이 두 가지 측면에서 '무명인'이라는 표현을 사용했다고 봐요. 보잘것없고 아무것도 아닌 사람이자, 눈에 보이지도 않고 누군지 알 수도 없는 독자에게 말을 거는, 눈에 보이지도 않고 누군지 알 수도 없는 작가라는 측면에서 말이지요.

만약 작가가 또 다른 무명인인 독자(보들레르가 말한 것처럼 작가와 닮은꼴이자 형제인 위선적인 독자[18])에게 말을 거는 무명인이라면, 처량한 "유명인"과 흠모하는 "늪지"는 어디서 생겨난 걸까요?

책이 출간되면 모든 게 달라집니다. "그들이 떠들고 다닐 거예요." 에밀리 디킨슨은 이렇게 경고하지요. 정확한 지적이에요. 일단 책이 시중에 공개되면, 추정 독자는 친구나 연인, 또는 정체 모를 한 사람의 "무명인"과 같은 단 한 명일 수 없게 됩니다. 출판과 동시에 텍스트는 자기 복제를 하고, 독자는 더 이상 작가와 친밀한 일대일 관계를 맺을 수 없어요. 그 대신 책의 부수가 늘어나듯 독자가 엄청나게 늘면서 그 모든 무명인들이 한데 뭉쳐 책을 읽는 대중으로 변하지요. 그러다 책이 성공하면 작가는 "유명인"이 되고, 독자 집단은 그를 흠모하는 "늪지"가 됩니다. 하지만 무명인에서 유명인으로 바뀌는 데는 트라우마가 동반돼요. 무명인 작가가 투명성이란 망토를 벗어던지고 가시성이라는 망토를 걸치는 과정에서요. 메릴린 먼로가 말했지요. "다른 사람이 되지 않고서는, 무명인은 유명인이 될 수 없다."[19]

그런데 의문이 생깁니다. 글을 쓰는 순간의 작가와 최종 수신자로 설정된 '친애하는 독자'와의 관계가 대량생산된 책과 '그 책을 읽는 대중'과의 관계와 똑같을까요? '친애하는 독자'는 2인칭 단수입니다. 당신을 의미하지요. 하지만 책과 '친애하는 독자'가 수천으로 늘어나면 책은 통계로 수치화되고 무명인은 정량화됩니다. 그렇게 시장이 형성되면 '당신'은 엄청나게 많은 복수의 3인칭 '그들'로 바뀌어요. 이때의 '그들'이란 완전히 다른 존재입니다.

'그들'에게 이름이 알려진 결과 생기는 것이 '명성'인데, 유명세에 대한 태도는 18세기 말부터 19세기 말 사이에 급격하게 변했습니다. 18세기 사람들은 독자를 교양과 취향을 갖춘 자들이라고 여겼어요. 이를테면 볼테르는 자신의 명성을 부정적 요소가 아닌,

자신의 능력에 대한 경의의 표시라고 생각했지요. 심지어 초기 낭만주의자들조차 명성을 얻는 것에 거부감이 없었어요. 아니, 실은 명성을 갈구했어요. "명성의 트럼펫은 의지할 만한 것이니 야심가들이라면 안심하고 불어도 좋다."[20] 한 편지에서 존 키츠는 이렇게 썼습니다. 하지만 19세기가 끝날 무렵, 글을 깨친 대중이 더 많아지면서 극성스런 부르주아(훨씬 더 극성스런 대중은 말할 것도 없고)들이 판매 부수를 좌지우지하게 되고, 출판이 사업으로 변모하고, '명성'과 '인기'가 동일시되고, 수는 적지만 안목 있는 독자를 확보하는 게 중요해졌지요.

이런 태도는 20세기에도 순조롭게 유지되었어요. 그레이엄 그린의 《사랑의 종말》의 한 인물을 볼까요. 행동이 단정치 못한 소설가 모리스 벤드릭스는 자신이 "세속적 성공"[21]을 거둠으로써 예술의 순수성을 해치게 될 거라는 걸 스스로 인지하고 있습니다. 아래는 그가 한 문학잡지에 자신에 대한 글을 기고하고 싶어 하는 비평가와 인터뷰를 준비하면서 생각하는 부분입니다.

> 나는 너무 잘 알았다. (…) 그가 나도 몰랐던 숨은 의미를 발견하리라는 것을. 그리고 나조차 이골이 난 내 결점들이 뭔지를. 결국 그는 생색을 내며 나를 서머싯 몸보다 좀 더 낫다고 평할 것이다. 왜냐면 몸은 인기가 좋고, 나는 아직 그 같은 죄를 짓지 않았으니까. 아직은. 하지만 내가 성공을 못 했다 해도 작은 평론지들이 약은 형사들처럼 냄새를 맡고 찾아낼 것이다.[22]

그린의 태도는 풍자적이지만 아주 현실적이에요. 인기, 그러니까 너무 과한 인기는 한때 '고상한' 작가로 대접받던 존재가 되기를 꿈꾸는 사람에겐 여전히 범죄나 마찬가지였지요. 시릴 코널리의 《약속의 적》에서는 너무 큰 실패와 너무 큰 성공은 우열을 가릴 수 없는 두려움의 대상입니다. 평론가들이 뭐라고 떠들어대도 독자들은 자신을 사랑할 거라고 자위하기 시작하면 진지한 작가로서의 수명이 끝나므로, 젊은 작가는 무엇보다도 잠재적 독자들을 주의해야 하지요. "수많은 문학의 적들 가운데, 성공이 가장 교활하다"[23]라고 코널리는 말합니다. 그런 다음 트롤럽의 말을 인용해요. "성공은 오직 인생의 황혼기에, 그것도 오직 적은 양만 복용해야 하는 독약이다."[24] 성공한 사람만 그렇게 말한다고 지적하면 좀스러워 보이려나요. 어쨌건 코널리는 이렇게 설명합니다. 그는 성공을 세 가지로 나누는데, 사회적 성공을 거두면 물질적인 소득이 생기므로 썩 나쁘지 않습니다. 직업적 성공을 거두면 동료 예술가들로부터 높은 평가를 받으므로 전반적으로 괜찮아요. 그렇지만 대중적 성공은 굉장히 위험합니다. 이 마지막 역시 세 가지로 나누는데, 작가가 대중적 인기를 얻는 이유는 오락적 가치, 정치적 이유, 또는 인간적 공감 때문이지요. 그가 보기에 이 중에서 가장 덜 치명적인 것이 정치적 요소예요. 정치는 변덕스러워서 현상태로 지속될 가능성이 낮으니까요. 오락적인 작품은 누구도 교양 있는 비평을 하지 않기 때문에 얻는 게 없어요. "계속 그렇게 가다가 어느 날 눈 떠보니 사람들에게 잊힌 자신을 발견하는"[25]

게 그들의 최후지요. 하지만 인간적 공감으로 성공한 자들은 예술가로서 파멸할 수도 있습니다. 코널리는 말합니다. "고통받는 인류의 고귀한 마음을 이용하고 그것이 얼마나 큰 돈벌이가 되는지 알아낸 사람들은 가혹한 논평에도, 동료들의 경멸에도, 다수의 무관심에도 꿈쩍하지 않는다."[26]

코널리만 이렇게 분석한 게 아닙니다. 사실, 그의 시대에(그리고 나의 시대에도) 예술가로서 야망을 지닌 사람들 사이에는 이런 입장이 깊이 뿌리 내리고 있었습니다. 이를테면 이자크 디네센의 〈카네이션을 든 청년〉을 봅시다. 이 소설은 가난한 사람들의 처절한 몸부림을 담아내서 데뷔하자마자 큰 성공을 거둔 찰리라는 작가의 이야기로 시작합니다. 찰리는 차기작으로 무슨 주제를 다룰지 고민하는 자신이 사기꾼처럼만 느껴집니다. 빈곤층이란 소재라면 이제 신물이 나서 근처에도 가고 싶지 않은데, 그의 추종자들과 대중들은 그를 고귀한 작가라 단정 짓고 그의 펜 끝에서 빈자들에 대한 더욱 훌륭한 작품이 더 많이 탄생하기를 기대하거든요. 그가 다른 주제로 글을 쓰면 그들은 그가 얄팍하고 가벼워졌다고 생각할 게 뻔합니다. 그는 자신이 무엇을 하든 대중을, 위대한 '그들'을 실망시킬 수밖에 없다고 느끼지요. 심지어 질타를 받지 않고 조용히 자살할 수도 없을 거라고요. "어느덧 그는 명성이라는 눈부신 탐조등을 달았다. 수백 개의 눈이 그를 지켜보고 있었다. 그의 실패나 자살은 세계적으로 유명한 작가의 실패와 자살이 될 터였다."[27]

성공을 거둔 작가들 중에 이런 의심을 품어보지 않은 사람은 없습니다. 전작을 반복하면서 '그들'을 만족시킬 것인가, 아니면 새로운 것을 시도하고 '그들'을 실망시킬 것인가. 더 최악은, '그들'을 만족시키려고 자기 복제를 했는데 오히려 복제라며 비난받는 경우입니다.

사람에겐 누구나 특별한 의미를 가진 작품(보통은 어린 시절 읽은 책이지요)이 있습니다. 내겐 그중 하나가 레이 브래드버리의 《화성연대기》에 실린 단편 〈화성인〉이지요. 줄거리는 다음과 같습니다.

미국이 화성을 식민지화하면서 일부 지역을 은퇴자촌처럼 바꿉니다. 화성인 원주민들은 거의 멸종했거나 도망친 후라 보이지 않지요. 지구에서 어린 아들 톰을 저세상으로 먼저 떠나보낸 한 중년 미국인 부부가 어느 날 자다가 문 두드리는 소리를 듣습니다. 마당에 나가보니 어린 소년이 서 있어요. 그런데 죽은 아들과 꼭 닮은 게 아니겠어요. 남자는 슬그머니 빗장을 열어놓고, 다음 날 아침에 생기 있게 빛나는 톰과 마주합니다. 분명 화성인인 것 같지만 아내는 주저 없이 톰을 받아들입니다. 복제품이라도 없는 것보단 낫다는 생각에 남자도 동의하지요.

평온한 일상은 가족이 시내로 나들이를 다녀오면서 끝이 납니다. 소년은 함께 시내에 가기를 거부하는데 거기엔 그만한 이유가 있지요. 나들이가 끝나자마자 소년이 사라지고, 대신 다른 가족의 품으로 죽은 줄 알았던 딸이 돌아오는 데서 알 수 있습니다. 남자는 화성인이 타인의 욕망에 따라, 그리고 그런 욕망을 충족시키고

자 하는 화성인 자신의 욕구에 따라 형상을 바꾼다는 사실을 깨닫고 톰을 데리러 갑니다. 하지만 화성인은 형상을 바꿀 수가 없어요. 새로운 가족의 소망이 너무 강력하기 때문이지요. "너는 톰이야. 넌 톰이었어, 아니니?" 남자가 애처롭게 묻습니다. "전 그 누구도 아니에요. 그냥 저일 뿐."[28] 화성인이 답합니다. 흥미로운 대답이지요. 자신을 그 누구도 아닌 사람과 동일시하다니요.[29] "어디에 있든 난 어떤 것이에요"라고 화성인은 말합니다. 그러면서 그 말을 증명해요. 톰의 모습으로 돌아간 거지요. 하지만 새로운 가족이 그들의 뒤를 쫓고, 화성인은 가로등 불빛을 받아 "은처럼 빛나는", 거울 같은 얼굴을 반짝이며 도망갑니다. 그러자 도중에 지나친 모든 사람들이 함께 그들을 뒤따르죠. 궁지에 몰린 화성인은 얼굴을 휙휙 바꾸며 소리를 지릅니다. "그는 사람들의 마음에 따라 모습을 바꾸며 밀랍처럼 녹았다." 브래드버리는 설명합니다. "그의 얼굴에 각자의 요구가 녹아들었다." 화성인은 알아볼 수 없는 다양한 형상의 웅덩이를 이루며 쓰러져 죽습니다.

책을 출간하고 논평을 받으면서, 친분도 없는 몇몇 사람들이 책에 적힌 내 이름을 가지고 이러쿵저러쿵 떠드는 걸 보면서, 이 이야기는 내게 새로운 의미로 다가왔습니다. "그런 거군. 내 얼굴이 녹고 있는 중이군." 나는 생각했습니다. "내가 진짜 화성인인 거야." 이는 많은 것을 설명해줍니다. 키츠는 주저하는 능력을 작가의 자질로서 높이 평가했는데,[30] 그렇지 않으면 자신의 시각을 대변하는 캐릭터밖에는 쓰지 못한다는 이유에서였지요. 하지만 주저하는 능력이 너무 지나치면 혼자 고심하다가 독자의 욕망과 두려움을 못 이기고 밀랍처럼 녹아내리지는 않을까요? 얼마나 많은 작가들이 다른 얼굴을 쓰고 있을까요? 혹은 들러붙은 얼굴들을 떼어내지 못하고 있을까요?

이번 장의 첫머리에서 나는 세 가지 질문을 제기했습니다. 첫 번째는 작가와 독자에 관한 것으로, 작가는 누구를 위해 글을 쓰는가라는 질문이었습니다. 그에 대한 답으로 "무명인", 그리고 흠모하는 "늪지"를 이야기했어요. 두 번째 질문은 책에 대한 것이었지요. 책은 작가와 독자의 중간지점에서 어떤 기능 또는 의무를 맡는가?

'의무'라는 단어를 사용한다는 건 사물을 나름의 의지를 가진 존재로 여긴다는 뜻으로, 책을 자율적인 생명체로서 취급하는 것은 고찰해볼 만한 문학적 개념입니다. 우체국에는 배달 불가능한 편지를 취급하는 "데드 레터 오피스dead letter office"라는 부서가 있습니다. 이 이름은 다른 편지들은 전부 살아 있음을 암시하지요. 물론 말도 안 되지만 그럼에도 이런 사고방식은 오래전부터 만연해왔습니다. 성경을 하나님의 "살아 있는 말씀"이라고 부르는 게 그 예랍니다. 그 밖에 성별이 바뀐 경우도 포함시키면, 몇 백 년 전에 남성 작가들이 임신을 했다고, 그러니까 성령에 의해, 혹은 뮤즈에 의해 글이라는 아이를 가졌다고 유행처럼 말하던 것도 꼽을 수 있어요. 그들은 자신들이 책을 잉태하고 결국 출산까지 했다고 주장했지요. 물론 책이 진짜 아기인 건 아니지만(아기처럼 똥도 안 싸니까요) "살아 있는 말"이라는 표현은 관행적으로 계속 쓰여 왔습니다. 그래서 (대표적으로) 엘리자베스 배럿 브라우닝이 이렇게 읊은 거죠. "나의 편지들! 전부 죽은 듯 말 없는 백지구나!/ 하지만 살아서 꿈틀대는 것처럼 보인다."[31]

시인이었던 나의 한 대학 은사님은 이렇게 말씀하셨습니다. 어떤 작품에나 공통으로 던질 수 있는 진짜 질문이 딱 하나 있는데, 바로 '그 작품이 살아 있는가, 아니면 죽어 있는가'라고요. 어쩌다 보니 그 말에 동의하긴 했는데 시가 살아 있는지, 죽어 있는지는 어떻게 결정될까요? 생물학적 정의를 보면 살아 있는 것들은 성장하고 변화하며 자손을 낳을 수 있는 반면, 죽은 것들은 아무 활동성도 띠지 않습니다. 그러면 어떻게 텍스트가 성장하고 변화하고 자손을 낳을 수 있다는 걸까요? 독자가 작가와 시공간상으로 얼마나 떨어져 있든 상관없이, 오직 작가와 독자의 상호작용을 통해서만 가능합니다. "시는 시인의 것이 아닙니다." 영화 〈일 포스티노〉[32]에서 야한 시를 베끼는 한 우체부가 시인 파블로 네루다에게 하는 말입니다. "시는 시를 필요로 하는 사람의 것이에요." 그게 정답입니다.

인간이 상징성을 부여하는 모든 것에는 부정적이거나 악마적인 버전이 있는데, 내가 기억하는 살아 있는 텍스트의 가장 사악한 버전은 역시나 카프카의 것입니다. 어느 유대 전설을 보면 골렘이란 존재가 등장합니다. 골렘은 신의 이름을 새긴 두루마리를 입에 넣으면 살아나는 움직이는 인형이에요. 하지만 골렘이 통제를 벗어나 미쳐 날뛰게 되면 곤란한 일이 벌어지지요.[33] 카프카의 이야기는 일종의 골렘 이야기입니다. 《유형지에서》라는 작품으로, 처형 담당관들이 사전에 죄목을 고지받지 못한 죄인들을 처형 기계로 처벌하면서 벌어지는 일을 다루고 있어요. 처형 기계를 작동시키려면 판결이 적힌 텍스트(죽은 전임 사령관이 죄목을 고안했지요)를 맨 위에 넣어야 하는데, 이때 판결sentence은 '문장'과 죄인에게 내리는 '판결', 두 가지를 모두 의미합니다. 텍스트를 넣고 나면 처형 기계가 죄수의 몸통에 펜처럼 생긴 바늘을 현란하게 휘두르며 복잡한 서체로 판결을 새기지요. 그렇게 6시간이 지난 후 범죄자는 자신의 몸에 적힌 글귀를 보며 깨달음을 얻습니다. "아무리 어리석은 자라도 분별력이 생기지요." 처형 기계를 숭배하는 장교는 이렇게 말합니다. "눈가에서부터 시작됩니다. 이곳에서부터 퍼져 나가지요. (…) 그 후엔 아무 일도 일어나지 않고, 그냥 죄수가 글자를 판독하기 시작합니다. 자세히 알아내려는 듯이 입술을 오물거리지요."[34] (학교에서 체계적으로 시험해보지는 않았지만 가히 새로운 읽기 교수법입니다.)

후반부가 되면 장교는 이제 이 처형 방식을 이해할 수 있는 사람이 아무도 없다는 사실을 깨닫고 자신을 기계에 제물로 바칩니다. 그런데 갑자기 기계가 오작동을 하며 톱니와 바퀴가 부서지고 빠지지요. 하지만 기계는 이미 생명을 얻어 장교의 숨이 끊어질 때까지 그의 몸에 쉼 없이 바늘을 휘갈기고 찔러댑니다.

이 이야기에서 작가는 비인간이고, 종이는 독자의 몸이며, 텍스트는 해독 불가합니다. 시인 밀턴 에이콘이 한 시에서 읊은 "시가 시인을 지우고 다시 쓰듯이"[35]라는 구절 역시 텍스트를 적극적인 파트너로 여기고 있지만, 카프카식 변주를 의미하는 건지는 확신할 수 없습니다.

보통 살아 있는 말은 훨씬 긍정적인 관점에서 소개됩니다. 극장, 특히 엘리자베스 시대의 극장에서는 연극이 끝난 뒤 이따금 텍스트가 연극이라는 틀을 넘어 밖으로 나오기도 했어요. 그 잠깐 동안은 연극이 아닌 관객과 동일한 살아 있는 생물처럼 보였지요. 막이 내리고 배우 한 명이 무대 앞으로 나서서 관객에게 직접 말을 겁니다. "안녕하세요, 저는 여러분이 생각하셨던 인물이 아니라 사실 배우입니다. 이건 가발이고요. 부족한 점이 많았겠지만 즐겁게 보셨길 바랍니다. 그리고 즐거우셨다면 저희 배우들을 예쁘게 봐주시고 박수 부탁드립니다." 사실상 이게 발언의 요지였어요. 아니면 프롤로그(역시나 본 연극과는 별개였어요)에서 배우들이 극에 대해 짧게 언급하고 공연 자랑을 한 뒤, 다시 연극 속으로 들어가 '극중 인물'이 되기도 했지요.

이렇게 극을 자랑하거나 자신이 배우임을 드러내며 막을 내리는 순간들은 많은 소설 및 장시 소품집을 쓰는 작가들에 의해 프롤로그나 엔보이envoi, 즉 시의 마지막 행으로 재창조되었습니다.

이런 형식은 소설가가 자신의 책이 일종의 연극인 척하던 것에서 비롯한 게 틀림없습니다. 이를테면 새커리는 《허영의 시장》에 "막을 올리기 전에"라는 도입부를 넣어서 자신의 책이 "허영의 시장"(독자들로 이루어진 시장)에서 벌어지는 인형극이며, 자신은 그 공연의 관리자일 뿐이라고 설명하지요. 그리고 끝부분이 되면 이렇게 말합니다. "자, 여러분, 공연이 끝났으니 이제 인형을 넣고 상자를 닫읍시다." 하지만 수많은 프롤로그나 엔보이에서 작가는 이력서에 동봉한 자기소개 글이나, 특허 받은 약품의 병에 적힌 경고 및 약효처럼 자신이 작품의 창조자임을 밝히고 책의 성격을 변호하는 글을 씁니다.

또는 이야기가 끝날 무렵, 작가가 먼 길을 떠나는 이에게 손을 흔들어주듯 책을 보내주기도 합니다. 잘 지내라면서 배웅을 해주는 것이지요. 또한 조용한 동업자이자 협력자로서 동행해주었던 독자에게 작별 인사를 고하기도 해요. 프롤로그와 엔보이에는 작가와 책, 그리고 책과 독자 사이의 복잡하면서도 친밀한 관계에 대한 언급이 많습니다. 많은 경우 책은 이제 세상에서 혼자만의 길을 개척해야 하는 어린아이만큼 작습니다("힘내, 어린 책아"). 하지만 그 길(의무)을 개척해야 독자에게 다가가 최선을 다해 자신을 전달할 수 있어요. "자네도 알 거야." 프리모 레비는 자기 책의 독일어 번역가에게 다음과 같이 편지를 썼습니다. "이게 내가 쓴 유일한 책일세. (…) 그러다 보니 아들이 성인이 돼서 혈혈단신 집을 떠나는 애비가 된 심정이야."[36] 가장 솔직한 이별 편지 중 하나는 평생토록 지독한 빈털터리였던 15세기 프랑스 시인 프랑수아 비용이 쓴 것으로, 여기서 그는 부유한 왕자에게 신속히 전갈을 전하라고 자신의 시에게 지시하고 있습니다.

> 내 편지야, 서둘러 달려가려무나
> 발도 혀도 없지만
> 내가 돈이 떨어져 곤란하다고
> 열변을 토해 설명해다오[37]

다른 작가들은 이보단 덜 직설적입니다. 그보단 독자에게 친근하게 관심을 표하지요. 아래는 러시아 시인 푸시킨이 〈예브게니 오네긴〉이라는 시의 말미에서 독자에게 멋지게 작별인사를 고하는 부분입니다.

> 독자여, 당신이 누구든,
> 친구든 적이든 간에,
> 정답게 헤어지고 싶다네.
> 잘 가시게, 이제 끝이 났으니.
> 이 조잡한 글에서 무엇을 찾아냈든,
> 격정적인 추억이든,
> 고생 끝의 휴식이든,
> 그냥 문법적 오류든,

생생한 묘사든, 떠들썩한 재담이든.
당신이 이 작은 책에서
감동이나, 재미나,
꿈이나, 잡지의 논쟁에 필요한 것이나,
조금이라도 얻어가기를 바라네.
이쯤에서 헤어지세. 그럼 안녕.[38]

이런 방식을 취하는 가장 완벽한 초기 작품으로는 존 번연의 《천로역정》이 있습니다. 책의 제1부 도입부와 제2부 도입부 두 곳이 그러한데, 제1부 프롤로그인 "책에 대한 변명"은 무엇보다 광고에 가까워요. 이 책이 제공하는 수많은 장점을 비롯해 유익한 성분들이 목록처럼 나열돼 있거든요. 하지만 제2부 프롤로그인 "2부 '순례자'를 보내며"에서는 책을 사람으로 대합니다.

가라, 내 작은 책이여.
내 첫 순례자[제1부]가 얼굴이라도 비친 곳이면 어디든지.
문을 두드리고 누군가 "누구세요?"라고 물으면
이렇게 답하라. "크리스티아나입니다."[39]

그런 다음 번연은 책에게 자세한 지시를 내리지요. 하지만 책은 주어진 임무에 겁을 먹고 이의를 제기합니다. 이에 번연이 책을 안심시키고 여러 어려운 상황에서 뭐라고 말할지 알려줍니다. 이윽고 책에게 제아무리 아름답다 해도 어떤 이들은 책을 좋아하지 않을 것이며 원래 다 그런 것이라고 다독이지요.

> 어떤 이는 치즈를, 어떤 이는 생선을 싫어한다.
> 친구나 가정, 집을 싫어하는 이도 있다.
> 어떤 이는 돼지에 몸서리를 치고, 병아리를 업신여기고, 닭을 싫어하지만
> 뻐꾸기나 올빼미는 좋아한다.
> 나의 크리스티아나야, 그런 자들은 저 좋을 대로 내버려두고
> 그대를 보고 크게 좋아할 자들을 찾으라.[40]

어떤 책에게든 유용하고 힘이 되는 조언이라 생각합니다. 노수부야 운 좋게도 꼼짝 없이 들어야 하는 청자가 있지만, 모든 화자가 그렇게 눈을 반짝이며 이야기를 들어주는 관객을 가지는 건 아니니까요. 번연은 아주 개신교적이고, 양심적이고, 검소하고, 경제적인 기도를 합니다.

> 이 작은 책과 나를 사랑하는 사람들에게
> 이 작은 책이 축복이 되기를,
> 그리고 책을 산 사람들이 괜히 돈만 버렸다고
> 말하는 일이 없기를 비노라.[41]

크리스티아나는 다시 책으로, 물질로서의 책이자 판매되는 물건으로 돌아갑니다.

이렇게 책에서 사람으로, 사람에서 책으로 변하는 설정은 사실 꽤 흔히 찾아볼 수 있습니다. 또한 이런 변화에는 양면성이 있지요. 우리는 책이 진짜 사람이 아니라는 사실을 압니다. 책은 인간이 아닙니다. 하지만 물건으로서의 책만 사랑하고 그 속에 든 인간적 요소, 즉 책의 목소리를 무시한다면 우상숭배자, 더 정확히 말하면 물신숭배자가 되는 영적 실수를 범하게 되지요. 이것이 엘리아스 카네티의 《화형》의 주인공 피터 키엔의 말로입니다. 'Auto da fé'는 '종교적 행위'를 뜻하는데, 종교 재판에 회부된 '이단자'를 집단 화형시키는 것을 의미해요. 키엔은 도서 수집가로 책이라는 물성은 사랑하지만 소설은 몹시 싫어합니다. 너무 감성적이라면서요. 책을 사랑한다면서 쌓아두는 데만 집착하는 그의 행동은 정상이 아닙니다. 게다가 지식에 굶주린 어린 소년이 자신의 책을 못 읽게 방해하고 아래층으로 차버리는 행동을 통해 그가 영적으로 문제가 있음을 알 수 있지요.

책의 초반에 키엔은 악몽을 꿉니다. 활활 타오르는 횃불 앞에서 아즈텍 식의 인신 공양이 펼쳐지지요. 그런데 제물이 된 사람의 가슴이 갈라지면서 심장 대신 책이 한 권, 또 한 권, 또 한 권 튀어나오더니 불꽃 속으로 떨어지는 게 아니겠어요. 키엔이 가슴을 닫고 책을 구하라고 외치지만 책은 오히려 점점 더 많이 쏟아집니다. 그는 책을 구하기 위해 불속으로 달려듭니다. 하지만 날카롭게 비명을 지르는 인간만 손에 잡힐 뿐이지요. "이 손 놔." 키엔이 소리칩니다. "넌 누구야. 내게 뭘 원하는 거야! 어떻게 해야 책을 구할 수 있는 거야!"[42]

하지만 그는 중요한 사실을 모릅니다. 꿈속의 그 인간들이 바로 책이라는 것을요. 그들이 책의 인간적인 요소라는 것을요. 그의 귀에 신의 음성이 들립니다. "여기에 책은 없다." 하지만 그는 그 말뜻을 이해하지 못합니다. 후반부가 되면 그가 수집한 모든 책이 생명을 얻고 그에게서 등을 돌리지요. 지금까진 그로 인해 죄수처럼 개인 서재에 갇혀 있었으나 이젠 자신들의 메시지를 자유롭게 퍼트리고자 하는 거예요. 앞서 말했듯 책은 독자로부터 독자에게로 이동해야 살 수 있으니까요. 이윽고 그는 책에, 그리고 자신의 몸에 불을 지릅니다. 화형, 그것이 이단자의 운명이지요. 책이 불타기 시작하자 책 속의 글자들이 그가 창조한 '데드 레터 오피스'를 탈출해 다시 세상 밖으로 나오는 소리가 들립니다.

때로 책은 작가의 개입 없이 스스로 목소리를 내기도 합니다. 아래는 제이 맥퍼슨이 쓴 〈책〉이라는 간단명료한 제목의 시입니다. 여기서의 책은 말하는 책인 동시에 수수께끼이지요. 물론 답은 제목에 있습니다.

친애하는 독자여, 당신 같은 인간이 아니기에
—나는 그대처럼 사랑할 수 없고, 그대도 나처럼 사랑할 수 없다—

하지만 그대처럼 큰물로 나가서
보잘것없는 배로 사나운 바다를 이기려 하나니.

개울 수면을 젖지 않고 덧없이 떠가는 물방개도
나보다는 가냘프지 않고
흥분된 눈으로 심해를 살피는 고대의 고래도
나보다는 대단하지 않도다.

비록 창조자의 의지로
공기, 불, 물, 땅을 가로지르지만
내 부피가 그대의 손에 짐이 되지는 않는다.

나는 꽃피운다. 그대가 보는 데서, 그리고 그대를 위해서.
그를 섬기지만 나는 인간과 씨름하길 주저하지 않으니
붙잡히고 삼켜져도 그를 축복한다. 독자여, 받아주기를.[43]

   이 작은 책은 배이며, 고래이며, 야곱과 씨름하다가 그에게 축복을 내린 천사입니다. 아울러 성찬식에서 섭취되는 대상으로서, 삼켜지지만 파괴되지는 않는 음식입니다. 또한 축제에 온 손님의 영적인 부분은 물론이고 스스로도 새로이 거듭나게 하는 축제이지요. 천사는 드잡이만 하는 것이 아니라 독자에게 동화되고 결국 그의 일부가 됩니다.[44]

여기서 마지막 질문이 생겨납니다. 독자가 글을 읽고 있을 때 작가는 어디에 있는 걸까요? 두 가지 답이 있습니다. 첫째, 작가는 어디에도 없습니다. 호르헤 루이스 보르헤스는 〈보르헤스와 나〉라는 단편에서 자신의 존재에 대해 혼잣말을 합니다. 이렇게 중얼거리지요. "(만약 내가 어떤 사람인 게 맞다면)"[45]. 독자가 그 구절을 읽을 때에는 그 '만약'이라는 가정이 훨씬 크게 다가옵니다. 독자가 글을 읽고 있을 때 작가는 심지어 존재하지도 않으니까요. 따라서 작가는 원조 투명인간입니다. 그곳에 전연 없으면서 동시에 매우 견고히 있기도 하지요. 왜냐하면 그 질문(독자가 글을 읽을 때 작가는 어디에 있는가?)에 대한 두 번째 대답이 '바로 여기'이기 때문입니다. 적어도 우리는 작가가 바로 이곳에, 우리와 같은 방에 있다는 인상을 받습니다. 우리는 그의 목소리를 들을 수 있지요. 거의 들을 수 있어요. 혹은 '어떤 목소리'를 들을 수 있어요. 아니 들리는 것 같지요. 러시아 작가 아브람 테르츠는 〈고드름〉이라는 소설에서 이렇게 말합니다. "이봐, 내가 너를 보고 웃고 있잖아. 네 속에서 웃고 있다고. 너를 통해 웃고 있단 말이야. 네 모든 손 떨림 속에 내가 숨 쉬고 있는데, 내가 어떻게 죽었다는 말이야?"[46]

한 살해당한 여성 시인과 그녀의 독자들에 대한 소설인, 캐롤 실즈의 《스완》[47]에서는 죽은 시인이 쓴 시의 초고들이 알아보기 힘들 정도로 손상됩니다. 시를 끼적여놓은 오래된 봉투 조각이 실수로 쓰레기통에 들어가는 바람에 훼손된 거지요. 그게 다가 아닙니다. 한 분노한 감정사가 돌아다니며 몇 안 되는 남은 초판까지 없애버려요. 하지만 다행히 몇몇 독자가 시의 전부, 또는 일부를 암기하고, 결국엔 조각조각 읊어서 바로 우리 눈앞에서 하나의 시를 창조, 아니 재창조해냅니다. "아이시스는 오시리스를 기억함으로써 그가 살아 있게 한다"[48]라고 더들리 영도 말하지 않았나요. '기억하다remembering'라는 단어로 말장난을 치면 뜻이 두 가지가 됩니다. 하나는 기억하는 행위이고, 또 하나는 '절단하다dismembering'의 반대말이지요. 발음상 그렇습니다. 세상 모든 독자는 자신이 읽은 책의 조각들을 엮어서(어쨌거나 단편적으로밖에는 읽을 수 없으니까요) 마음속에서 유기적인 완전체로 창조합니다.

레이 브래드버리가 창조한 디스토피아 《화씨 451》[49]의 결말을 기억하실 겁니다. 사회를 보다 완벽하게 통제하기 위해 책을 전부 불태우고 휴대용 TV 모니터만 허락하는 이 세계에서 우리의 주인공은 책을 제거하는 방화수로 근무합니다.[50] 그러다가 인류의 역사와 사상을 보존하기 위해 신념을 바꾸고 책을 지키는 비밀 저항 단체에 가담하지요. 이윽고 저항 세력이 숨어 지내는 숲에 도착한 주인공. 그곳에서 그는 책의 내용을 전부 암기하여 스스로 그 책이 되어버린 요원들을 소개받습니다. 소크라테스, 제인 오스틴, 찰스 디킨스 등 모든 사람들이 자신이 흡수한, 그러니까 '집어삼킨' 책을 암송합니다. 사실상 독자가 삼각형의 중간점(종이 형태의 텍스트)을 없애고 진짜로 그 책이 되어버린 것이지요. 또는 반대로 책이 사람이 되어버린 거예요.

이렇게 한 바퀴를 돌아 작가는 누구를 위해 글을 쓰는가라는 첫 번째 질문으로 돌아가겠습니다. 이에 대한 내 답은 두 가지입니다. 첫 번째는 나의 생애 첫 독자에 대한 이야기로 대신할게요.

아홉 살에 나는 비밀단체에 가입했습니다. 특별한 악수법, 구호, 의식, 좌우명까지 갖출 건 다 갖춘 조직이었지요. 단체명은 '브라우니들Brownies'로, 하는 짓이 좀 유별났어요. 어린 여자애들은 요정, 꼬마 도깨비, 엘프인 척하며 다녔고, 성인인 모임장은 "갈색 올빼미"라고 불렸거든요. 안타깝게도 모임장이 부엉이 탈을 쓰거나 여자애들이 요정 복장을 하진 않았어요. 나로선 실망스러운 일이었지만 그렇다고 치명적인 단점이라고 할 것까진 아니었지요.

진짜 이름은 몰랐지만 나는 '갈색 올빼미'가 슬기롭고 공평하다 생각했고, 당시 내 인생에 꼭 필요한 사람으로서 그녀를 흠모했습니다. 모임 활동의 일환으로 우리는 다양한 임무를 해내야 했는데, 임무를 완수하면 유니폼에 붙일 배지를 얻을 수도 있었어요. 배지가 걸린 다양한 프로젝트(자수 바느질하기, 가을 씨앗 모으기 등) 중 하나로, 나는 작은 책을 몇 권 만들었습니다. 만드는 법은 별 게 없었어요. 종이를 여러 장 접어서 양말을 기울 때 쓰는 털실로 꿰매고 텍스트와 삽화를 채우면 되었지요. 나는 이 책들을 갈색 올빼미에게 주었습니다. 그녀가 그 책들을 마음에 들어 한다는 사실이 배지를 받는 것보다 중요했거든요. 이게 내 생애 첫 '작가 대 독자' 관계였습니다. 작가는 나, 매개체는 내 책들, 수령인은 갈색 올빼미. 그 결과 그녀는 즐거움을, 나는 만족감을 얻었지요.

세월이 흐른 뒤, 나는 한 소설에 갈색 올빼미를 등장시켰습니다. 많은 사물들과 사람들이 책에 등장하는 것과 같은 이유에서요. 내 소설 《고양이 눈》에서 그녀는 여전히 휘파람을 불어 젖히며 매듭 묶는 법을 감독하고 있습니다. 때는 1980년대로, 나는 갈색 올빼미 언니가 이미 세상을 떴을 거라고 확신했지요.

그러다 몇 년 전, 한 친구가 내게 말했습니다. "네가 말하는 갈색 올빼미, 우리 고모야." "고모라고?" 내가 되물었습니다. "설마 살아계시진 않겠지!" 하지만 내 예상은 빗나갔고 나는 그녀를 찾아갔습니다. 아흔을 훌쩍 넘긴 그녀와 나는 기쁘게 재회했지요. 차를 마신 뒤 그녀가 말했습니다. "이건 네가 가져야 할 것 같구나." 그러면서 50년 전에 내가 만든 작은 책들(무슨 이유에서인지 간직하고 있더군요)을 꺼내서 내게 돌려주었어요. 그녀는 삼일 뒤에 눈을 감았습니다.

이게 내 첫 번째 답입니다. 작가는 '갈색 올빼미'를 위해, 그때 자신의 인생에서 '갈색 올빼미'에 해당하는 누군가를 위해 글을 씁니다. 진짜 사람, 그러니까 구체적인 단 한 사람을 위해서 말이에요.

두 번째 대답은 이겁니다. 이자크 디네센의 〈카네이션을 든 청년〉의 결말에서 작품 때문에 절망에 빠진 젊은 작가 찰리가 신의 목소리를 듣습니다. "보거라," 신이 말합니다. "내 너와 약속하마. 내, 내 너를 위해 책을 쓰는 데 필요한 만큼만 남겨두고 고통을 모조리 없애주마. (…) 그렇지만 꼭 책은 써야 한다. 내가 책이 쓰이길 원하기 때문이다. 대중도 아니고, 평론가도 절대 아니고, 내가, 내가 원하노라!" "믿어도 되겠습니까?" 찰리가 묻지요. "항상 그런 건 아니다." 신이 답합니다.[51]

  그러니 작가가 글을 쓰는 건 바로 '독자'를 위해서입니다. '그들'이 아닌, '당신'인 독자를 위해. '친애하는 독자'를 위해. '갈색 올빼미'와 '신'의 중간 어디쯤에 존재하는, 이상적인 독자를 위해. 그리고 어쨌거나 이런 이상적인 독자는 누군가, 어떤 '한 사람'이지요. 독서라는 행위도 글을 쓰는 행위처럼 언제나 단수로 이루어지니까요.

제6장

하강

죽은 자와 협상하기

누가 왜 지하세계로 여행을
떠나는 걸까

오 위대한 신이여, 밤의 왕자들이여,
빛나는 존재여, 불의 신 기빌이여,
지하세계의 장군 이라이여 (…)
점을 칠 때 제 곁에 계시길.
제가 바치는 이 양이
진리를 드러내기를 비옵니다!

- 메소포타미아 기도[1]

그런 뒤 죽음의 배를 지어라,
망각으로 가는 가장 긴 여행을 떠나야 하니.
그리고 죽음을 죽어라, 길고 고통스러운 죽음을
과거의 나와 새로운 나 사이에 놓인 (…)

오 죽음의 배를 지어라, 너의 작은 방주에
음식과 작은 케이크와 포도주를 채워 넣어라
망각으로 내려가는 어두운 항해를 위해

- D. H. 로런스, 〈죽음의 배〉[2]

겨울은 컴컴한 우물 위에 걸려 있고,
내 등은 하늘을 향해 있으니,
그 암흑 속에서 무언가 움직이는지,
반짝이는지, 눈을 깜박이는지 보기 위해서다

아니, 나는 바닥으로부터
잃어버린 모든 것, 빛나는 모든 것과 누워서
하늘의 흰 빛을, 내 눈동자를 올려다본다
나의 겨울은 죽은 자들과 함께다

진리의, 이미지의, 말의 우물.
저 아래 오리온이 놓인 자리
극점의 웅덩이가 계단이 되는 게 보인다.
성좌가 뜬다.

- 제이 맥퍼슨, 〈우물〉[3]

같은 공간을 차지하고서
움직이고 살아 있는 것
그들을 건드린 것을 만지는 것은
그들 덕분이니 (…)

영이 된 뼈들과 하나가 된 흙에
무릎까지 박고 서서
고고학의 태양을 받는다 (…)

해 질 녘 마을,
교차하는 어둠의 강물에
가슴까지 담그고 서 있으니,
말 없는 사냥꾼들과
어두운 불 위로 몸을 숙인 여자들,
나는 그들의 낡은 자음을 듣는다 (…)

- 알 퍼디, 〈인디언 마을의 유적〉[4]

내 양 손바닥에서 기쁨을 취하라
약간의 꿀과 햇빛을,
페르세포네의 벌이 우리에게 명한 것처럼.

- 오시프 만델슈탐, 〈내 양 손바닥에서 기쁨을 취하라〉[5]

어릴 적 나는 집히는 대로 책을 읽다가 아버지의 '에브리맨스 라이브러리Everyman's Library'라는 오래된 문고본 총서를 접하게 되었습니다. 당시 책의 내지에는 윌리엄 모리스의 디자인 작품처럼 잎사귀와 꽃은 물론, 우아하게 주름진 중세풍 옷을 걸친 숙녀가 두루마리와 둥근 과일(사과인지 뭔지 모를) 세 알이 달린 가지를 들고 있는 모습이 그려져 있었지요. 그리고 얽히고설킨 줄기들 사이로 이런 좌우명이 새겨져 있었습니다. "에브리맨, 내 너와 동행하며 길잡이가 되어주리라. 그대가 나를 간절히 원할 때가 되면." 이 문장은 내게 큰 위안을 주었습니다. 자신들이 내 친구라고 선언하며, 여행길에 함께 오르겠다고, 유용한 조언도 해줄 뿐 아니라 필요하면 언제든 곁에 있겠다고 약속하고 있었으니까요. 기댈 언덕이 있다는 건 언제나 좋은 일이지요.

그러다 몇 년 후 대학에 등록해 필수 수업을 들었는데 그중 하나가 중세 영어였어요. 그 수업에서 이 사랑스런 인용구의 출처를 발견하고선 얼마나 소스라치게 놀랐던지요. 그것은 〈에브리맨〉이라는 중세 연극의 대사로, 여기서 '에브리맨'은 시골로 즐겁게 나들이를 가는 중이 아니라 무덤으로 향하는 길이지요. '우정'을 비롯해 모든 친구에게 버림받은 그는 자신이 가야 할 목적지가 어딘지 듣자마자 독주毒酒를 찾아 방랑합니다. 그래도 그의 곁에 유일하게 남은 친구가 있으니 바로 '선행'이지요. 그렇지만 '선행'은 몸이 너무 약해서 에브리맨을 업보로부터 구해내기에 힘이 부칩니다. 하지만 '선행'이 '지식'이라는 동생을 소개시켜주고, '지식'이 에브리맨에게 무덤까지 가는 길에 유용한 길잡이가 되겠노라고 제안하지요. 그러면서 내가 방금 인용했던 말을 뱉는 겁니다.

그러니 나와 그 책은 어릴 적 내 생각처럼 그렇게 오붓한 사이가 아니었던 거지요. 새로운 맥락에서 보면 라파엘 전파前派풍의 숙녀가 들고 있던 세 개의 둥근 과일은 악과가 분명했습니다. 그때쯤 로버트 그레이브스의 《하얀 여신》[6]을 접한지라, 사자死者의 음식을 알아볼 수 있을 것 같았지요.

여전히 나는 이 총서를 만든 그 옛날의 편집자들이 그런 디자인과 경구를 선택했다는 사실이 경탄스럽습니다. 한가로운 저승길에 《오만과 편견》과 《요정 몹사》가 무슨 도움이 될 거라고 생각한 걸까요? 그래도 생각해보면 우리 모두 편도행 티켓을 끊어놓고 같은 열차에 오른 처지이니, 가는 길에 읽을 만한 게 있으면 좋을 것 같긴 합니다. 그리고 점심 도시락도요. 그래서 과일이 그려져 있나 보네요.

이번 장의 제목은 "죽은 자와 협상하기"로, 모든 서술적 글쓰기, 아니 어쩌면 모든 글쓰기는 사실 죽음에 대한 공포와 매혹으로부터 비롯한다는 가설을 깔고 있습니다. 그러니까 위험을 무릅쓰고 사후세계로 들어가, 죽은 자로부터 무언가 또는 누군가를 데려오고자 하는 욕망에서 글쓰기가 비롯되는 게 아닐까 하는 거죠.

좀 특이한 주제라고 생각할지도 모르겠네요. 조금 특이한 게 맞습니다. 글쓰기 자체가 원래 조금 특이하니까요.

이런 가설을 세우게 된 계기는 여러 가지입니다. 첫 번째는 더들리 영의 《성스러움의 기원》[7]의 어느 평범한 문장입니다. 한때 크레타 섬에서 문명을 꽃피웠던 미노스 사람들이 문헌을 거의 남기지 않은 것은 죽음을 별로 두려워하지 않아서라는 내용이지요. 글쓰기 자체가 무엇보다도 죽음의 두려움에 대한 반작용이라는 말입니다. 작가들의 편지와 시 여기저기서 사후에 이름을 남기고 명성을 이어나가고 싶다는 말들을 그렇게 봤는데도, 나는 글쓰기를 죽음의 공포에 대한 반작용이라고 생각해본 적이 없었어요. 하지만 한 번 어떤 생각에 꽂히게 되면 그것을 뒷받침하는 증거들이 우후죽순 늘어나는 법이지요.

내 서재 바닥에 수북이 쌓여 있는 자료 무덤에서 인용문 몇 개를 거의 무작위로 뽑아봤습니다. 앤마리 맥도널드의 소설 《무릎을 꿇어라》[8]는 "그들은 이제 모두 죽었다"라는 문장으로 시작합니다. 존 어빙은 《일 년 동안의 과부》[9]에서 이렇게 말하지요. "자신이 태어나기도 전에 맞이한 오빠 토머스와 티모시의 죽음이 루스 콜이 작가가 된 또 다른 이유이다." 다음은 체호프의 말입니다.

> 기분이 우울할 때 바다나 거대한 풍경과 마주하게 되면 언제나 애수에 잠기면서 무슨 이유에선지 자신이 무명으로 살다가 죽을 거라는 확신을 느낀다. 그래서 반사적으로 연필을 낚아채 제일 먼저 손에 집히는 것에 서둘러 자신의 이름을 쓰게 된다.[10]

"죽음의 두려움에 떨고 있네Timor mortis conturbat me"[11]라는 라틴어 구절처럼 죽음에 대한 두려움만이 아니라, 그에 대한 걱정(덧없음, 무상함, 결국 언젠간 죽어야 한다는 사실)이 글을 짓고자 하는 욕구와 관계가 있다는 것을 보여주는 사례도 많습니다. 그런데 차고 넘치는 사례들을 믿고 그 관련성을 인정한 뒤 자신에게 물어봅시다. 왜 다른 예술이나 매체가 아닌 굳이 글쓰기가 개인의 최종적 소멸에 대한 불안과 그토록 밀접하게 연결되는 걸까요?

당연히 글쓰기의 속성도 한몫합니다. 이를테면 공연 무대와는 달리 영원해 보이고 결과물도 오래도록 살아남으니까요. 글을 쓰는 행위가 사고 과정을 기록하는 거라면, 그 과정으로 남는 건 일련의 화석화된 발자국입니다. 다른 예술 형태들(그림, 조각, 음악)도 오래 지속될 수는 있지만 '목소리'로서 살아남지는 못하지요. 그리고 앞서 말한 것처럼 글쓰기는 글을 쓰는 행위이고, 글이 쓰이면 목소리를 위한 악보가 되는데, 목소리가 가장 자주 하는 게 이야기를 하는 것입니다(심지어 대부분의 짧은 서정시에서조차). 길지 않더라도, 아주 짤막하더라도 말이지요. 이야기가 펼쳐지면 무언가가 모습을 드러냅니다. 구부러진 것이 곧게 펴질 수도, 세월 때문에 더 구부러질 수도 있지만, 어쨌든 길이 생깁니다. 시작과 끝도 있지요. 꼭 그 순서가 아닐 수도 있지만요. 하지만 어떻게 말을 하든 플롯은 존재합니다. 목소리는 한 사건에서 다른 사건으로, 하나의 인식에서 다른 인식으로 시간을 가로질러 이동합니다. 모든 것은 생각만으로든 실제세계에서든 변하지요. 사건은 다른 사건들과 맞물리며 벌어지고요. 그것이 시간입니다. 빌어먹을 일들이 연이어 터지는 것이지요. 여기서 중요한 단어는 "연이어"예요.

서술(스토리텔링)은 시간에 따라 펼쳐지는 사건들 간의 관계입니다. 어딘가에 메트로놈을 틀어놓지도 않고 자연을 그대로 비추면서 그걸 이야기라고 할 순 없어요. 레온 에델이 말한 것처럼, 소설이라면 작품 속에 시계가 있어야 합니다.[12] 시간을 가장 많이 의식했던 소설가 중 하나인 헨리 제임스의 전기 작가였으니 그가 이걸 모를 리 없지요. 일단 시계가 생기면 죽음도, 죽은 사람들도 생겨납니다. 알다시피 시간은 흐르다가 끝나기 마련이고, 산 사람은 시간 속에 그대로 머물지만 죽은 사람은 시간 밖에 있게 되기 때문이지요.

하지만 죽은 사람은 산 사람의 마음을 좀처럼 떠나지 않습니다. 인간이 죽으면 완전히 사라진다고 여기는 사회는 거의 없습니다. 망자에 대해 공공연히 언급하는 것을 금하는 사회가 있긴 하지만,

그렇다고 해서 그들이 아주 사라졌음을 의미하는 게 아니지요. 알면서도 대화에 올리지 않는 것은 마치 빅토리아 시대 사람들의 성에 대한 인식처럼, 오히려 그 주제의 존재감이 매우 강하다는 것을 뜻합니다. 대부분의 사회는 이런 죽은 영혼들에 하나 이상의 머물 곳을 부여해요. 망자의 영혼이 분리 가능하다거나 고대 이집트인들처럼 영혼이 한 종류 이상이라고 여기는 경우 각 영혼마다 각자의 영역을 가져야 하거든요.

또한 사회마다 죽은 자는 죽은 자의 영역에, 산 자는 산 자의 영역에 머물면서 양쪽이 원할 때에만 두 영역이 소통하게 해주는 규칙과 절차(지금은 '미신'이라 불리지만요)가 있습니다.[13] 죽은 자가 예기치 못하게 돌아오는 건 머리칼이 쭈뼛쭈뼛 서는 경험이지요. 특히 한을 풀고 싶어 하거나 화가 났을 땐 더욱 그렇습니다. 햄릿 아버지의 유령이 "나를 기억해라"[14]라고 명한 것처럼 죽은 자가 산 자에게 요구를 한 일은 그 이전에도 있었고, 그 이후에도 있었어요. 죽은 자가 불청객이 되어 찾아오는 건 희소식은커녕 깜짝 놀랄 만한 일인 경우가 대다수지요. "내일 전투에서 나를 생각해라." 살해당한 클라렌스는 유령이 되어 나타나 리처드 3세에게 이렇게 말합니다. 하지만 리처드의 적인 리치몬드에게 하는 말은 달라요. "선한 천사들이 그대의 전투를 지켜줄지니! 살아서 복을 누리게나."[15] 죽은 자가 악한 힘을 가지고 있는 건 맞지만, 이렇게 누군가를 지키기 위해 선하게 사용하기도 합니다. 신데렐라에게 무도회 복과 유리구두를 전해준 그녀의 죽은 엄마만 봐도 알 수 있지요.

삶과 죽음에 다리를 놓는 수많은 미신, 즉 규칙과 절차에는 음식이 빠질 수 없습니다. 죽은 자는 무한한 허기를 느낀다고 믿어서이지요. 멕시코의 '죽은 자의 날'은 무엇보다 죽은 자들을 위한 축제일입니다. 아이들이 좋아하는 장식용 설탕 두개골과 해골이 산 사람처럼 즐거운 한때를 보내는 모습(옷을 차려입고, 악기를 연주하고, 카드놀이를 하고, 춤추고, 술을 마시고)을 표현한 재미난 주석 공예품들을 준비하는 것은 물론이고, 먼저 떠난 가족이 생전에 좋아하던 음식들로 특별한 식사를 차리는 한편, 망자들이 보이지 않는 손을 씻을 수 있도록 대야와 수건도 마련하지요. 어떤 공동체에서는 가족들이 직접 망자를 위해 차린 음식을 먹습니다. 그것도 바로 무덤 위에서 말이에요. 또 다른 공동체에선 죽은 자가 무사히 식사를 하러 왔다가 마친 뒤 저승으로 돌아갈 수 있도록 무덤에서 집까지 (보통은 금잔화 꽃잎으로) 길을 표시합니다. 망자는 여전히 공동체의 일부로 인정받지만 그곳에 사는 주인으로서는 아니에요. 심지어 가장 사랑하는 사람이라도 손님일 뿐이므로 존경과 예의를 갖춰서 접대하고 먹을 것을 대접해야 합니다. 그래야 그 보답으로 망자가 예의바른 손님처럼 행동한 뒤 잔치가 끝나면 집으로 돌아가거든요.

이런 관행은 아직도 멀쩡히 살아 있으며, 이와 유사한 의식들(또는 그 흔적들)도 널리 퍼져 있습니다. 오래전에 그리스에서 온 어떤 사람과 이 주제로 이야기를 한 적이 있어요. 그에 따르면 그리스에서는 죽은 자를 위한 날이 되면 특정 종류의 빵(사자死者의 음식이 보통 그렇듯, 둥근 모양입니다[6])을 구워서 조상의 무덤으로 가져간 뒤 최대한 많은 행인들이 조금씩 맛볼 수 있도록 한다더군요. 낯선 이들이 빵을 더 많이 맛볼수록 이듬해 운수가 더 좋아진다고 믿어서랍니다. 낯선 사람들을 죽은 자의 대리인이라 여기고 그들에게 특별한 음식을 대접함으로써 망자들을 달래고 자신들을 보살펴달라 부탁하는 거지요.[17] 일본과 중국을 비롯한 많은 문화권에서도 이처럼 조상에게 상징적으로나마 그들의 몫을 대접합니다. 그래야 조상신이 후손에게 공경받는다는 기분이 들어 후손들을 잘 보살펴주니까요. 만약 그렇게 하지 않으면… 글쎄, 언제나 안전하게 가는 게 최선이겠죠.

그리고 우리의 핼러윈도 있습니다. 기독교 이전 고대 켈트족이 기리던 '죽은 자의 밤'의 잔해로, 지금은 주로 북미에서 즐기지요. 핼러윈이 되면 사람들은 사방에 널린 영혼들로부터 자신을 보호하기 위해 호박에 도깨비 얼굴을 새기고 양초를 넣어서 문지방을 지킵니다. 아이들은 가면과 특별한 의상을 걸치고 죽은 자를 흉내 내는데, 예전에는 유령, 마녀, 도깨비였지만, 지금은 엘비스 프레슬리, 슈퍼맨, 미키마우스처럼 요즘 기준에서 조상이라 우기는 인물들처럼 꾸미더군요. 이렇게 분장한 아이들이 집집마다 돌아다니며 음식을 달라고 부탁합니다. "과자 안 주면 장난칠 거예요"라는 이 전형적인 문구는 영혼에게 음식을 주지 않으면 그들이 해를 입힐 수 있다는 사실을 의미해요. 여기서도 죽은 자에게 음식을 주는 것은 그들을 달래서 산 자에게 복을 주게끔 하기 위해서입니다. 그 복이라는 게 죽은 자로부터 괴롭힘을 당하지 않는 것이라고 해도 말이에요.

우리 가족은 1970년대에 온타리오 시골 마을의 한 허름한 집에 살았는데 그곳은 귀신 들린 집이었어요. 마을 사람들이 그렇게 말하기도 했고, 당시 우리 집에 방문한 몇몇 손님들이 직접 겪기도 했지요. 그래서 우리는 길 건너편 농장에 사는 미신에 훤한 이웃에게 어떻게 해야 할지 물었습니다. "음식을 하룻밤 바깥에 내놓으세요." 그녀가 말했지요. "귀신에게 식사를 대접해요. 그러면 당신들이 자신을 받아들인다 생각하고 괴롭히지 않을 거예요." 좀 바보 같다는 생각이 들었지만 우리는 그대로 했고 귀신은 사라졌습니다. 그렇지만 독일 시인 릴케가 〈오르페우스에게 바치는 소네트〉에서 말한 것처럼 항상 결말이 이런 건 아니에요. "식탁 위에 빵도 우유도 놓아두지 마라/ 밤중에 죽은 자들을 홀릴지도 모르니."[18]

이 사실을 알고 나면 크리스마스이브에 산타클로스를 위해 우유와 쿠키를 준비해놓는 풍습에 대해서 심각하게 생각하게 됩니다. 특히 시칠리아에서는 '위령의 날' 이브에 빨간 복장의 남자가 아닌, 돌아가신 조부모님이 아이들에게 선물을 준다는 걸 알면 더욱 그렇습니다. 왜 우리는 이런 사실들에 놀랄까요? 산타클로스도 말로는 북극이라고 하지만 사실 다른 세계에서 왔잖아요. 다른 세계(천국, 지옥, 요정의 나라, 지하세계, 뭐라고 부르든 간에)로부터 온 자는 누구든 우리에게 행운을 주거나, 해로운 것으로부터 우리를 보호

해줍니다. 그 대가로 최소한 그들에게 기도와 감사만이라도 주어진다면 말이지요.

그 밖에 죽은 자는 무엇을 원할까요? 그건 상황에 따라 다릅니다. 이를테면 햄릿의 아버지는 복수를 원하는데 딱히 유별난 요구는 아니에요. 아벨(최초로 살해당한 인간이지요)이 죽임을 당한 뒤에 그의 피가 땅에서 울부짖었다는 이야기도 있잖아요. 이 일화는 '말하는 피'가 등장한 첫 사례로, 비슷한 사례는 이후에도 등장했습니다.[19] 또 다른 소리 내는 신체 부위로는 뼈와 머리카락이 있는데, 민요(유명한 민요 〈비노리의 두 자매Twa Sisters of Binnorie〉[20]를 생각해보세요)와 〈노래하는 뼈〉[21]와 같은 전래동화가 대표적입니다. 이 동화에서 문제의 뼈는 살해당한 소녀의 다리뼈로, 이후 피리로 만들어지지요.

현대 소설들도 이런 전통을 굳건히 따르고 있습니다. 퍼트리샤 콘웰의 스릴러 주인공 케이 스카페타 같은 법의학 병리학자, 혹은 마이클 온다치의 《아닐의 유령》의 주인공 같은 범죄 인류학자가 등장하는 소설이 그 예이지요. 이런 전통이 이토록 오래도록 집요하게 이어져 내려오는 건 정의에 대한 욕구, 복수에 대한 갈망을 드러낼 때 너무 기본적이고 핵심적인 요소이기 때문이에요. 온다치의 소설에서 늙은 장님이 손가락으로 두개골을 "읽는다"는 설정은 아주 오랜 풍경을 재현하는 듯합니다. 이는 죽은 자의 신체가 말을 할 수 있다는 것을 전제로 하는데, 단, 조건이 있어요. 우리가 사자의 말을 이해하고, 그들이 말을 하고 싶어하며, 또한 우리가 곁에 앉아 슬픈 사연을 들어주길 그들이 원해야 하죠.[22] 햄릿이 죽어가면서 친구 호레이쇼에게 "고통 속에 살아야 하겠지만, 이 험한 세상에 남아서 내 이야기를 전해다오"[23]라고 청하는 것처럼, 그들은 자신의 이야기가 들려지길 원합니다. 목소리를 내지 못하는 것도, 대강 처리되는 것도, 잊히는 것도 원치 않거든요. 그들은 우리가 알기를 원합니다. 민요 〈두 자매〉에서는 죽은 소녀의 머리칼로 만든 하프(또는 그와 비슷한 악기)가 다음과 같이 노래하며 살인자를 고발하지요. "애석해라. 내 동생, 기만스러운 엘린." 셰익스피어도(더 정확히는 맥베스도) 이렇게 말하잖아요. "피는 피를 부른다."[24]

하지만 복수와 정의가 저 세상의 망령들이 간절히 바라는 유일한 바람인 건 아닙니다. 때로는 많은 민요 속 유령들처럼 성적인 이유로 애인을 데려가려고 하기도 하지요("내 사랑 그녀가 흰 옷을 입고 왔네." 옛 애인이면 누구나 첫 닭이 울기 전에 애처로운 모습으로 침대맡에 나타날 수 있습니다). 때론 사악한 연인의 모습을 띨 때도 있어요.[25] 때론 영혼을 팔겠다는 계약서에 서명한 채무자의 영혼을 가지러 오기도 합니다. 이 모든 유령들이 원하는 것을 종합해서 한 단어(생명, 희생, 음식, 죽음을 아우르는 단어)로 말하자면, 아마 '피'일 겁니다. 이것이 죽은 자들이 가장 많이 원하는 것이며, 죽은 자의 음식이 대개(항상은 아니지만) 둥글고 붉은 빛깔을 띠는 이유이지요. 페르세포네의 석류처럼, 붉은 빛에 심장 모양을 닮은 음식 말입니다.[26]

아래는 오디세우스가 《오디세이아》 11권에서 죽은 자의 영혼을 유인하기 위해 제물을 바치는 장면입니다.

> 모든 망령들에게 간절히 기도를 한 뒤 구덩이 위에서 양들의 목을 땄소. 검은 피가 흘러내리자 온갖 혼백들이 무리지어 몰려들더군. (...) 그 많은 혼백들이 요상하게 괴성을 지르며 구덩이 주위로 달려들자 나는 새파랗게 겁에 질렸소.[27]

그럴 수밖에요. 오디세우스는 칼을 들고 구덩이 옆에 앉아서 원하는 것을 얻을 때까지 망령들이 피를 마시지 못하게 합니다. 그들과 협상하고 거래하는 것이 그의 목적이거든요. 피를 제공하면 원하는 것을 좀 더 빨리 얻을 수 있지요.

이렇게 죽은 자들은 피를 좋아합니다. 동물의 피도 괜찮지만 아주 특별한 경우엔 인간의 피여야 합니다. 흡혈귀는 말할 것도 없고 신도 이따금 같은 것을 원하지요. 그러니 밸런타인데이에 대해 다시 생각해보기 바랍니다. 나야 늘 생각하지요. 예전에 한 남자친구가 진짜 소의 심장에 진짜 화살을 꽂아서 보내준 탓에 말이에요(비닐봉지에 담아놓아서 손에서 떨어뜨리진 않았어요). 짐작했겠지만 내가 시를 좋아한다는 것을 아는 친구였지요.

내가 처음으로 접한, 망자가 뭔가 부탁을 하는 시가 있습니다. 캐나다인이 쓴 가장 유명한 시로, 학창 시절 모든 학생이 그 시를 암기해야 했어요. 보통은 그 시를 망자와 협상을 하는 시가 아니라 망자를 경건하게 기념하는 시로 여깁니다. 그래서 예상하시겠지만 매년 영령 기념일, 즉 열한 번째 달, 열한 번째 날, 열한 시가 되면 어김없이 그 시를 낭송하지요. 열한 번째 달은 11월이자 내 생일이 있는 달이라 나는 이 사실이 못내 싫었어요. 5월 하면 '꽃', 2월 하면 '심장 모형'처럼 생일 케이크 위에 올릴 만한 장식이 11월에는 없잖아요. 그런데 얼마 후 나는 점성학적으로 11월이 죽음, 섹스, 부활을 의미하는 전갈자리의 달이라는 사실을 알게 됐습니다. 그래봤자 생일 케이크를 꾸미는 데는 아무 도움도 안 됐지만요.

왜 이 세 가지가 함께 있는 걸까요? 죽음이 섹스와 부활과 무슨 관계가 있는 걸까요? 이걸 설명하려면 엄청난 각주가, 아니 책 한 권이 필요합니다. 그 책은 아마 프레이저의 《황금가지》일 겁니다. 우선 존 맥크레이의 〈플랑드르 벌판에서〉를 살펴봅시다.

> 플랑드르 들판에 양귀비꽃 피었네
> 우리가 누운 곳을 알려주는
> 줄지어 선 십자가 사이에.
> 하늘에는 종달새가 여전히
> 힘차게 노래하며 날아오르건만
> 저 아래 총소리에 묻혀 잘 들리지 않네.
>
> 운명을 달리한 우리. 며칠 전엔

> 살아서 새벽을 느끼고, 석양을 보고,
> 사랑하고 사랑 받았건만
> 지금은 플랑드르 벌판에 누워 있네.
>
> 원수와 끝내지 못한 싸움을 이어가주오.
> 힘 빠져가는 손으로 그대에게 횃불을 던지니
> 그대 붙잡고 높이 들게나.
> 그대가 우리와의 신의를 저버리면
> 우리는 잠들지 못하리니,
> 플랑드르 들판에 양귀비가 자란다 해도.[28]

어떻게 산 사람은 해 뜰 녘과 해 질 녘 사이의 시간 속에 자리하고, 어떻게 죽은 사람(대문자 D로 시작하는 the Dead)은 시간 바깥에 자리하고 있는지 보세요. 죽은 사람이 뭐라고 제안하는지 보세요. 요청을 무시하면 어떻게 하겠다고 위협하는지 보세요. 그러니 망자가 잠 못 들고 주변을 서성이길 바라지 않으면 원하는 것을 들어주는 게 좋습니다. 이 시에는 양귀비(죽은 자의 음식처럼 둥글고 빨갛습니다)만 있고 음식은 없다고 생각하겠지만 죽은 자가 무엇을 원하는지에 주목하세요. 그렇습니다, 언제나 그랬듯 그들은 피를 원합니다. 산 자의 피를요. 아니면 적어도 산 자들이 그들을 위해 전장에 피를 흩뿌리는 위험을 감수하기를 바라지요.

처음 세상에 나왔을 때 이 시는 제1차 세계대전이 끝날 때까지

이국의 적군을 향해 계속 총부리를 겨누자는 내용으로 해석되었어요. 하지만 전쟁은 80년 전에 끝났습니다. 이게 말하고자 하는 내용의 전부였다면 이 시는 오래전에 기운을 다했을 거예요. 그렇지만 아주 오래된 견고한 패턴을 구현하고 있기에 아직 강력한 무언가가 남아 있지요. 시는 말합니다. 죽은 자들이 청을 하면, 그들은 물론 그들의 요구도 무시해선 안 된다고요. 둘 다 진지하게 대하는 것이 현명하다고요.

우리는 죽은 자를 불러내 문턱을 가로지르며 그들과 거래를 합니다. 우리 세계와 그들 세계 사이에 언제나 문턱이 존재하기 때문이지요. 그래서 펜실베이니아에 가면 낡은 헛간 외벽에 육각형 문양이 새겨져 있는 것이며, 죽은 자를 불러낼 때 주변을 둘러 원을 그리는 것이고, 오디세우스가 검을 빼들고 앉아 있는 것입니다. 수많은 전설에 따르면 영혼은 금속을 지나칠 수 없거든요. 그러니 일단 영혼을 불러내는 건 가능해요. 적어도 소환자가 상황을 어느 정도 통제할 수는 있어요. 햄릿의 아버지와 지금은 자취를 감춘 진실한 사랑 이야기들처럼 행여 죽은 자가 초대 없이 온다고 해도, 알다시피 동이 틀 때까지만 버티면 그들은 절로 사라지지요. 하지만 우리의 영역(왁자지껄한 이승)이 아닌 문턱 너머 그들의 영역에서 죽은 자를 접하는 것은 정말 위험합니다. 이 세상에서 저 세상으로 길을 떠날 순 있어요. 죽은 자의 세계로 내려갔다가 산 자의 세계로 다시 돌아올 수도 있어요. 단, 그러려면 운이 따라주어야 합니다. 《아이네이스》 제6권에서 쿠마에의 무녀 시빌은 저승으로 여행을 떠나기 전 아이네이스에게 이렇게 말합니다.

> 아베르누스로 가는 건 쉽다네. 어두운 저승의 문이 밤낮으로 열려 있으니. 하지만 발자취를 되짚어 이승으로 돌아오는 것이 어렵구나.[29]

다시 말해, 저승으로의 여행은 굉장히 힘든 일(그곳에 갇힐 수도 있으니까요)이면서 전적으로 용기를 시험하는 장이에요. 그래서 서양은 물론 다양한 문화권의 전설에서 그토록 많은 영웅들이 저승으로 길을 떠나는 겁니다. 영웅들은 왜 이런 짓을 하는 걸까요? 왜 모험을 택할까요? 왜냐면 죽은 자들이 위험한 왕국 저 깊은 곳에 값지고 귀한 것들을 숨겨뒀는데, 그중에 그들이 원하거나 필요로 하는 게 있기 때문입니다.

그 귀한 것들이란 무엇일까요? 크게 네 가지로 요약할 수 있습니다.

- 부
- 지식
- 사악한 괴물과 싸울 기회
- 영영 잃어버린 사랑하는 사람

이게 전부는 아니지만 주된 목적인 건 맞습니다. 물론 여러 가지를 동시에 얻을 수도 있어요. 부와 잃어버린 연인을 한꺼번에 얻거나, 괴물과 싸우면서 지식을 구하는 등 여러 가지 조합이 가능하지요.

'부'라고 하면, 해가 뜨면 아쉽게도 석탄으로 변하는 요정의 금을 들 수 있습니다. 또한 중국의 조상신이 주는 부도 있어요. 후손이 조상을 위해 붉은 종이돈[30]을 태우면 그 대가로 진짜 돈을 가져다준다지요. 풍년을 기원하며 죽은 자들에게 제물을 바치는 경우도 있습니다. "우리에게 일용할 양식을 주옵시고"라는 짧은 기도 문구도 저세상을 향해 물질적 행복을 달라고 매우 겸손하게 비는 거예요. 모든 종류의 부는 보이지 않는 세상에서 보이는 세상으로 흐릅니다. 수렵 사회의 주술사들이 짐승의 위치를 알아내려고 무아지경에 빠지는 것도, 죽은 자는 수확을 통제하고 순록이 어디 있는지 알려줄 수 있다는 믿음에서 비롯합니다.[31] 죽은 자의 왕국은 마법의 동굴이자 알라딘의 보물 창고예요. 《오페라의 유령》의 섬뜩한 유령 에릭의 은신처처럼 호화로우면서 이상하지요. 또한 그림 형제의 동화 〈춤추는 열두 공주〉의 지하세계처럼 나무에 보석이 주렁주렁 열리기도 하고요. 그렇지만 또 다른 저승 괴물인 푸른 수염의 보물창고처럼 죽음의 손길이 닿았을 수 있으니, 제아무리 금과 보물이라도 아주 조심스레 다루어야 합니다.

두 번째는 지식입니다. 사자들은 시간 바깥에 있기 때문에 과거와 미래를 모두 알지요. "네가 어째서 나를 불렀는가?" 선지자 사무엘의 유령은 엔돌의 무당의 몸을 빌려 사울 왕에게 이렇게 말합니다.[32] 사울 왕 자신이 몸소 금해놓고선 정작 자기가 유령을 불러낸 까닭은 곧 시작될 전투에서 자신이 어떻게 될지 궁금해서입니다(결과는 그다지 좋지 않지요). 마찬가지로 오디세우스가 양성兩性의 예언자 테이레시아스의 유령을 찾는 것도 바로 미래를 알기 위해서이지요. 이는 아이네아스가 자신의 후손이 어떤 영광스런 미래를 누리는지 알기 위해 쿠마에의 시빌의 도움을 받아 죽은 자의 왕국으로 가는 동기이기도 해요(맥베스도 같은 것을 원하지만 결과는 그의 기대와 다릅니다. 그는 추잡한 늙은 마녀로 전락한 세 명의 시빌을 통해 다른 이의 자손이 복된 미래를 누릴 거라는 사실을 알게 됩니다).

 물론 지식과 부는 별개가 아닙니다. 구하고자 하는 지식이 재물을 손에 넣는 법에 대한 것일 수도 있어요. 내가 태어나 처음으로 접한 현대 단편소설은 D. H. 로런스의 고전 〈목마와 소년〉입니다. 이후로도 계속 나의 뇌리를 떠나지 않는 이야기지요. 내용이 복잡하지만 이 주제와 연결시켜 얘기하자면 이렇습니다. 한 아름다운 여성이 있습니다. 그녀는 재물운도 없고 어린 아들에게 별로 애정도 없어요. 아들은 행운이 찾아와서 엄마가 그토록 원하는 부를 얻길 간절히 바라지요. 그래야 엄마의 사랑을 조금이라도 받을 수 있을 것 같아서예요. 아들에겐 목마를 타다가 무아지경에 빠지면 미래를 보는 능력이 있습니다. 운수가 좋을 땐 목마가 "행운이 있는 곳"으로 그를 데려가 다가올 경마에서 어떤 말이 우승할지 알려주지요. 그는 이렇게 해서 부자가 되지만, 그래도 엄마의 사랑은 얻지 못합니다. 결말에 이르면 "행운이 있는 곳"이 죽은 자의 나라라는 사실이 밝혀집니다. 소년은 그곳에 무사히 도착하고도 끝내 돌아오지 못하고 죽음을 맞이하지요. 저세상으로 길을 떠나는 여행자라면 언제나 이런 운명을 맞을 수 있습니다.[33]

세 번째는 괴물과의 싸움입니다. 주술사에게 싸움은 보통 망령과의 싸움을 의미합니다. 싸움에서 이기면 망령과 친해지고, 지면 망령에 홀리지요. 또는 수확을 통제하는 힘을 놓고 망령과 싸울 때도 있어요.[34] 신화가 문학의 형태를 띠면, 보통 대결이 한두 마리의 괴물 대 영웅으로 좁혀집니다. 테세우스와 미궁에 갇힌 미노타우로스, 베오울프와 어두운 호수에 은신한 그렌델의 어미가 그 예지요. 톨킨의 《반지의 제왕》에 등장하는 간달프와 발록은 말할 것도 없고, 《호빗》에서 지하에 내려가 수수께끼 대결을 벌이는 빌보 배긴스도 있습니다. 그리고 예수도 빼놓을 수 없지요. 수난일부터 부활절까지 사흘 동안 지옥에 내려가 악마에게 저항하고, 구원자 그리스도를 기다리며 그곳에 갇혀 있던 선량한 사람들을 구해내니까요.

네 번째는 영영 잃어버린 사랑하는 사람을 찾는 것입니다. 이는 작가들과 그들이 글을 쓰는 동인과 관련해서 중요한 모티브예요. 최초로 사라진 사람은 남성으로 짐작됩니다. 연인을 찾아 나서는 가장 오래된 인물이 이집트 여신 이시스니까요. 그녀는 남편을 잃은 뒤 비통한 마음으로 그의 조각난 시신을 수습하고 그를 소생시키지요.

그리스 여신 데메테르도 그에 준하는 성과를 거둡니다. 그녀는 지하세계의 하데스에게 딸 페르세포네를 잃어버리지요. 하지만 곡물의 여신답게 잃어버린 딸이 돌아올 때까지 어떤 식물도 열매를 맺지 못하게 명하며 협상력을 발휘해요. 결국 하데스는 지하에서 어떤 것도 먹지 않는다는 조건으로 페르세포네를 돌려보내는 데 동의합니다. 그렇지만 안타깝게도 소녀는 석류(둥글고 빨간, 죽은 자들의 음식 중 하나입니다) 씨앗 여섯 알을 먹고 말아요. 죽은 자의 음식을 금하는 것은 굉장히 오래된 규칙이지요.

> 그들이 강물을 마시라 권해도
> 죽음의 물을 마시지 마라.
> 죽은 자의 들판에서 낟알을 주어도
> 그 씨앗을 받지 마라.

이난나 여신이 지옥으로 향하는 길을 노래하는 메소포타미아의 시입니다.[35]

이난나와 그녀의 남편 두무지, 두무지의 오누이 게쉬티난나 신화와 마찬가지로, 페르세포네 신화도 그녀가 1년 중 얼마간은 지하에서, 얼마간은 지상에서 보내기로 합의하면서 마무리됩니다. 그게 이 세상에 겨울이 찾아오는 이유지요.

음악가이자 시인인 오르페우스도 죽은 아내 에우리디케를 찾아 지하세계로 내려가 하데스와 협상하는 데 성공해요. 노래로 그의 마음을 사로잡아 에우리디케를 데려가도 좋다는 승낙을 얻어내지요. 단, 조건이 있으니 산 자의 땅으로 그녀를 데려가는 동안 뒤를 돌아보아서는 안 됩니다. 하지만 그는 약속을 어기고 결국 에우리디케는 다시 어두운 지하로 빨려 들어가게 되죠. 죽은 자의 음식도 먹어서는 안 되지만, 집에서 풀어야 할 선물을 너무 일찍 궁금해해서도 안 되는 법입니다.

 죽은 자의 땅으로 가서 저세상 사람을 산 자의 땅으로 데려오는 것. 이것은 인간의 아주 깊숙한 욕망이자, 아주 엄격히 금지된 행동입니다. 하지만 글을 씀으로써 죽은 자에게 일종의 생명을 부여할 수 있어요. 호르헤 루이스 보르헤스는 〈단테에 관한 아홉 편의 에세이〉[36]에서 흥미로운 이론을 제시합니다. 단테가 《신곡》, 그러니까 '지옥 편' '연옥 편' '천국 편' 세 편 전부를, 그 모든 방대하고 복잡한 세계를 만들어낸 까닭은 죽은 베아트리체를 어렴풋하게나마 보기 위해서, 그녀를 자신의 시 속으로 불러내기 위해서라는 거지요. 그가 그녀에 대해 글을 쓰고 있기에, 그녀에 대해 글을 쓴다는 그 이유만으로, 베아트리체는 작가와 독자의 마음속에 다시 살아 숨 쉴 수 있습니다. 보르헤스는 말합니다.

 여기서 이론의 여지없는 사실 하나를 염두에 두자. 대단치 않은 사실이다. 바로 그 장면이 단테의 '상상'으로 태어났다는 점이다. 우리가 보기엔 사실적인 장면이지만, 그에게는 그리 사실적이지 않다(그에게 있어서 사실은, 처음엔 삶이, 이후엔 죽음이 그로부터 베아트리체를 빼앗아갔다는 것이다). 베아트리체가 영원히 떠나자, 혼자서 아마도 망연자실해서 그녀와 함께 있는 장면을 상상한 것이다.[37]

그런 다음 보르헤스는 "그녀의 덧없는 눈빛과 미소" 그리고 "영원히 돌려버린 얼굴"에 대해 이야기합니다. 오르페우스의 이야기와 얼마나 닮았나요. 시인이 자신의 시로만 무장한 채 죽은 자의 땅에 들어가서 지옥을 가로지르고 엘리시안 필즈Elysian Fields(그리스 신화에서 선한 일을 한 영혼이 최종적으로 머무는 곳—옮긴이) 같은 곳에 도착해 사랑하는 사람을 되찾지만, 결국 또다시 잃어버리는 겁니다. 게다가 이번에는 영영 잃어버리죠. 디도가 아이네아스로부터 돌아서는 것처럼, 에우리디케가 오르페우스로부터 돌아서는 것처럼, 베아트리체가 단테로부터 돌아서는 것처럼요. 그녀가 신을 향해 가든, 행복하다고 하든, 그게 무슨 대수겠어요. 그에게 중요한 건 그녀를 잃어버렸다는 사실입니다. 하지만 다시 되찾고, 하지만 다시 잃어버리지요. '천국'의 결말은 눈을 질끈 감고 실눈으로 볼 때만 해피엔딩인 겁니다.

생각해보면 모든 책의 해피엔딩도 마찬가지입니다. 토머스 울프의 말처럼, 다시는 고향에 못 가더라도 고향에 대해 글을 쓰면 그것이 어느 정도 가능하기는 합니다. 하지만 결국 마지막 장을 만나게 되지요. 책은 또 다른 나라입니다. 그 속에 들어갔다가도 다시 나와야 해요. 지하세계처럼 그곳에서 영원히 살 수 없습니다.

베르길리우스는 작가로서 지하세계에 대해 소상히 묘사한 최초의 인물로 알려져 있습니다.《아이네이스》제6권에 등장하는 그의 짧은 기도를 볼까요.

> 영혼의 세계를 다스리는 신들이시여! 소리 없는 그림자들이여!
> 카오스와 플레게톤! 오, 무언의 밤의 광야여!
> 내가 들은 것을 말하도록 허락해주소서!
> 저 어두운 지하 깊숙이 감추어진 것을 밝히도록 동의해주소서![38]

"말하게 해주소서! 내가 밝힐 수 있도록."[39] 이런 작가의 기도를 들으면 그가 직접 그곳에 갔었다고 생각할 법하지요. 어쩌면 이것이 단테가 시인 베르길리우스를 지옥의 안내자로 선택한 이유일지도 모릅니다. 언제나 낯선 장소를 방문할 때에는 전에 그곳에 가본 적이 있는 사람, 다시 돌아오는 법을 아는(지옥을 여행할 때 가장 중요한 요소지요) 사람과 가는 게 최선이니까요.

〈오르페우스에게 바치는 소네트〉에서 릴케는 지하세계에 가본 경험을 시인의 전제조건으로 봅니다. 꼭 겪어야 하는 필수적인 여행인 거죠. 시인(오르페우스가 그 본보기지요)은 지하세계에 속한 지식을 산 사람의 땅으로 가져올 수 있는 존재이자, 우리 독자에게 이런 지식의 혜택을 줄 수 있는 존재입니다. "그는 이승 사람인가? 아니다. 그의 천성은 두 영역에서 자라났노라." 소네트 6(제1부)에서 릴케는 오르페우스에 대해 이렇게 말합니다. 소네트 9(제1부)에서는 좀 더 길게 설명하지요.

> 어둠 속에서도
> 리라를 연주해본 자만이,
> 그침 없는 찬양을
> 드릴 수 있으리.
>
> 죽은 자들과 함께 앉아
> 양귀비를 먹어본 자만이,
> 가장 희미한 가락까지
> 기억할 수 있으리 (…)
>
> 두 세상에 함께 도달할 때
> 목소리는
> 영원함과 온화함을 지키리라[40]

이 시인은 단지 저세상을 방문만 하는 게 아닙니다. 그 세계의 음식도 먹습니다. 그렇지만 이중성을 타고난 덕에 죽은 자의 음식을 먹고도 이야기를 전하러 돌아올 수 있지요.

보통 베르길리우스를 지하세계로 여행한 첫 '작가'로 본다는 얘기는 앞서 했습니다. 즉, 그는 그 세계에 대해 이야기할 목적으로 상상의 여행을 합니다. 그 세계에 대한 이야기는 물론, 저 아래서

들은 이야기까지 전부 말이지요. 또한 단테가 대부분의, 그리고 최고의 이야기를 얻은 곳도 '연옥'이나 '천국'이 아닌 '지옥'에 갇힌 자들로부터입니다. 지옥은 (아마도) 개인적인 이야기 속에 영원히 갇히는 곳이고, 천국은 (아마도) 이야기 대신 지혜를 얻을 수 있는 곳이라고 생각하면 다소 겁나긴 하지만요.

이번에는 작가로서 지하를 탐험하는 자의 훨씬 오래된 원형을 소개하고자 합니다. 바로 메소포타미아의 영웅 길가메시지요. 그에 대한 서사시는 19세기까지 해독되지 않았으므로 그가 베르길리우스나 단테에 직접적인 영향을 미쳤을 리는 없습니다. 그보다는 글을 쓰고자 하는 욕구와 죽음에 대한 공포 사이의 중요한 연결고리를 밝힌 더들리 영의 논문을 증명하는 선례적 사례에 가까워요.

이야기 초반에 길가메시(왕으로, 반신반인입니다)는 명성을 떨치고 사후에 이름을 남기고 싶어 합니다. 그리고 엔키두라는 야생인을 길들여서 동지로 삼은 뒤 함께 영웅적인 위업을 이루지요. 하지만 이시타르 여신(알고 보니 사랑과 죽음의 여신입니다)을 모욕한 대가로 엔키두는 죽을 운명에 처합니다. 모든 이가 진흙을 먹고 꾀죄죄한 깃털을 걸쳐야 하는 비참한 지하세계로 내려가야 하는 거지요.

길가메시는 몹시 괴로워합니다. 엔키두도 잃어버렸고 이젠 죽음마저 두렵습니다. 그래서 그는 한 불사의 인간으로부터 영원한 삶의 비결을 알아내기 위해 길을 떠나지요. 황야를 넘고 어두운 산을 지나 나무에 보석이 주렁주렁 달려 있는 정원을 통과한 뒤 죽음의 강을 건넙니다. 결국 불사의 인간 우트나피시팀을 만나서 홍수 이야기를 듣고 영생의 열쇠를 건네받아요. 하지만 열쇠를 잃어버리고 그 먼 길을 걸어 자신의 왕국으로 돌아가야 하는 처지가 됩니다. 그의 여정은 이렇게 끝납니다. "그는 지혜로웠다. 그는 불가사의를 보았고, 비밀스런 것들을 깨달았고, 홍수가 나기 전의 이야기를 우리에게 가져왔다. 그는 온갖 고초에 시달려 지치고 피곤한 몸으로 긴 여행에서 돌아와 그 모든 이야기를 돌에 새겼다."[41]

얼마 전 작가들이 여럿 모인 저녁식사 자리에서 나는 이 주제를 끄집어냈습니다. 이렇게 말했지요. "길가메시는 최초의 작가였어요. 그는 삶과 죽음의 비밀을 알기 위해 지옥을 겪고 돌아왔어요. 하지만 불멸은 얻지 못했지요. 얻은 거라곤 달랑 이야기 두 개뿐. 하나는 지옥에 다녀온 이야기, 또 하나는 홍수 이야기죠. 그러니 그가 진짜 가져온 건 이야기 두 개뿐이에요. 그런 뒤 녹초가 된 몸으로 모든 이야기를 돌에 새기죠."

"맞아요, 그래요." 그러면서 그들은 이렇게 덧붙였습니다. "당신도 해봐요. 가서 이야기를 가져와요. 녹초가 되도록 경험하고 돌아와서 전부 돌에 새겨요. 아니, 초고를 한 여섯 번쯤 고치면 돌처럼 느껴질 수도 있겠네요."

"어디로 가라고요?" 내가 물었지요.

"이야기가 있는 곳으로요." 그들이 답했습니다.

이야기가 있는 곳? 이야기는 암흑 속에 있습니다. 그래서 영감이 떠오르는 것을 섬광에 비유하는 것이지요. 내러티브 속으로, 내러티브의 과정 속으로 들어가는 건 어두운 길을 걷는 것과 같습니다. 누구도 한 치 앞을 볼 수 없어요. 시인들도 이 사실을 압니다. 역시나 컴컴한 길을 지나가니까요. 영감의 우물은 저 아래로 이어지는 굴입니다.

"내게 용담꽃을 줘요, 횃불을 줘요!" 지하세계와 친밀한 작가 D. H. 로런스는 〈바바리아의 용담꽃〉에서 이렇게 말합니다. "이 푸른색 두 갈래 꽃의 횃불로 혼자 길을 찾으려 하니/ 푸른색이 푸르름을 만나 더욱더 어두워지는 층계를 내려가/ 페르세포네조차 가는 곳으로 (…)"[42] 그렇습니다. 하지만 시인은 왜 직접 그 어두운 층계를 내려가려는 걸까요? 시에는 그에 대한 답이 없지만, 추측컨대 죽고 싶어서는 아닐 겁니다. 그보다는 시인이기에 시를 짓기 위해 아래로 내려가는 게 틀림없습니다. 릴케의 주장대로 시인은 두 영역에 모두 속해야 하니까요.

지하세계는 비밀을 수호합니다. 어마어마한 비밀을 숨기고 있으며, 당신이 갖고 싶어 하는 모든 비밀이 거기 있지요. 이야기가, 아니 꽤 많은 이야기들이 감춰져 있습니다. "저 아래에는 무언가가 있다. 그대는 그것을 들려주고 싶어 한다."[43] 시인 그웬돌린 매큐언은 이렇게 말합니다. 에이드리언 리치의 〈난파선 속으로 잠수하기〉에서 보물을 두른 죽은 자들 사이를 잠수하는 화자(예언자 테이레시아스처럼 이중의 성을 가지고 있지요)의 동기도 이와 비슷합니다.

사다리가 있다.
	사다리는 언제나 거기 있다 (…)

	우리는 그것이 어디에 쓰이는 줄 안다,
	그것을 사용한 사람이 우리니까 (…)
	나는 내려간다.

	나는 난파선을 조사하러 왔다.
	말이 목적이다.
	말이 지도다.
	나는 배가 입은 피해와
	아직 살아남은 보물을 보러 왔다 (…)

	(…) 내가 찾으러 왔던 것은
	난파선이지 난파선 이야기가 아니다
	난파선 그 자체이지 그것을 둘러싼 신화가 아니다[44]

퀘벡 출신 시인 안 에베르 역시 이러한 놀라운 시를 쓴 적 있습니다. 〈왕들의 무덤〉이라는 제목의 시로, 한 여자아이("몹시 놀란, 태어난 지 얼마 안 된" 소녀)가 꿈속에서 눈먼 매의 형상을 한 자신의 심장을 쥐고서 무덤 속으로 내려가 지하 미로를 통과합니다. 그곳에서 죽은 왕들, 그리고 그들의 이야기를 발견하지요. 이제 보석이 박힌 예술 작품처럼 보이는 "오래도록 다듬어진 몇 편의 비극"을요. 이어서 그에 대한 교환 행위가 일어납니다. 흡혈 의식이지요. 죽은 자들이 살아 있는 사람의 피를 마시고 그녀를 죽이려 합니다. 그녀는 죽은 자들을 떨쳐내고 그곳에서 벗어납니다. 하지만 덕분에 그녀의 심장(눈먼 새)이 앞을 볼 수 있게 되지요.[45]

죽은 자들은 피를 구합니다. 앞서 말했듯 그들은 허기와 갈증에 시달리지요. 그들에게 피를 제공한 대가로 시인은 천리안을 얻고 시인으로서의 정체성을 완성합니다. 오래된 합의 방식대로지요.

모든 작가들은 죽은 자들로부터 가르침을 얻습니다. 계속 글을 쓰는 한, 작가는 앞서 글을 썼던 작가들의 작품을 끊임없이 탐구하게 됩니다. 동시에 그들에게 평가받고 질책당한다고 느끼지요. 하지만 작가는 작가로부터만이 아니라, 모든 형태의 조상으로부터 배울 수 있습니다. 죽은 자들은 과거도, 이야기도, 특정한 진실(지하세계로의 여정을 다룬 윌프레드 오언의 시 〈이상한 만남〉에서 "감춰진 진실"[46]이라 부르는 것)도 모두 통제할 수 있으니까요. 그러므로 이야기를 마음껏 탐닉하려면 결국 지나간 시간에서 온 사람들과 거래를 해야 합니다. 그 지나간 시간이 겨우 어제라 하더라도 과거는 과거이지요. 글을 쓰고 있는 '지금'이 아니라.

모든 작가는 '지금'에서 '옛날 옛적'으로 가야 합니다. 이곳에서 저곳으로 가야 합니다. 이야기가 숨겨져 있는 저 아래로 내려가야 합니다. 과거에 붙잡혀 옴짝달싹 못하게 되지 않도록 조심해야 합니다. 보기에 따라서 절도든, 회수든, 뭐든 해야 합니다. 죽은 자들이 제아무리 보물을 갖고 있다고 해도, 산 자들의 땅으로 되가져와 시간 속에 또 한 번 들이지 않는 이상, 그러니까 관객의 영역에, 독자의 영역에, 변화의 영역에 들이지 않는 이상, 그 보물은 아무 쓸모가 없으니까요.

그렇게 되면 속에 감춰져 있던 것들을 밖으로 드러낼 수 있습니다. 영감에 대해, 황홀경과 꿈의 환영에 대해, 또는 부적과 기도에 대해 말할 수 있습니다(이 모든 게 오랜 시적 전통과 관계가 있지요). 한 걸음 더 나아가서 많은 이들이 그래 온 것처럼 작가의 무속적 역할에 대해서도 말할 수 있습니다. 물론 은유적 표현일 수도 있겠지만 그렇다면 아주 오랫동안 작가들에게 굉장히 중요한 의미를 지닌 은유일 테지요.

이런 주제를 놓고 얘기하다 보면 순식간에 애매모호해지거나 어깨에 힘이 잔뜩 들어갈 수 있습니다. 그렇지만 진짜 학자의 말을 인용해서 그 과정에 어느 정도 신뢰를 보태고자 합니다. 아래는 이탈리아 사회역사학자 카를로 긴즈부르그의 책 《밤의 역사》의 한 부분입니다.

> 분명한 것은 (…) 훗날 악마의 연회에 영향을 미친 신화들에 중요한 유사점이 하나 있다는 사실이다. 이들은 전부 공통의 주제를 가지고 있다. 바로 저세상으로 갔다가 돌아오는 것이다. 이런 기본적 서술의 핵심은 수천 년 동안 인류와 함께해왔다. 수렵, 채집,

농경 등 문화 기반이 완전히 다른 사회에 의해 수없이 많은 변주가 생겨났지만, 그 기본 구조는 변하지 않았다. 왜 이 구조는 이토록 영속적인 것일까? 답은 아주 간단하다. 이야기를 한다는 것은 (문자 그대로든 은유적으로든) 과거의 시공간에서 발생하는 권위를 이용해 지금 이곳을 이야기하는 것이기 때문이다. 산 자와 죽은 자의 세계에, 보이는 영역과 보이지 않는 영역에 발을 들인다는 데서 우리는 이미 인간이란 종의 독특한 특성이 무엇인지 인식했다. 우리가 여기서 분석하고자 했던 건, 하고 많은 것들 가운데 하나의 서술이 아니라 모든 가능한 서술의 모체였다.[47]

가장 믿을 만한 출처들에서도 알 수 있듯이, 그곳에 가는 건 쉽지만 돌아오는 건 어렵습니다. 그리고 돌아오면 모든 이야기를 돌에 새겨야만 합니다. 운이 좋아 올바른 독자를 만나면 돌이 말을 할 겁니다. 돌이 혼자 세상에 남아 이야기를 들려줄 겁니다.

마지막 말은 시인 오비디우스에게 넘기겠습니다. 그는 쿠마에의 무녀 시빌에게 발언을 허락해주었죠. 그녀를 위해서뿐만 아니라, 추측컨대 오비디우스 자신을 위해서, 그리고 모든 작가들의 희망과 운명을 위해서.

하지만 운명이 내게 목소리를 남겨놓아,
사람들이 그 목소리로 나를 알아보게 될 겁니다.[48]

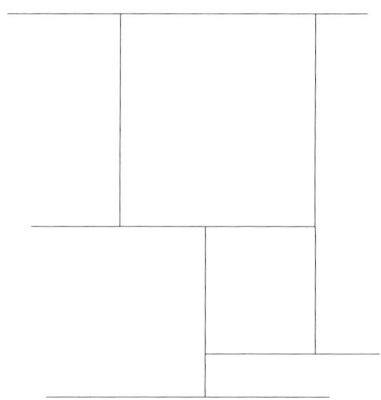

감사의 말

클레어홀에서 친절하고 너그러이 나를 맞아주었던 길리언 비어Gillian Beer 여사와 그녀의 남편 존 비어 박사Dr. John Beer에게 감사드린다. 덕분에 케임브리지에서 아주 쾌적하게 머물 수 있었다. 강연 준비를 담당해준 클레어 돈턴Claire Daunton에게도 감사를 표하고 싶다. 샐리 부셸 박사Dr. Sally Bushell는 나의 캠퍼스 가이드 역할을 책임져주었고, 영어학과의 이언 도널드슨Ian Donaldson 교수와 그의 아내 그라치아 건Grazia Gunn은 따뜻하고 유쾌한 저녁을 제공해주었다. 저메인 그리어 박사Dr. Germaine Greer에게도 그의 보편적 원칙과 용기, 훌륭한 유머감각에 대해 언제나 감사드린다. 언제나 진실된 산드라 빙리Xandra Bingley도 마찬가지다.

케임브리지대학 출판부의 세라 스탠턴Sarah Stanton은 오랫동안 편집자로 고생해줬고, 마거릿 버릴Margaret Berrill은 교열 담당자로, 밸러리 엘리스턴Valerie Elliston은 색인 작성자로 수고해주었다. 앤드루 브라운Andrew Brown은 언론학회 이사Press Academic Director다.

런던의 커티스 브라운 사에서 일하는 나의 에이전트 비비언 슈스터Vivienne Schuster, 그녀의 든든한 지원군 유언 소니크로프트Euan Thorneycroft, 그리고 또 다른 에이전트인 피비 라모어Phoebe Larmore와 다이애나 맥케이Diana MacKay에게도 큰 감사를 보낸다. 이 책에 직접적으로 관여하지는 않았지만 내가 찻길에서 뛰어노는 것과 같은 바보짓을 하지 않도록 주의 깊게 지켜봐준 사람들이다. 토론토로 눈을 돌려, 용감무쌍한 세라 쿠퍼Sarah Cooper와 나의 한때 어시스턴트였고 미래의 어시스턴트일 제니퍼 오스티Jennifer Osti, 정말 부지런히 자료를 찾고 각주 작업을 도와준 세라 웹스터Sarah Webster에게도 감사를 보낸다. 에드나 슬레이터Edna Slater의 도움으로 얼 버니Earle Birney의 1948년 기사를 발견해 1장에서 인용할 수 있었다. 마사 버터필드Martha Butterfield에게는 5장의 '갈색 올빼미' 건과 관련해 감사를 드려 마땅하다.

마지막으로 가족들에게 감사한다. 수년 동안 이 짓궂은 양엄마를 점잖고 노련하게 대해준 아들 매트Matt와 그레Grae, 언제나 새롭고 위험한 글에 두려움 없이 빠질 준비가 되어 있는 독서광 딸 제스 깁슨Jess Gibson, 그리고 내가 위태롭고 다소 조잡하기도 한 예술의 궁전에 살 수 있도록 수년 동안 사랑과 지지, 동료애로 나를 지탱해준 그레임 깁슨Graeme Gibson에게 고마운 마음을 전한다.

그리고 의도치 않게 나를 가르쳐준 이들을 포함해, 나의 모든 스승들께도 언제나처럼 감사를 보낸다.

주

경구

1. 〈강도 신랑〉은 그림 형제 동화 기본판이면 어디에나 실려 있다. 영문으로의 번역은 내가 직접 한 것이다. 해당 부분에서 여주인공은 꿈으로 위장해 진실을 이야기하고 있다.
2. Geoffrey Chaucer, 'The Millers Prologue,' from *The Canterbury Tales*, lines 3173–7, F. N. Robinson (ed.), *The Works of Geoffrey Chaucer* (London: Oxford University Press, 1957). 작가가 읽고 있는 글이 마음에 들지 않으면 다른 글을 읽으라고 독자에게 조언하고 있다.
3. A. M. Klein, 'Portrait of the Poet as Landscape,' *The Rocking Chair and Other Poems* (Toronto: Ryerson Press, 1966), p. 55.

서론: 미로 속으로

1. Elias Canetti, *The Agony of Flies* (New York: Farrar, Straus, and Giroux, 1994), p. 13.
2. Mavis Gallant, Preface, *Selected Stories* (Toronto: McClelland and Stewart, 1996), p. x.
3. Marguerite Duras, Mark Polizzotti (trans.), *Writing* (Cambridge, MA: Lumen Editions, 1993), p. 7.
4. Percy Bysshe Shelley, 'A Defense of Poetry' (1821), Donald H. Reiman and Sharon B. Powers (eds.), *Shelley's Poetry and Prose: Authoritative Texts, Criticism* (New York: Norton, 1977).
5. James Reaney, 'The Bully,' Robert Weaver and Margaret Atwood (eds.), *The Oxford*

Book of Canadian Short Stories in English (Toronto: Oxford University Press Canada, 1986), p. 153.
6. Ian McEwan, 'Reflections of a Kept Ape,' *In Between the Sheets* (London: Jonathan Cape, 1978), p. 438.
7. 리나는 내 지인이다.
8. Gallant, Preface, *Selected Stories*, p. ix.

1장 길 찾기: 넌 네가 뭐라고 생각하니?
1. E. K. Brown, 'The Problem of a Canadian Literature,' A. J. M. Smith (ed.), *Masks of Fiction: Canadian Critics on Canadian Prose* (McClelland and Stewart, 1961), p. 47.
2. James Reaney, 'The Canadian Poet's Predicament,' A. J. M. Smith (ed.), *Masks of Poetry: Canadian Critics on Canadian Verse* (McClelland and Stewart, 1962), p. 115.
3. Milton Wilson, 'Other Canadians and After,' *Masks of Poetry*, p. 38.
4. Alice Munro, 'Cortes Island,' *The Love of a Good Woman* (Penguin, 1999), p. 143.
5. Kobo Abé, E. Dale Saunders (trans.), *The Woman in the Dunes* (New York: Vintage, 1964, 1972).
6. A. M. Klein, 'Portrait of the Poet as Landscape,' *The Rocking Chair and Other Poems* (Toronto: Ryerson Press, 1966), p. 50.
7. 노스럽 프라이는 내가 토론토대학 학부 과정을 다니며 들었던 강의에서 자주 이렇게 말했다.
8. Elmore Leonard, *Get Shorty* (New York: Delta, Dell, 1990), p. 176.
9. Alice Munro, *Who Do You Think You Are?* (Agincourt, ONT.: Signet, 1978).
10. 같은 책, p. 200.

2장 이중성: 지킬의 손, 하이드의 손, 그리고 모호한 이중성
1. Gwendolyn MacEwen, 'The Left Hand and Hiroshima,' *Breakfast for Barbarians* (Toronto: Ryerson Press, 1966), p. 26.
2. Nadine Gordimer, Introduction, *Selected Stories* (London: Bloomsbury, 2000), p. 4.
3. See Isaiah Berlin, Henry Hardy (ed.), *The Roots of Romanticism* (Princeton University Press, 1999).
4. *King Lear*, Act III, Scene iv.

5. Robert Browning, 'Childe Roland to the Dark Tower Came,' E. K. Brown and J. O. Bailey (eds.), *Victorian Poetry* (New York: Ronald Press, 1942, 1962), p. 220.
6. 아델베르트 폰 샤미소Adelbert von Chamisso의 소설《페터 슐레밀의 기이한 이야기Peter Schlemihls wundersame Geschichte》의 주인공이다. 낭만주의 시대의 이중성에 대해 자세한 설명을 듣고 싶으면 랄프 팀스의《문학 심리학에서의 이중성Doubles in Literary Psychology》(Oxford: Bowes and Bowes, 1949)을 참고하라.
7. Daryl Hine, 'The Doppelgänger,' *The Oxford Book of Canadian Verse* (Toronto: Oxford University Press, 1960), p. 318.
8. Charles Dickens, *The Old Curiosity Shop* (Ware, Hertfordshire: Wordsworth Editions, 1998).
9. E. L. Doctorow, *City of God* (New York: Random House, 2000), p. 65.
10. Isak Dinesen, 'A Consolatory Tale,' *Winter's Tales* (New York: Vintage, 1993), p. 296.
11. Patrick Tierney, *The Highest Altar* (New York: Viking, 1989).
12. 시인 단테 가브리엘 로세티Dante Gabriel Rossetti는 자신의 유명한 그림《그들은 어떻게 자신과 마주쳤나How They Met Themselves》에서 이 아이디어를 써먹었다.
13. Oscar Wilde, *The Picture of Dorian Gray* (Ware, Hertfordshire: Wordsworth Editions, 1992).
14. William Fryer Harvey, *The Beast with Five Fingers* (New York: Dutton, 1947).
15. 도미니카의 재판관과 쾰른의 수도원 원장이 출간한《마녀의 망치Malleus Maleficarum》(1484)는 당대에 마법과 관련해선 교과서나 마찬가지였다.
16. 대니 섀너핸Danny Shanahan, '움직이는 손가락이 글쓰기를 마친 뒤 3주에 걸쳐 20개 도시에 북투어를 다닌다', *New Yorker*, February 21, 2000, p. 230.
17. Jorge Luis Borges, 'Borges and I,' James E. Irby (trans.), *Everything and Nothing* (New York: New Directions, 1999), pp. 74 - 5.
18. Robertson Davies, *The Merry Heart: Robertson Davies Selections 1980–1995*, (Toronto: McClelland and Stewart, 1996), p. 358.
19. 선집《보석의 책The Book of Gems》(1838, David Jesson-Dibley ed.)과《선집Selected Writings》(Manchester: Fyfield Books, 1990)에 수록된 리 헌트의 시〈벤 아뎀에 대하여About Ben Adhem〉를 참고하라. 또한 책을 든 천사의 모습이 새겨진 수많은 전쟁 기념비들도 참고하라. 책 속엔 축복받은 자들의 이름이 적혀 있을 것으로 짐작된다.
20. 예수가 손가락으로 땅에 썼다는 구절이 적힌〈요한복음〉8장 6절에서 8절까지는 예외다. 하지만 이때 뭐라고 썼는지는 알 수 없다.
21. Edgar Allan Poe, 'The Purloined Letter,' *Selected Writings of Edgar Allan Poe* (Boston:

Houghton Mifflin Company, 1956).
22. Revelation 22: 18–19.
23. Walter Benjamin, 'The Work of Art in the Age of Mechanical Reproduction,' Hannah Arendt (ed.), *Illuminations* (New York: Schocken Books, 1969).
24. See Berlin, *The Roots of Romanticism*.
25. 전설에 따르면 사기꾼 위스키젝은 경솔한 발언의 대가로 자신의 항문을 벌한다.
26. William S. Burroughs, *The Naked Lunch* (New York: Grove Press, 1992).
27. Wilde, *The Picture of Dorian Gray*, p. 47.
28. Dinesen, 'A Consolatory Tale,' p. 309.
29. Primo Levi, *The Periodic Table* (New York: Schocken Books, 1984), pp. 232–3.

3장 헌신: 위대한 펜의 신

1. Théophile Gautier, Preface, *Mademoiselle de Maupin* (New York: Modern Library, 1920), p. xxv.
2. Anna Akhmatova, 'The Muse,' Stanley Kunitz with Max Hayward (trans.), *Poems of Akhmatova* (Boston: Atlantic Monthly Press, 1973), p. 79.
3. Rainer Maria Rilke, '26, [But you, godlike, beautiful],' David Young (trans.), *Sonnets to Orpheus*, Part I (Hanover, NH: Wesleyan University Press, 1987), p. 53.
4. Irving Layton, Foreword, *A Red Carpet for the Sun* (Toronto: McClelland and Stewart, 1959).
5. Henry James, *The Lesson of the Master and Other Stories* (London: John Lehmann, 1948), p. 60.
6. Elmore Leonard, *Get Shorty* (New York: Delta, Dell, 1990), p. 313.
7. '스크라이브너즈Scribners'의 편집장이었던 맥스웰 퍼킨스(1884–1947)는 어니스트 헤밍웨이, F. 스콧 피츠제럴드, 토머스 울프의 작품을 출간한 전형적인 인재 육성형 편집자였다. 울프의 《다시는 예전으로 돌아갈 수 없다You Can't Go Home Again》(1941)의 폭스홀 에드워드란 인물이 그를 토대로 한 것으로 보인다.
8. '싸우다가 도망간 사람은 살아남아 다시 싸울 수 있다'라는 유명 격언을 살짝 바꾼 것이다.
9. Cyril Connolly, *Enemies of Promise* (Harmondsworth, Middlesex: Penguin, 1961).
10. James Joyce, *A Portrait of the Artist as a Young Man* (New York: Penguin, 1993), p. 241.

11. Eudora Welty, 'The Petrified Man,' *Selected Stories of Eudora Welty* (New York: The Modern Library, 1943), p. 55.
12. Lewis Hyde, *The Gift: Imagination and the Erotic Life of Property* (New York: Vintage, Random House, 1979, 1983).
13. Isak Dinesen, 'Tempests,' *Anecdotes of Destiny* (London: Penguin, 1958), p. 72.
14. '주여, 저는 그럴 만한 자격이 없습니다.' 〈마태복음〉 8장 8절.
15. John 8: 32.
16. See John Keats, 'Ode on a Grecian Urn,' Douglas Bush (ed.), *Selected Poems and Letters* (Cambridge, MA: Riverside Press, 1959).
17. 이런 갈등을 명확하고 압축적으로 다룬 이야기가 궁금하면 1884년에 첫 출간된 헨리 제임스의 《벨트라피오의 저자》를 참고하라. 또한 제4장도 도움이 될 것이다.
18. Alfred, Lord Tennyson, 'The Palace of Art,' George Benjamin Woods and Jerome Hamilton (eds.), *Poetry of the Victorian Period* (Chicago: Scott, Foresman, 1930, 1955).
19. 같은 책.
20. Oscar Wilde, *The Picture of Dorian Gray* (Ware, Hertfordshire: Wordsworth Editions, 1992).
21. Jorge Luis Borges, Esther Allen (trans.), 'Flaubert and his Exemplary Destiny,' Eliot Weinberger (ed.), *The Total Library: Non-Fiction 1922-1986* (London: Allen Lane, Penguin Press, 1999) p. 392.
22. 이상한 문장이 적힌 깃발은 롱펠로우의 시 〈엑셀시오Excelsior〉에도 등장하는데, 만화가 제임스 서버가 이를 아주 인상적으로 그려냈다.
23. Wilde, Preface, *Dorian Gray*, pp. 3-4.
24. Ralph Waldo Emerson, 'The Rhodora,' Reginald L. Cook (ed.), *Ralph Waldo Emerson: Selected Prose and Poetry* (New York: Rinehart, 1950), p. 370.
25. Wilde, Preface, *Dorian Gray*, p. 3.
26. Joyce, *Portrait of the Artist*, p. 215.
27. Elizabeth Barrett Browning, 'A Musical Instrument,' E. K. Brown and J. O. Bailey (eds.), *Victorian Poetry, Second Edition* (New York: Ronald Press 1962).
28. D. H. Lawrence, 'Song of a Man Who Has Come Through,' *Look We Have Come Through!* (New York: B. W. Huebsc, 1920).
29. Rilke, '3 [A god can do it. But tell me how],' *Sonnets to Orpheus*, Part I, p. 7.
30. Wilde, Preface, Dorian Gray, p. 3.
31. William Wordsworth, 'Resolution and Independence,' stanza 7, Stephen Gill and

Duncan Wu (eds.), *William Wordsworth:Selected Poetry* (Oxford University Press, 1998).
32. Franz Kafka, 'A Fasting-Artist,' Malcolm Pasley (trans.), *The Transformation and Other Stories* (London: Penguin 1992), p. 219.
33. George Gissing, E. J. Taylor (ed.), *New Grub Street* (London: Everyman, 1997), p. 7.
34. 같은 책, p. 452.
35. 같은 책, p. 459.
36. Dinesen, 'Tempests,' *Anecdotes*, pp. 145-6.
37. 아폴론에게 구애를 받았으나 거부하고 결국 병 속에 갇히게 되는 여사제 '시빌Sibyl'과 이름이 같다. '베인Vane'은 '풍향계weathervane' '허영심vanity' '헛되이in vain'에서 온 것이다.
38. Robert Graves, *The White Goddess:A Historical Grammar of Poetic Myth* (London: Faber and Faber, 1952), p. 431.
39. In Samuel Taylor Coleridge, 'The Rime of the Ancient Mariner,' *The Rime of the Ancient Mariner and Other Poems* (New York: Dover, 1992), cited by Robert Graves.
40. George Eliot, *Daniel Deronda* (Oxford University Press, 1988), p. 536.
41. 같은 책, p. 537.
42. 같은 책, p. 543.
43. Layton, Foreword, *A Red Carpet for the Sun*.
44. Germaine Greer, *Slip-Shod Sibyls:Recognition, Rejection and the Woman Poet* (London: Penguin, 1995).
45. Sylvia Plath, 'Kindness,' February 1963, *The Collected Poems* (New York: Harper and Row, 1981), pp. 269-70.
46. John Bunyan, Roger Sharrock (ed.), *The Pilgrim's Progress* (London: Penguin, 1965, 1987)을 참고했다.

4장 유혹: 프로스페로, 오즈의 마법사, 메피스토와 그 무리들
1. 볼테르의 말, Nancy Mitford's *Voltaire in Love* (London: Hamish Hamilton, 1957), p. 174에서 인용했다.
2. 같은 책, p. 160.
3. Maurice Hewlett, *The Forest Lovers* (London: Macmillan 1899), p. 2.
4. 이디스 시트웰의 말, Victoria Glendinning's *Edith Sitwell* (London: Phoenix, 1981), p. 140에서 인용했다.

5. Cyril Connolly, *Enemies of Promise* (London: Penguin, 1961), p. 109.
6. A. M. Klein, 'Portrait of the Poet as Landscape,' *The Rocking Chair and Other Poems* (Toronto: Ryerson Press, 1966), p. 53.
7. Gwendolyn MacEwen, *Julian the Magician* (Toronto: Macmillan, 1963), p. 6.
8. Henry James, 'The Author of Beltraffio,' *In the Cage and Other Tales* (London: Rupert Hart-Davis, 1958), p. 56.
9. George Eliot, *Daniel Deronda* (Oxford University Press, 1988), p. 224.
10. Baron Edward Bulwer-Lytton, *Richelieu*, Act I, Scene ii (London: Saunders and Otley, 1839), p. 39.
11. Percy Bysshe Shelly, 'A Defense of Poetry,' Donald H. Reiman and Sharon B. Powers (eds.), *Shelley's Poetry and Prose: Authoritative Texts, Criticism* (New York: Norton, 1977), p. 508.
12. James Joyce, *A Portrait of the Artist as a Young Man* (New York: Penguin, 1993), p. 247.
13. Don De Lillo, *Mao II* (New York: Penguin, 1991), p. 101.
14. Mavis Gallant, 'A Painful Affair,' *The Selected Short Stories of Mavis Gallant* (Toronto: McClelland and Stewart, 1996), p. 835.
15. Klein, 'Portrait of the Poet as Landscape,' *The Rocking Chair*, p. 50.
16. 수전 손택과 조안 아코셀라Joan Acocella와의 인터뷰에서, 'The Unquiet American,' *Observer*, 5 March, 2000.
17. Alice Munro, 'Material,' *Something I've Been Meaning to Tell You* (Toronto: McGraw Hill Ryerson, 1974), p. 35.
18. 같은 책, p. 43.
19. 같은 책, p. 44.
20. De Lillo, *Mao II*, p. 158.
21. Archibald MacLeish, 'Ars Poetica', *Collected Poems 1917–1982* (Boston: Houghton Mifflin, 1985), pp. 106-7.
22. Gertrude Stein, *Four Saints in Three Acts, Gertrude Stein: Writings 1903–1932* (New York: Library of America, 1998), p. 637.
23. Valerie Martin.
24. Gwendolyn MacEwen, Margaret Atwood and Barry Callaghan (eds.), The Poetry of Gwendolyn MacEwen: The Later Years (Toronto: Exile Editions, 1994)에서 로즈마리 설리번Rosemary Sullivan의 서문을 참고하라.

25. L. Frank Baum, *The Wizard of Oz* (London: Puffin, 1982), p. 140.
26. Klaus Mann, *Mephisto* (Hamburg: Rowohlt, 1982), p. 77. 필자인 내가 번역함.
27. George Orwell, 'Why I Write,' *The Penguin Essays of George Orwell* (London: Penguin, 1968), p. 13.
28. Job 1: 15 – 19.
29. Henry James, *The Sacred Fount* (New York: New Directions, 1995), p. ix.
30. Kenneth McRobbie, *Eyes Without A Face* (Toronto: Gallery Editions, 1960).
31. Brian Moore, *An Answer From Limbo* (Boston: Atlantic, Little, Brown, 1992), p. 322.
32. Adrienne Rich, 'From the Prison House,' *Diving into the Wreck* (New York: Norton, 1973), p. 17.

5장 성찬식: 무명인에서 무명인으로

1. Henry Fielding, *Tom Jones* (New York: Signet, Penguin, 1963, 1979), pp. 24 – 5.
2. Walter Benjamin, 'The Storyteller,' Hannah Arendt (ed.), *Illuminations* (New York: Schocken Books, 1969), p. 100.
3. Peter Gay, *The Pleasure Wars* (New York: Norton, 1998), p. 39.
4. Gwendolyn MacEwen, 'The Choice,' *The Rising Fire* (Toronto: Contact Editions, 1963), p. 71.
5. Henry James, 'The Death of the Lion,' *The Lesson of the Master and Other Stories* (London: John Lehmann, 1948). p. 86.
6. Anne Michaels, 'Letters from Martha,' *Miner's Pond, The Weight of Oranges, Skin Divers* (London: Bloomsbury, 2000), pp. 32 – 3.
7. John Le Carré, *Smiley's People* (New York: Bantam, 1974).
8. 실제로는 이렇게 말했다. "시인의 말은 듣는 게 아니라 엿듣는 것이다." 노스럽 프라이는 내가 토론토대학 학부과정을 다니며 들은 수업에서 자주 이렇게 말했다.
9. Hjalmar Söderberg, Paul Britten Austin (trans.), *Doctor Glas* (first published 1905) (London: Tandem, 1963), p. 16.
10. George Orwell, *Nineteen Eighty-Four* (Harmondsworth, Middlesex: Penguin, 1949), pp. 8 – 9.
11. 같은 책, p. 10.
12. Emily Dickinson, '441 [This is my letter to the World],' Thomas H. Johnson (ed.), *The Complete Poems of Emily Dickinson* (Boston: Little, Brown, 1890, 1960), p. 211.

13. Stephen King, *Misery* (New York: Viking, Penguin, 1987).
14. Gaston Leroux, *The Phantom of the Opera* (New York: HarperCollins, 1988).
15. Edmond Rostand, *Cyrano de Bergerac* (초판 1897년) (New York: Bantam, 1954).
16. '셰익스피어의 소네트'를 헌사 받은 인물이다.
17. Dickinson, '288 [I'm Nobody! Who are you?],' *Complete Poems*, p. 133.
18. '위선적인 독자여! 당신! 나의 쌍둥이! 나의 형제여!Hypocrite reader! – You! – My twin! – My brother!' 찰스 보들레르Charles Baudelaire, '독자에게To the Reader,' Roy Campbell (trans.), *Flowers of Evil* (Norfolk, USA: New Directions, 1955), p. 4.
19. 메릴린 먼로의 말이다. 다양한 전기 작품에서 언급된 바 있다.
20. 존 키츠가 벤자민 로버트 헤이든Benjamin Robert Haydon에게 1817년 5월 10~11일에 보낸 편지, Douglas Bush (ed.), *Selected Poems and Letters* (Cambridge, MA: Riverside Press, 1959).
21. Graham Greene, *The End of the Affair* (New York: Penguin, 1999), p. 129.
22. 같은 책, p. 148.
23. Cyril Connolly, *Enemies of Promise* (Harmondsworth, Middlesex: Penguin, 1961), p. 129.
24. 같은 책, p. 134.
25. 같은 책, p. 133.
26. 같은 책.
27. Isak Dinesen, 'The Young Man With the Carnation,' *Winter's Tales* (New York: Vintage, 1993), p. 4.
28. Ray Bradbury, 'The Martian,' *The Martian Chronicles* (New York: Bantam, 1946, 1977) p. 127.
29. 2장과 관련해 말하자면 보르헤스는 《화성연대기》의 팬이었다. 다음을 참고하라. Jorge Luis Borges, 'Ray Bradbury: The Martian Chronicles,' Eliot Weinberger (ed., trans.), *The Total Library: Non-Fiction 1922–1986* (London: Allen Lane, Penguin Press, 1999), pp. 418–19.
30. 키츠는 주저하는 능력을 "(…) 인간이 사실과 이유를 찾아내려고 안달복달하지 않고 불확실성, 미스터리, 의심 속에 있을 수 있는 능력"이라고 정의했다. 1817년 12월 22일, 조지 키츠와 토머스 키츠에게 보낸 편지, 《시와 편지들Selected Poems and Letters》.
31. Elizabeth Barrett Browning, 'Sonnets from the Portuguese,' xxviii, E. K. Brown and J. O. Bailey (eds.), *Victorian Poetry* (New York: Ronald Press, 1962).

32. 〈일 포스티노〉, 마시모 트로이시(Massimo Troisi) 등이 각본을 쓰고, 마이클 레드포드 Michael Radford가 연출했다.
33. Eduard Petiska and Jana Svábová (trans.), *Golem* (Prague: Martin, 1991).
34. Franz Kafka, 'In the Penal Colony,' *The Transformation and Other Stories* (London: Penguin, 1992), p. 137.
35. Milton Acorn, 'Knowing I Live in a Dark Age,' Margaret Atwood (ed.), *The New Oxford Book of Canadian Verse in English* (Toronto: Oxford University Press Canada, 1982), p. 238.
36. Primo Levi, Raymond Rosenthal (trans.), *The Drowned and the Saved* (London: Abacus, 1999), p. 142.
37. François Villon, 'Ballade [My lord and fearsome prince],' Galway Kinnell (ed.), *The Poems of François Villon* (Boston: Houghton Mifflin, 1977), p. 197.
38. Alexander Pushkin, 'Eugene Onegin,' Avraham Yarmolinsky (ed.), *The Poems, Prose and Plays of Alexander Pushkin* (New York: The Modern Library, 1936), p. 301.
39. John Bunyan, Roger Sharrock (ed.), *The Pilgrim's Progress* (London: Penguin, 1987), p. 147.
40. 같은 책, pp. 151-2.
41. 같은 책, p. 153.
42. Elias Canetti, *Auto da Fé* (New York: Picador, Pan Books, 1978), p. 35.
43. Jay Macpherson, 'Book,' Robert Weaver and William Toye (eds.), *The Oxford Anthology of Canadian Literature* (Toronto: Oxford University Press Canada, 1973), p. 322.
44. 음식으로서의 말씀은 고대에서부터 내려온 개념이다. 신약성서에 따르면 그리스도는 말씀이 육신이 된 자이며, 육신은 성찬식의 살을 의미한다. 또한 먹을 수 있는 두루마리(〈이사야〉 34장 4절)와 먹을 수 있는 책(〈계시록〉 제10장, 8~10절)도 참고하라.《톰 존스》의 프롤로그도 재미삼아 참고하기 바란다. 여기서 필딩은 여인숙에서 제공하는 식사에 비유하며 자신의 책 제목이 적힌 메뉴판을 제공한다. Henry Fielding, *Tom Jones* (New York: Signet, Penguin, 1963, 1979).
45. Jorge Luis Borges, 'Borges and I,' James E. Irby (trans.), *Everything and Nothing* (New York: New Directions, 1999), p. 74.
46. Abram Tertz, 'The Icicle,' *The Icicle and Other Stories* (London: Collins and Harvill, 1963).
47. Carol Shields, *Swann: A Mystery* (Toronto: Stoddart, 1987).

48. Dudley Young, *Origins of the Sacred: The Ecstasies of Love and War* (New York: St. Martin's Press, 1991), p. 325.
49. Ray Bradbury, *Fahrenheit 451* (New York: Ballantine Books, 1995).
50. 조지 오웰의《1984》에 등장하는 '메모리홀memory-hole', 그리고 보후밀 흐라발의《너무 시끄러운 고독Too Loud a Solitude》(London: Abacus, 1990)이나 어슐러 K. 르귄의《더 텔링The Telling》(New York: Harcourt, 2000)에서 책이 파괴되는 모습을 묘사한 장면들과 비교해보라.
51. Dinesen, 'The Young Man With the Carnation,' p. 25. 물론 많은 작가들이 하나님, 또는 어떤 신의 명령에 따라 글을 썼다고 느낀다. 가장 최근 눈에 띈 작가는 캐나다 소설가 마거릿 로런스Margaret Laurence로, 동료 작가 맷 코헨Matt Cohen에게 이 사실을 털어놓았다. *Typing* (Toronto: Knopf Canada, 2000), p. 186을 참고하라.

6장 하강: 죽은 자와 협상하기

1. N. K. Sandars (trans.), 'A Prayer to the Gods at Night,' *Poems of Heaven and Hell from Ancient Mesopotamia* (London: Penguin, 1971), p. 175.
2. D. H. Lawrence, 'The Ship of Death,' Richard Ellmann and Robert O'Clair (eds.), *The Norton Anthology of Modern Poetry*, second edition (New York: Norton, 1988), pp. 372–3.
3. Jay Macpherson, 'The Well,' *Poems Twice Told: The Boatman and Welcoming Disaster* (Toronto: Oxford University Press, 1981), p. 83.
4. Al Purdy, 'Remains of an Indian Village,' *Beyond Remembering: The Collected Poems of Al Purdy* (Madeira Park, BC: Harbour Publishing, 2000), p. 53.
5. Osip Mandelstam, '[Take for joy from the palms of my hands],' *Selected Poems* (New York: Farrar, Straus, and Giroux, 1975), p. 67.
6. Robert Graves, *The White Goddess: A Historical Grammar of Poetic Myth* (London: Faber and Faber, 1952).
7. Dudley Young, *Origins of the Sacred: The Ecstasies of Love and War* (New York: St. Martin's Press, 1991).
8. Ann-Marie MacDonald, *Fall on Your Knees* (Toronto: Alfred A. Knopf, 1996), p. 1.
9. John Irving, *A Widow for One Year* (Toronto: Alfred A. Knopf, 1998), p. 6.
10. Anton Chekhov, Ronald Hingley (ed. and trans.), 'Lights,' *The Oxford Chekhov Volume IV: Stories 1888–1889* (Oxford University Press, 1980), p. 208.

11. "죽음의 두려움에 떨고 있네." 윌리엄 던바William Dunbar의 〈시인의 죽음을 슬퍼하 노래Lament for the Makaris〉 중에서. (c. 1465~1513).
12. 에델Edel과 그레이엄 깁슨Graeme Gibson과의 대화 중에서.
13. 이 주제에 대해 더 많이 알고 싶으면 Claude Lévi-Strauss and Wendy Doniger, *Myth and Meaning* (New York: Schocken Books, 1995)을 참고하라.
14. 살해당한 햄릿 아버지의 유령이 하는 말이다. William Shakespeare, *Hamlet*, Act I, Scene v.
15. William Shakespeare, *Richard III*, Act V, Scene iii.
16. 중국에는 망자에게 오렌지를 바치는 풍습이 있다.
17. See W. G. Sebald, Michael Hulse (trans.), *Vertigo* (New York: New Directions, 2000), pp. 64-5.
18. Rainer Maria Rilke, '6 [Is he of this world? No, he gets],' David Young (trans.), *Sonnets to Orpheus*, Part I (Hanover, NH: Wesleyan University Press, 1987), p. 13.
19. 그림 형제의 〈거위 치는 소녀The Goose Girl〉에 등장하는, 말하는 피 세 방울을 참고 하라. Padraic Colum (intro.), *The Complete Grimms' Fairy Tales* (New York: Pantheon, 1972), pp. 404-11.
20. Francis James Child (ed.), 'The Twa Sisters,' *The English and Scottish Popular Ballads* (New York: Dover, no copyright date given), vol. I, p. 128.
21. Brothers Grimm, 'The Singing Bone,' Padraic Colum (intro.), *The Complete Grimms' Fairy Tales*, pp. 148-50.
22. 작자 미상의 민요 〈러레이도의 거리The Streets of Laredo〉를 참고하라.
23. *Hamlet*, Act V, Scene ii.
24. *Macbeth*, Act II, Scene iv.
25. Elizabeth Bowen, 'The Demon Lover,' *The Demon Lover and Other Stories* (London: Jonathan Cape, 1945)을 참고하라.
26. Louise Glück, 'Pomegranate,' *The House on Marshland* (Hopewell, NJ: Ecco Press, 1971, 1975), p. 28을 참고하라. 또한 기독교 성찬식에서 성체로 사용되는 포도주(붉은 피)와 둥근 빵(살)을 참고하라.
27. Homer, E. V. Rieu (trans.), *The Odyssey*, Book XI, (London: Penguin, 1991), p. 160.
28. Lieut.-Col. John McCrae, MD, *In Flanders Fields and Other Poems* (Toronto: William Briggs, 1919), pp. 11-12.
29. C. Day-Lewis (trans.), *The Aeneid of Virgil*, Book VI (New York: Doubleday, Anchor, 1952), p. 133, lines 126-9. 내가 내용을 각색했다.

30. 이런 제의용 돈에는 '지옥 은행권'이라는 글씨가 새겨져 있다.
31. 선사시대 사냥꾼에 대해 다룬 엘리자베스 마셜 토머스Elizabeth Marshall Thomas의 소설《세상의 모든 딸들Reindeer Moon》(New York: Pocket Books, 1991)에도 이와 비슷한 내용이 등장한다.
32. 〈사무엘기 상권〉 제28장 15절.
33. Ursula K. LeGuin, *A Wizard of Earthsea* (New York: Bantam, 1984)에서 저승 세계를 어떻게 설계했는지 참고하라.
34. Farley Mowat, *People of the Deer* (Toronto: Bantam, 1984)와 Carlo Ginzburg, Anne Tedeschi and John Tedeschi (trans.), *The Night Battles: Witchcraft and Agrarian Cults in the Sixteenth and Seventeenth Centuries* (Baltimore, MD: Johns Hopkins University Press, 1992)를 참고하라.
35. 'Inanna's Journey to Hell,' *Poems of Heaven and Hell from Ancient Mesopotamia*, p. 145.
36. Jorge Luis Borges, Eliot Weinberger (ed., trans.), 'Nine Dantesque Essays 1945 – 1951,' *The Total Library: Non-Fiction 1922–1986* (London: Allen Lane, Penguin Press, 1999), pp. 267 – 305.
37. 같은 책, p. 304. 작가들이 잃어버린 사람을 되찾기 위해 글을 쓴 사례는 수없이 많다. 캐나다 작가 중에서 세 가지 사례를 꼽으라면 다음과 같다. Graeme Gibson, *Gentlemen Death* (Toronto: McClelland and Stewart, 1995); Matt Cohen, *Last Seen* (Toronto: Vintage, 1996); Rudy Wiebe, 'Where is the Voice Coming From?,' Robert Weaver and Margaret Atwood (eds.), *The Oxford Book of Canadian Short Stories in English* (Toronto: Oxford University Press Canada, 1986).
38. Day-Lewis (trans.), *Aeneid*, Book VI, p. 137, lines 264 – 8.
39. 이탈로 칼비노Italo Calvino의, 샤머니즘이 작가의 기능 중 하나라는 취지의 논평을 참고하라. Patrick Creagh (trans.), *Six Memos for the Next Millennium* (Cambridge, MA: Harvard University Press, 1988).
40. Rilke, '9 [You have to have been among the shades],' *Sonnets to Orpheus*, Part I, p. 19.
41. N. K. Sandars (trans.), *The Epic of Gilgamesh* (London: Penguin, 1960, 1972), adapted from p. 177.
42. D. H. Lawrence, 'Bavarian Gentians,' *The Norton Anthology of Modern Poetry*, p. 372.
43. Gwendolyn MacEwen, 'Dark Pines Under Water,' *Gwendolyn MacEwen: The Early Years* (Toronto: Exile Editions, 1993), p. 156.
44. Adrienne Rich, 'Diving Into the Wreck,' *Diving into the Wreck* (New York: Norton, 1973).

45. Anne Hébert, 'The Tomb of the Kings,' Frank Scott (trans.), *Dialogue sur la Traduction* (Montreal: Editions HMH, 1970).
46. Wilfred Owen, Cecil Day-Lewis (ed.), 'Strange Meeting,' *Collected Poems of Wilfred Owen* (New York: New Directions, 1963).
47. Carlo Ginzburg, *Ecstacies: Deciphering the Witches' Sabbath* (NewYork: Penguin, 1991), p. 307.
48. Ovid, *Metamorphoses*, Mary Innes (trans.), (London: Penguin, 1955), p. 315.

참고문헌

Abé, Kobo. Saunders, E. Dale (trans.), *The Woman in the Dunes* (New York: Vintage, 1964, 1972).

Akhmatova, Anna. Kunitz, Stanley and Hayward, Stanley (trans.), *Poems of Akhmatova* (Boston: Atlantic Monthly Press, 1973).

Atwood, Margaret (ed.), *The New Oxford Book of Canadian Verse in English* (Toronto: Oxford University Press Canada, 1982).

Austen, Jane. Tony Tanner (ed.), *Pride and Prejudice* (London: Penguin, 1972).

Baudelaire, Charles. Roy Campbell (trans.), *To the Reader, Flowers of Evil* (Norfolk, USA: New Directions, 1955).

Baum, L. Frank, *The Wizard of Oz* (London: Puffin, 1982).

Benjamin, Walter. Arendt, Hannah (ed.), 'The Work of Art in the Age of Mechanical Reproduction' and 'The Storyteller,' *Illuminations* (New York: Schocken Books, 1969).

Berlin, Isaiah. Hardy, Henry (ed.), *The Roots of Romanticism* (Princeton University Press, 1999).

Birney, Earle, 'Yes, Canadians Can Read . . . But Do They?', *Canadian Home Journal*, July, 1948.

Borges, Jorge Luis. James E. Irby (trans.), 'Borges and I,' *Everything and Nothing* (New York: New Directions, 1999).

　Weinberger, Eliot (ed.), Allen, Esther (trans.), 'Flaubert and His Exemplary Destiny,' *The Total Library: Non-Fiction 1922–1986* (London: Allen Lane, Penguin

Press, 1999).

Weinberger, Eliot (ed. and trans.), 'Nine Dantesque Essays 1945–1951' and 'Ray Bradbury: the Martian Chronicles,' *The Total Library: Non-Fiction 1922–1986* (London: Allen Lane, Penguin Press, 1999).

Bowen, Elizabeth, 'The Demon Lover,' *The Demon Lover and Other Stories* (London: Jonathan Cape, 1945).

Bradbury, Ray, 'The Martian,' *The Martian Chronicles* (New York: Bantam, 1977).

Fahrenheit 451 (New York: Ballantine Books, 1995).

Brown, E. K. and Bailey, J. O. (eds.), *Victorian Poetry* (New York: Ronald Press, 1962).

Brown, E. K. Smith, A. J. M., (ed.), 'The Problem of a Canadian Literature,' *Masks of Fiction: Canadian Critics on Canadian Prose* (Toronto: McClelland and Stewart, 1961).

Bulwer-Lytton, Edward, *Richelieu* (London: Saunders and Otley, 1839).

Bunyan, John. Sharrock, Roger (ed.), *The Pilgrim's Progress* (London: Penguin, 1987).

Burroughs, William S., *The Naked Lunch* (New York: Grove Press, 1992).

Calvino, Italo. Patrick Creagh (trans.), *Six Memos for the Next Millennium* (Cambridge, MA: Harvard University Press, 1988).

Canetti, Elias, *The Agony of Flies* (New York: Farrar, Straus, and Giroux, 1994).

Wedgwood, C. V. (trans.), *Auto da Fé* (London: Picador, Pan Books, 1978).

Carroll, Lewis, *Alice in Wonderland and Through the Looking Glass* (London: Collins, no copyright date given).

Chaucer, Geoffrey. Robinson, F. N. (ed.), *The Works of Geoffrey Chaucer* (London: Oxford University Press, 1957).

Chekhov, Anton. Hingley, Ronald (ed. and trans.), 'Lights,' *The Oxford Chekhov Volume IV: Stories 1888–1889* (Oxford University Press, 1980).

Child, Francis James (ed.), *The English and Scottish Popular Ballads* (New York: Dover, no copyright date given), vol. I.

Cohen, Matt, *Last Seen* (Toronto: Vintage, 1996).

Typing (Toronto: Knopf Canada, 2000).

Coleridge, Samuel Taylor, *The Rime of the Ancient Mariner and Other Poems* (New York: Dover, 1992).

Connolly, Cyril, *Enemies of Promise* (Harmondsworth, Middlesex: Penguin, 1961).

Davies, Robertson, *The Merry Heart: Robertson Davies Selections 1980–1995* (Toronto: McClelland and Stewart, 1996).

Day-Lewis, C. (trans.), *The Aeneid of Virgil* (New York: Doubleday, Anchor, 1952).

De Lillo, Don, *Mao II* (New York: Penguin, 1991).

Dickens, Charles, *The Old Curiosity Shop* (Ware, Hertfordshire: Wordsworth Editions, 1998).

Dickinson, Emily. Johnson, Thomas H. (ed.), *The Complete Poems of Emily Dickinson* (Boston: Little, Brown 1960).

Dinesen, Isak, 'Tempests,' *Anecdotes of Destiny* (London: Penguin, 1958).

'A Consolatory Tale' and 'The Young Man With the Carnation,' *Winter's Tales* (New York: Vintage, 1993).

Doctorow, E. L., *City of God* (New York: Random House, 2000).

Duras, Marguerite. Polizzotti, Mark (trans.), *Writing* (Cambridge, MA: Lumen Editions, 1993).

Eliot, George, *Daniel Deronda* (Oxford University Press, 1988).

Ellmann, Richard and O'Clair, Robert (eds.), *The Norton Anthology of Modern Poetry*, Second Edition (New York: Norton, 1988).

Emerson, Ralph Waldo. Cook, Reginald L. (ed.), 'The Rhodora,' *Ralph Waldo Emerson: Selected Prose and Poetry* (New York: Rinehart, 1950).

Fielding, Henry, *Tom Jones* (New York: Signet, Penguin, 1963, 1979)

Gallant, Mavis, Preface and 'A Painful Affair,' *The Selected Short Stories of Mavis Gallant* (Toronto: McClelland and Stewart, 1996).

Gautier, Théophile, Preface, *Mademoiselle de Maupin* (New York: Modern Library, 1920).

Gay, Peter, *The Pleasure Wars* (New York: Norton, 1998).

Gibson, Graeme, *Gentlemen Death* (Toronto: McClelland and Stewart, 1995).

Ginzburg, Carlo. Rosenthal, Raymond (trans.), *Ecstasies: Deciphering the Witches' Sabbath* (New York: Penguin, 1991).

Tedeschi, Anne and Tedeschi, John (trans.), *The Night Battles: Witchcraft and Agrarian Cults in the Sixteenth and Seventeenth Centuries* (Baltimore, MD: Johns Hopkins University Press, 1992).

Gissing, George. Taylor, D. J. (ed.), *New Grub Street* (London: Everyman, 1997).

Glendinning, Victoria, *Edith Sitwell* (London: Phoenix, 1981).

Glück, Louise, *The House on Marshland* (Hopewell, NJ: Ecco Press, 1975).

Gordimer, Nadine, Introduction, *Selected Stories* (London: Bloomsbury, 2000).

Graves, Robert, *The White Goddess: A Historical Grammar of Poetic Myth* (London: Faber and

Faber, 1952).

Greene, Graham, *The End of the Affair* (New York: Penguin, 1999).

Greer, Germaine, *Slip-Shod Sibyls: Recognition, Rejection and the Woman Poet* (London: Penguin, 1995).

Grimm, Brothers. Padraic Colum (intro.), 'The Robber Bridegroom,' 'The Goose Girl,' and 'The Singing Bone,' *The Complete Grimms' Fairy Tales* (New York: Pantheon, 1972).

Harvey, William Fryer, *The Beast with Five Fingers* (New York: Dutton, 1947).

Hébert, Anne. Scott, Frank (trans.), 'The Tomb of Kings,' *Dialogue sur la Traduction* (Montreal: Editions HMH, 1970).

Hewlett, Maurice, *The Forest Lovers* (London, Macmillan, 1899).

The Holy Bible

Homer. Rieu, E. V. (trans.), *The Odyssey* (London: Penguin, 1991).

Hrabal, Bohumile. Michael Henry Heim (trans.), *Too Loud a Solitude* (London: Abacus, 1990).

Hunt, Leigh. Jesson-Dibley, David (ed.), *Selected Writings* (Manchester: Fyfield Books, 1990).

Hyde, Lewis, *The Gift: Imagination and the Erotic Life of Property* (New York: Vintage, Random House, 1983).

Il Postino. Written by Troisi, Massimo et al., directed by Radford, Michael. Miramax Home Entertainment, 1995.

Ingelow, Jean, *Mopsa the Fairy* (London: J. M. Dent, no copyright date given).

Irving, John, *A Widow for One Year* (Toronto: Alfred A. Knopf, 1998).

James, Henry, 'The Death of the Lion,' and 'The Lesson of the Master,' *The Lesson of the Master and Other Stories* (London: John Lehmann, 1948).

'The Author of Beltraffiio,' *In the Cage and Other Tales* (London: Rupert Hart Davis, 1958).

The Sacred Fount (New York: New Directions, 1995).

Joyce, James, *A Portrait of the Artist As a Young Man* (New York: Penguin, 1993).

Kafka, Franz. Pasley, Malcolm (ed. and trans.), 'A Fasting-Artist' and 'In the Penal Colony,' *The Transformation and Other Stories* (London: Penguin, 1992).

Keats, John. Bush, Douglas (ed.), *Selected Poems and Letters* (Cambridge, MA: Riverside Press, 1959).

King, Stephen, *Misery* (New York: Viking, Penguin, 1987).

Klein, A. M., *The Rocking Chair and Other Poems* (Toronto: Ryerson Press, 1966).

Lawrence, D. H., *Look We Have Come Through!* (New York: B. W. Huebsc, 1920).

Lawrence, D. H. Alberto Manguel (ed.), 'The Rocking-Horse Winner,' *Black Water: The Anthology of Fantastic Literature* (Toronto: Lester and Orpen Dennys, 1983).

Layton, Irving, Foreword, *A Red Carpet for the Sun* (Toronto: McClelland and Stewart, 1959).

Le Carré, John, *Smiley's People* (New York: Bantam, 1974).

LeGuin, Ursula K., *A Wizard of Earthsea* (New York: Bantam, 1984).

The Telling (New York: Harcourt, 2000).

Leonard, Elmore, *Get Shorty* (New York: Delta, Dell, 1990).

Leroux, Gaston, *The Phantom of the Opera* (New York: HarperCollins, 1988).

Levi, Primo, *The Periodic Table* (New York: Schocken Books, 1984).

Rosenthal, Raymond (trans.), *The Drowned and the Saved* (London: Abacus, 1999).

Lévi-Strauss, Claude and Doniger, Wendy, *Myth and Meaning* (New York: Schocken Books, 1995).

MacDonald, Ann-Marie, *Fall on Your Knees* (Toronto: Alfred A. Knopf, 1996).

MacEwen, Gwendolyn, *Julian the Magician* (Toronto: Macmillan, 1963).

The Rising Fire (Toronto: Contact Editions, 1963).

Breakfast for Barbarians (Toronto: Ryerson Press, 1966).

Gwendolyn MacEwen: The Early Years (Toronto: Exile Editions, 1993).

Atwood, Margaret and Callaghan, Barry (eds.), Introduction by Rosemary Sullivan, *The Poetry of Gwendolyn MacEwen: The Later Years* (Toronto: Exile Editions, 1994).

MacLeish, Archibald, *Collected Poems 1917–1982* (Boston: Houghton Mifflin, 1985).

Macpherson, Jay, *Poems Twice Told: The Boatman and Welcoming Disaster* (Toronto: Oxford University Press, 1981).

McEwan, Ian, 'Reflections of a Kept Ape,' *In Between the Sheets* (London: Jonathan Cape, 1978).

McRobbie, Kenneth, *Eyes Without A Face* (Toronto: Gallery Editions, 1960).

Malleus Maleficarum or *Hexenhammer* (1484).

Mandelstam, Osip, *Selected Poems* (New York: Farrar, Straus, and Giroux, 1975).

Mann, Klaus, *Mephisto* (Hamburg: Rowohlt Taschenbuch Verlag, 1980).

Michaels, Anne, *Miner's Pond, The Weight of Oranges, Skin Divers* (London: Bloomsbury,

  2000).
Milton, John, *Paradise Lost* (London: Penguin, 2000).
Mitford, Nancy, *Voltaire in Love* (London: Hamish Hamilton, 1957).
Moore, Brian, *An Answer from Limbo* (Boston: Atlantic, Little, Brown, 1992).
Mowat, Farley, *People of the Deer* (Toronto: Bantam, 1984).
Munro, Alice, 'Material,' *Something I've Been Meaning To Tell You* (Toronto: McGraw Hill Ryerson, 1974).
 Who Do You Think You Are? (Agincourt, ONT.: Signet, 1978).
 'Cortes Island,' *The Love of a Good Woman* (Toronto: Penguin, 1999).
Ondaatje, Michael, *Anil's Ghost* (Toronto: McClelland and Stewart, 2000).
Orwell, George, *Nineteen Eighty-Four* (Harmondsworth, Middlesex: Penguin, 1949).
 'Why I Write,' *The Penguin Essays of George Orwell* (London: Penguin, 1968).
Ovid. Innes, Mary (trans.) *Metamorphoses* (London: Penguin, 1955).
Owen, Wilfred. Day-Lewis, Cecil (ed.), *Collected Poems of Wilfred Owen* (New York: New Directions, 1963).
Petiska, Eduard and Svábová, Jana (trans.), *Golem* (Prague: Martin, 1991).
Plath, Sylvia, *The Collected Poems* (New York: Harper and Row, 1981).
Poe, Edgar Allan, 'The Purloined Letter,' *Selected Writings of Edgar Allan Poe* (Boston: Houghton Mifflin Company, 1956).
Purdy, Al, *Beyond Remembering: The Collected Poems of Al Purdy* (Madeira Park, BC: Harbour Publishing, 2000).
Pushkin, Alexander. Yarmolinsky, Avraham (ed.), *The Poems, Prose and Plays of Alexander Pushkin* (New York: The Modern Library, 1936).
Reaney, James. A. J. M. Smith (ed.), 'The Canadian Poet's Predicament,' *Masks of Poetry: Canadian Critics on Canadian Verse* (Toronto: McClelland and Stewart, 1962).
 Atwood, Margaret and Weaver, Robert (eds.), 'The Bully,' *The Oxford Book of Canadian Short Stories in English* (Toronto: Oxford University Press Canada, 1986).
Rich, Adrienne, *Diving Into the Wreck* (New York: Norton, 1973).
Rilke, Rainer Maria. Young, David (trans.), *Sonnets to Orpheus* (Hanover, NH: Wesleyan University Press, 1987).
Rostand, Edmond, *Cyrano de Bergerac* (New York: Bantam, 1954).
Sandars, N. K. (trans.), *Poems of Heaven and Hell from Ancient Mesopotamia* (London: Penguin Classics, 1971).

The Epic of Gilgamesh (London: Penguin, 1972).

Sebald, W. G. Hulse, Michael (trans.), *Vertigo* (New York: New Directions, 2000).

Shakespeare, William. Greenblatt, Stephen (ed.), *King Richard III, The Complete Works of William Shakespeare* (New York: Norton, 1997).

Macbeth, The Complete Works of William Shakespeare (New York: Norton, 1997).

The Tempest, The Complete Works of William Shakespeare (New York: Norton, 1997).

King Henry the Fifth, The Complete Works of William Shakespeare (New York: Norton, 1997).

Hamlet, The Complete Works of William Shakespeare (New York: Norton, 1997).

King Lear, The Complete Works of William Shakespeare (New York: Norton, 1997).

Shelley, Percy Bysshe. Reiman, Donald H. and Powers, Sharon B. (eds.), *Shelley's Poetry and Prose: Authoritative Texts, Criticism* (New York: Norton, 1977).

Shields, Carol, *Swann: A Mystery* (Toronto: Stoddart, 1987).

Smith, A. J. M. (ed.), *The Book of Canadian Poetry: A Critical and Historical Anthology* (Toronto: W. J. Gage, 1957).

Söderberg, Hjalmar. Austin, Paul Britten (trans.), *Doctor Glas* (London: Tandem, 1963).

Stein, Gertrude, *Four Saints in Three Acts, Gertrude Stein: Writings 1903–1932* (New York: Library of America, 1998).

Tertz, Abram, 'The Icicle,' *The Icicle and Other Stories* (London: Collins and Harvill, 1963).

Thackeray, W. M., *Vanity Fair* (London: J. M. Dent and Sons, 1957).

Thomas, Elizabeth Marshall, *Reindeer Moon* (New York: Pocket Books, 1991).

Tierney, Patrick, *The Highest Altar* (New York: Viking, 1989).

Tymms, Ralph, *Doubles in Literary Psychology* (Oxford: Bowes and Bowes, 1949).

Villon, François. Kinnell, Galway (ed.), *The Poems of François Villon* (Boston: Houghton Mifflin, 1965, 1977).

Von Chiamisso, Adelbert, *Peter Schlemihl* (London: Camden House, 1993).

Weaver, Robert and Toye, William (eds.), *The Oxford Anthology of Canadian Literature* (Toronto: Oxford University Press Canada, 1973).

Welty, Eudora; 'The Petrified Man,' *Selected Stories of Eudora Welty* (New York: The Modern Library, 1936, 1943).

Wiebe, Rudy. Atwood, Margaret and Weaver, Robert (eds.), 'Where is the Voice Coming From?,' *The Oxford Book of Canadian Short Stories in English* (Toronto:

Oxford University Press, 1986).

Wilde, Oscar, *The Picture of Dorian Gray* (Ware, Hertfordshire: Wordsworth Editions, 1992).

Wilson, Milton. Smith, A. J. M. (ed.), 'Other Canadians and After,' *Masks of Fiction: Canadian Critics on Canadian Prose* (Toronto: McClelland and Stewart, 1961).

Woods, George Benjamin and Buckley, Jerome Hamilton (eds.), *Poetry of the Victorian Period* (Chicago: Scott, Foresman, 1955).

Wordsworth, William. Gill, Stephen and Wu, Duncan (eds.), *William Wordsworth: Selected Poetry* (Oxford University Press, 1998).

Yeats, William Butler, *The Collected Poems of W. B. Yeats: Last Poems* (London: Macmillan, 1961).

Young, Dudley, *Origins of the Sacred: The Ecstasies of Love and War* (New York: St. Martin's Press, 1991).

찾아보기

◎ 인명과 작품명의 페이지 번호가 중복될 경우, 작품명에만 표기했다.

ㄱ

갤런트, 메이비스Gallant, Mavis
　〈고통스러운 일A Painful Affair〉 149
　《선집Selected Stroies》 12, 23
게이, 피터Gay, Peter
　《쾌락 전쟁The Pleasure Wars》 180
고골리, 니콜라이Gogol, Nikolai 158
　〈코Hoc〉 78
고디머, 네이딘Gordimer, Nadine
　《선집Selected Stories》 63
고티에, 테오필Gautier, Théophile 119
　《모팽 양Mademoiselle de Maupin》 98
구로사와 아키라黑澤明
　〈카게무샤影武者〉 72
그레이브스, 로버트Graves, Robert
　《하얀 여신White Goddess》 130~131, 219
그리어, 저메인Greer, Germaine
　《단정치 못한 시빌들Slip-Shod Sibyls》 135
그린, 그레이엄Greene, Graham 50
　《사랑의 종말The End of the Affair》 194~195
그림 형제Brothers Grimm 82
　〈강도 신랑Der Räuberbräutigam〉 5
　〈금빛 아이들Die Goldkinder〉 72
　〈춤추는 열두 공주Die zertanzten Schuhe〉 234
기싱, 조지Gissing, George
　《뉴 그럽 스트리트New Grub Street》 127
긴즈부르그, 카를로Ginzburg, Carlo
　《밤의 역사Storia notturna》 247~248
깁슨, 그레임Gibson, Graeme 54

ㄴ

네루다, 파블로Neruda, Pablo 200
네즈빗, 에디스Nesbit, Edith 40

ㄷ

닥터로 E. L.Doctorow, E. L.
　《신의 도시City of God》 73
단테Alighieri, Dante 239~240, 242
　《신곡Divina Commedia》 24, 98, 238
데이비스, 로버트슨Davies, Robertson 82,

167
도스토옙스키, 표도르Dostoevsky, Fyodor 50
뒤라스, 마르그리트Duras, Marguerite
　《마르그리트 뒤라스의 글Ecrire》 13
드릴로, 돈De Lillo, Don
　《마오 II Mao II》 148
디네센, 이자크Dinesen, Isak 74, 112
　〈위로가 되는 이야기A Consolatory Tale〉 72, 92
　〈카네이션을 든 청년The Young Man With the Carnation〉 196, 213
　〈템페스트Tempests〉 73, 111, 129
디킨스, 찰스Dickens, Charles 73, 110, 158, 211
　《올리버 트위스트Oliver Twist》 173
디킨슨, 에밀리Dickinson, Emily 49, 135, 187, 191~192
디포, 대니얼Defoe, Daniel 173

ㄹ

라클로, 쇼데를로 드Laclos, Choderlos De
　《위험한 관계Les Liaisons Dangereuses》 187
랜드, 에인Rand, Ayn 150
랭, 앤드루Lang, Andrew 40
러스킨, 존Ruskin, John 117
레너드, 엘모어Leonard, Elmore 57
　《겟 쇼티Get Shorty》 102
레비, 프리모Levi, Primo 203
　《주기율표Il Sistema Periodico》 92~94
레싱, 도리스Lessing, Doris
　《금색 공책Golden Notebook》 50
레이턴, 어빙Layton, Irving
　《태양을 위해 붉은 융단을A Red Carpet for the Sun》 99, 133

로런스, 데이비드 허버트Lawrence, David Herbert
　〈관통된 이의 노래Song of a Man Who Has Come Through〉 123
　〈목마와 소년The Rocking-Horse Winner〉 235
　〈바바리아의 용담꽃Bavarian Gentians〉 244
　〈죽음의 배The Ship of Death〉 216
　《채털리 부인의 사랑Lady Chatterley's Lover》 118
로런스, 마거릿Laurence, Margaret 24, 54
로브그리예, 알랭Robbe-Grillet, Alain 163
로세티, 크리스티나Rossetti, Christina 135
　〈고블린 시장Goblin Market〉 72
로셀리니, 로베르토Rossellini, Roberto
　〈로베레의 장군Il Generale Della Rovere〉 72
로스탕, 에드몽Rostand, Edmond
　〈시라노 드 베르주라크Cyrano de Bergerac〉 191
로트, 요제프Roth, Joseph
　《1002번째 밤의 이야기Die Geschichte von der 1002. Nacht》 167
루슈디, 살만Rushdie, Salman
　《그녀가 딛고 있는 땅The Ground Beneath Her Feet》 135
루이스, 윈덤Lewis, Wyndham 108
르루, 가스통Leroux, Gaston
　《오페라의 유령Le fantome de l'Opera》 190, 234
리니, 제임스Reaney, James
　〈깡패The Bully〉 18
　《캐나다 시인의 곤경The Canadian Poet's Predicament》 28

리처드슨, 새뮤얼Richardson, Samuel
　《찰스 그랜디스 경의 내력The History of Sir Charles Grandison》 187
　《클러리사 할로Clarissa Harlowe》 187
　《파멜라Pamela》 187
리치, 에이드리언Rich, Adrienne
　〈감옥에서From the Prison House〉 176
　〈난파선 속으로 잠수하기Diving Into the Wreck〉 244
리클러, 모데카이Richler, Mordecai 54
릴리엔크론, 데틀레프 폰Liliencron, Detlev von 180
릴케, 라이너 마리아Rilke, Rainer Maria
　〈오르페우스에게 바치는 소네트Die Sonette an Orpheus〉 99, 123, 226, 240, 244

ㅁ

마이클스, 앤Michaels, Anne
　〈마사에게 온 편지Letters from Martha〉 181
만, 클라우스Mann, Klaus
　《메피스토Mephisto》 164, 170~171
만, 토마스Mann, Thomas
　《마리오와 마술사Mario und der Zauberer》 167
만델슈탐, 오시프Mandelstam, Osip
　〈내 양 손바닥에서 기쁨을 취하라Take for joy from the palms of my hands〉 217
말라파르테, 쿠르초Malaparte, Curzio
　《망가진 세계Kaputt》 173
말로, 크리스토퍼Marlowe, Christopher
　〈포스터스 박사의 비극Dr. Faustus〉 167
매큐언, 그웬돌린MacEwen, Gwendolyn 164
　《마술사 줄리언Julian the Magician》 141
　〈물 아래의 어두운 소나무Dark Pines Under Water〉 244
　〈선택The Choice〉 180
　〈왼손과 히로시마The Left Hand and Hiroshima〉 63
매큐언, 이언McEwan, Ian
　〈사로잡힌 유인원의 고찰Reflections of a Kept Ape〉 19
매클루언, 마셜McLuhan, Marshall
　《구텐베르크 은하계The Gutenberg Galaxy》 54
매클리시, 아치볼드MacLeish, Archibald
　〈시학Ars Poetica〉 162
맥도널드, 앤마리MacDonald, Ann-Marie
　《무릎을 꿇어라Fall on Your Knees》 220
맥크레이, 존McCrae, John
　〈플랑드르 벌판에서In Flanders Fields〉 230
맥퍼슨, 제이Macpherson, Jay
　〈우물The Well〉 217
　〈책Book〉 208
맨스필드, 캐서린Mansfield, Katherine 47
머독, 아이리스Murdoch, Iris 50
먼로, 메릴린Monroe, Marilyn 193
먼로, 앨리스Munro, Alice 54, 177
　〈넌 도대체 네가 뭐라고 생각하니Who Do You Think You Are〉 58~59
　〈재료Material〉 156~157, 173
　〈코테스 섬Cortes Island〉 29
메리메, 프로스페르Merimée, Prosper
　《일르의 비너스Vénus de l'Isle》 142
메탈리어스, 그레이스Metalious, Grace
　《인디언 여름Peyton Place》 42
멜빌, 허먼Melville, Herman
　《모비딕Moby Dick》 42

모리스, 윌리엄Morris, William 218
모리에, 조르주 뒤Maurier, George du
　《트릴비Trilby》 167
몸, 윌리엄 서머싯Maugham, Somerset 194
무어, 브라이언Moore, Brian
　《림보에서 온 대답An Answer from Limbo》 175
뮤, 샬롯Mew, Charlotte 135
밀러, 헨리Miller, Henry 49
　《북회귀선Tropic of Cancer》 118
밀턴, 존Milton, John
　《실낙원Paradise Lost》 157

ㅂ

바르뷔스, 앙리Barbusse, Henri
　《지옥L'Enfer》 174
바움, 라이먼 프랭크Baum, Lyman Frank
　《오즈의 마법사The Wizard of Oz》 164~166
바이런, 조지 고든Byron, George Gordon 89, 113
바이어트, A. S.Byatt, A. S.
　《소유Possession》 135
버니, 얼Birney, Earle 33
버로스, 윌리엄Burroughs, William 90, 118
번연, 존Bunyan, John
　《천로역정The Pilgrim's Progress》 205~206
벌린, 이사야Berlin, Isaiah
　《낭만주의의 뿌리The Roots of Romanticism》 65
　　베르길리우스Publius Vergilius Maro
　《아이네이스Aeneis》 240~241
베르나르, 사라Bernhardt, Sarah 129
베리만, 잉마르Bergman, Ingmar

〈마술사Ansiktet〉 167
베케트, 사뮈엘Beckett, Samuel 23
　〈크라프의 마지막 테이프Krapp's Last Tape〉 186~187
벤야민, 발터Benjamin, Walter
　〈기계복제 시대의 예술 작품Das Kunstwerk im Zeitalter seiner technischen Reproduzierbarkeit〉 88
　〈이야기꾼Der Erzähler〉 180
벨, 스티브Bell, Steve 90
보들레르, 샤를Baudelaire, Charles 50, 113, 192
보르헤스, 호르헤 루이스Borges, Jorge Luis 117
　〈단테에 관한 아홉 편의 에세이Nueve ensayos dantescos〉 238~239
　〈보르헤스와 나Borges y Yo〉 80~81, 92, 210
볼드윈, 제임스Baldwin, James 49
볼테르Voltaire 108, 140, 193
뵐, 하인리히Böll, Heinrich 50
브라우닝, 로버트Browning, Robert
　〈롤랜드 공 암흑의 탑에 이르다Childe Roland to the Dark Tower Came〉 66~68
브라우닝, 엘리자베스 배럿Browning, Elizabeth Barrett 135
　〈악기A Musical Instrument〉 120~124
　〈포르투갈인의 소네트Sonnets from the Portuguese〉 200
브라운, E. K.Brown, E. K.
　《캐나다 문학의 문제The Problem of a Canadian Literature》 28
브래드버리, 레이Bradbury, Ray
　《화성 연대기Martian Chronicles》 197~198

《화씨 451Fahrenheit 451》 211
브레히트, 베르톨트Brecht, Bertolt 50
브론테, 에밀리Brontë, Emily Jane 110
비용, 프랑수아Villon, François 204

ㅅ
사르트르, 장폴Sartre, Jean-Paul 50
새커리, 윌리엄 메이크피스Thackeray, William Makepeace
　《허영의 시장Vanity Fair》 167, 203
생시몽, 클로드앙리 드 르부루아 드Saint-Simon, Claude-Henri de Rouvroy de 186
섀너핸, 대니Shanahan, Danny 79
섹스턴, 앤Sexton, Anne 135
셀러즈, 피터Sellers, Peter 50
셰익스피어, 윌리엄Shakespeare, William 33, 89, 110, 228
　〈로미오와 줄리엣Romeo and Juliet〉 43
　〈리어왕King Lear〉 67, 75
　〈실수연발The Comedy of Errors〉 75
　〈템페스트The Tempest〉 164, 168, 169
　〈헨리 5세Henry V〉 158
셸리, 퍼시Shelley, Percy Bysshe 17
소로, 헨리 데이비드Thoreau, Henry David 34
손택, 수전Sontag, Susan 154
쇠데르베리, 얄마르Söderberg, Hjalmar
　《닥터 글라스Doktor Glas》 184
슈트라우스, 리하르트Strauss, Richard 133
　〈살로메Salome〉 132
스콧, 월터Scott, Walter 104
스타인, 거트루드Stein, Gertrude 162
스타인벡, 존Steinbeck, John
　《분노의 포도The Grape of Wrath》 49
스테픈울프Steppenwolf 49

스티븐슨, 로버트 루이스Stevenson, Robert Louis
　《지킬 박사와 하이드Dr. Jekyll and Mr. Hyde》 74
시어러, 모이라Shearer, Moira 130
시트웰, 이디스Sitwell, Edith 141
실즈, 캐롤Shields, Carol
　《스완Swann》 135, 210

ㅇ
아널드, 매슈Arnold, Matthew 117
아베 코보安部公房
　《모래의 여자砂の女》 30~32
아틀라스, 찰스Atlas, Charles 40
아흐마토바, 안나Akhmatova, Anna
　〈뮤즈The Muse〉 98
애트우드, 마거릿Atwood, Margaret
　《고양이 눈Cat's Eye》 213
어빙, 존Irving, John
　《일 년 동안의 과부A Widow for One Year》 220
에델, 레온Edel, Leon 173, 222
에머슨, 랠프 월도Emerson, Ralph Waldo 120
에베르, 안Hebert, Anne
　〈왕들의 무덤Le Tombeau des rois〉 245, 246
에어하트, 아멜리아Earhart, Amelia 39
에이미스, 마틴Amis, Martin
　《정보The Information》 150
에이콘, 밀턴Acorn, Milton 202
엘리엇, T. S.Eliot, T. S. 71, 132, 148
엘리엇, 조지Eliot, George 85
　《다니엘 데론다Daniel Deronda》 131, 146
　《플로스 강의 물방앗간The Mill on the

Floss》 43
엠프슨, 윌리엄Empson, William
　　《모호함의 일곱 가지 유형Seven Types of
　　　Ambiguity》 14
엥글, 메리언Engel, Marian 54
영, 더들리Young, Dudley
　　《성스러움의 기원Origins of the Sacred》
　　　211, 220, 242
예이츠, 윌리엄Yeats, William 49, 64, 101,
　　175
오닐, 유진O'Neill, Eugene 49
오르치, 에마Orczy, Emma
　　《스칼렛 핌퍼넬Scarlet Pimpernel》 64
오브라이언, 플랜O'Brien, Flann 50
오스틴, 제인Austen, Jane 211, 42, 110
　　《오만과 편견Pride and Prejudice》 219
오언, 윌프레드Owen, Wilfred
　　〈이상한 만남Strange Meeting〉 246
오웰, 조지Orwell, George 50
　　《1984》 67, 184
　　《파리와 런던의 밑바닥 생활Down and
　　　Out in Paris and London》 158
오펜바흐, 자크Offenbach, Jacques
　　〈호프만 이야기Les contes d'Hoffmann〉
　　　167
온다치, 마이클Ondaatje, Michael 54
　　《아닐의 유령Anil's Ghost》 227
와일드, 오스카Wilde, Oscar 120, 174
　　《도리언 그레이의 초상The Picture of
　　　Dorian Gray》 77, 78, 119, 125
　　〈살로메Salome〉 132
와일리, 필립Wylie, Philip
　　《독사의 자식들Generation of Vipers》
　　　133
와트, 알렉산데르Wat, Aleksander 23

울프, 버지니아Woolf, Virginia 24, 49
울프, 토머스Wolfe, Thomas 239
워즈워스, 윌리엄Wordsworth, William 125
월리스, D. 포스터Wallace, David Foster
　　《섬뜩한 남자와의 짧은 인터뷰Brief
　　　Interviews With Hideous Men》 150
웰티, 유도라Welty, Eudora
　　〈화석인The Petrified Man〉 109
위고, 빅토르Hugo, Victor 158
위베, 루디Wiebe, Rudy 55
윈저, 캐슬린Winsor, Kathleen
　　《포에버 앰버Forever Amber》 42
윌리엄스, 테네시Williams, Tennessee 49
윌슨, 밀턴Wilson, Milton
　　《기타 캐나다인들과 그 후Other
　　　Canadians and After》 29
이셔우드, 크리스토퍼Isherwood, Christopher
　　50
　　《나는 카메라다I Am A Camera》 174
이오네스코, 외젠Ionesco, Eugene 50
인절로, 진Ingelow, Jean
　　《요정 몹사Mopsa the Fairy》 219

ㅈ

제임스, 헨리James, Henry 15, 115, 222
　　《대가의 교훈The Lesson of the Master》
　　　99, 143
　　〈유명인의 죽음The Death of the Lion〉
　　　181
　　《밝은 모퉁이 집The Jolly Corner》 77
　　〈벨트라피오의 저자The Author of
　　　Beltraffio〉 143~145
　　《성스러운 샘The Sacred Fount》 174
조이스, 제임스Joyce, James 49, 108, 120,
　　147

《율리시스Ulysses》 118
《젊은 예술가의 초상Portrait of the Artist as a Young Man》 145
존슨, 벤Jonson, Ben
〈연금술사The Alchemist〉 167
졸라, 에밀Zola, Émile 50
《나는 고발한다J'accuse》 158
《제르미날Germinal》 158
지드, 앙드레Gide, André 50
《교황청의 지하실Les Caves du Vatican》 154
《라프카디오Lafcadio》 163

ㅊ
채터턴, 토머스Chatterton, Thomas 66
체호프, 안톤Chekhov, Anton 110, 163, 221
초서, 제프리Chaucer, Geoffrey 89
《캔터베리 이야기The Canterbury Tales》 5, 84

ㅋ
카네티, 엘리아스Canetti, Elias
《파리의 고통Die Fliegenpein》 12
《화형Auto da Fé》 207
카라바조, 미켈란젤로 다Caravaggio, Michelangelo da 84
카뮈, 알베르Camus, Albert 50
카푸스친스키, 리샤르드Kapuściński, Ryszard
《황제Cesarz》 173
카프카, 프란츠Kafka, Franz 50
〈단식 광대Ein Hungerkünstler〉 125
칼라일, 토머스Carlyle, Thomas 17
캐럴, 루이스Carrol, Lewis
《거울 나라의 앨리스Through the Looking-Glass and What Alice Found There》 68, 94, 95
코널리, 시릴Connolly, Cyril 82, 107, 128
《불안한 무덤The Unquiet Grave》 50, 82
《약속의 적Enemies of Promise》 106, 141, 195, 196
콘웰, 퍼트리샤Cornwell, Patricia 227
클라인, A. M.Klein, A. M.
〈풍경으로서의 시인의 초상Portrait of the Poet as Landscape〉 5, 46, 141, 150, 151
키르케고르, 쇠렌Kierkegaard, Søren 49
키츠, 존Keats, John 18, 84, 114, 194, 198
〈그리스 항아리에 부치는 노래Ode on a Grecian Urn〉 116
〈정열과 환희의 시인들이여Bards of Passion and of Mirth〉 62
킹, 스티븐King, Stephen
《미저리Misery》 190

ㅌ
터너, 윌리엄Turner, William 117
테니슨, 앨프리드Tennyson, Alfred
〈예술의 궁전The Palace of Art〉 114, 115
테르츠, 아브람Tertz, Abram
〈고드름The Icicle〉 210
토머스, 딜런Thomas, Dylan 50
톨스토이, 레프Tolstoy, Lev 50
톨킨, J. R. R.Tolkien, J. R. R.
《반지의 제왕Lord of the Rings》 236
《호빗The Hobbit》 236
트라번, B.Traven, B.
《시에라 마드레의 황금The Treasure of the Sierra Madre》 45
트롤럽, 앤서니Trollope, Anthony 195

티어니, 패트릭Tierney, Patrick
《가장 높은 제단The Highest Altar》 75

ㅍ

파운드, 에즈라Pound, Ezra 49
퍼디, 알Purdy, Al
〈인디언 마을의 유적Remains of an Indian Village〉 217
퍼킨스, 맥스웰Perkins, Maxwell 105
페로, 샤를Perrault, Charles
〈빨간 모자Le Petit Chaperon rouge〉 35
페이지, 패티Page, Patti 40
포, 에드거 앨런Poe, Edgar Allan 40, 84
〈윌리엄 윌슨William Wilson〉 77
포크너, 윌리엄Faulkner, William 49
푸시킨, 알렉산드르 세르게이비치Pushkin, Aleksandr Sergeyevich
〈예브게니 오네긴Евгений Онегин〉 204
푸치니, 지아코모Puccini, Giacomo
〈라보엠La Bohème〉 65
프라이, 노스럽Frye, Northrop 183
《비평의 해부The Anatomy of Criticism》 54
프랑크, 안네Frank, Anne 186
프레이저, 제임스 조지Frazer, James George
《황금가지The Golden Bough》 230
프루스트, 마르셀Proust, Marcel 50
플라스, 실비아Plath, Sylvia 135
〈레이디 나사로Lady Lazarus〉 134
플라톤Platon
《국가Politeia》 155
플로베르, 귀스타브Flaubert, Gustave 50, 86, 117, 127, 143
《마담 보바리Madame Bovary》 118
《살람보Salammbô》 142

〈살로메Salome〉 132
피란델로, 루이지Pirandello, Luigi 50
피츠제럴드, 스콧Fitzgerald, F. Scott 49
《위대한 개츠비The Great Gatsby》 174
피츠제럴드, 에드워드Fitzgerald, Edward
《오마르 하이얌의 루바이야트The Rubáiyát of Omar Khayyám 33
피프스, 새뮤얼Pepys, Samuel 186
핀들리, 티모시Findley, Timothy 54
핀천, 토머스Pynchon, Thomas 45
필딩, 헨리 Fielding, Henry
《톰 존스Tom Jones》 180

ㅎ

하디, 토머스Hardy, Thomas
《캐스터브리지의 시장The Mayor of Casterbridge》 43
《테스Tess of the D'Urbervilles》 43
하비, 윌리엄 프라이어Harvey, William Fryer
《다섯 손가락의 야수The Beast with Five Fingers》 78, 88
하이드, 루이스Hyde, Lewis 111
《재능The Gift》 110
하인, 데릴Hine, Daryl
〈도플갱어The Doppelgänger〉 72
헌터, 에번Hunter, Evan
《폭력교실The Blackboard Jungle》 42
헤밍웨이, 어니스트Hemingway, Ernest 47, 49, 82
〈흰 코끼리 같은 언덕Hills Like White Elephants〉 118
호그, 제임스Hogg, James
《사면된 죄인의 고백Confessions of a Justified Sinner》 76
호메로스Homeros

《오디세이아Odysseia》 229
《일리아스Ilias》 162
호손, 너새니얼Hawthorne, Nathaniel
　〈라파치니의 딸Rappacinni's Daughter〉 167
　〈반점The Birthmark〉 167
　《주홍글씨The Scarlet Letter》 128
호프만, 에른스트 테오도어 빌헬름
　Hoffmann, Ernst Theodor Wilhelm　167
휘트먼, 월트Whitman, Walt　49
휼렛, 모리스Hewlett, Maurice　140
　《포레스트 러버스The Forest Lovers》 140

글쓰기에 대하여

1판 1쇄 펴냄 2021년 3월 1일
1판 5쇄 펴냄 2022년 10월 20일

지은이	마거릿 애트우드
옮긴이	박설영
편 집	안민재
디자인	룩앳미
제 작	세걸음
인쇄·제책	더블비

펴낸곳	프시케의숲
펴낸이	성기승
출판등록	2017년 4월 5일 제406-2017-000043호
주 소	(우)10885, 경기도 파주시 책향기로 371, 상가 204호
전 화	070-7574-3736
팩 스	0303-3444-3736
이메일	pfbooks@pfbooks.co.kr
SNS	@PsycheForest

ISBN   979-11-89336-32-5   03800

이 책의 내용을 이용하려면 반드시 저작권자와
도서출판 프시케의숲에 동의를 받아야 합니다.